Knud Kohr

500 Meter

rütten & loening

Knud Kohr

500 Meter

Trotz Multipler Sklerose um die Welt

rütten & loening

Mit 7 Abbildungen

ISBN 978-3-352-00789-7

Rütten & Loening ist eine Marke der Aufbau Verlag GmbH & Co. KG

1. Auflage 2010

Einbandgestaltung morgen, Kai Dieterich
Druck und Binden CPI – Clausen & Bosse, Leck
Printed in Germany

www.aufbau-verlag.de

Für Susann Sitzler, mit der ich seit dem letzten
Jahrtausend auf der großen Reise bin.
Für Hiromi und Eberhard, die sich von der MS
nicht beugen lassen.

Inhalt

Vorher

Als ich ein Kind war, hatte ich für ein paar Jahre immer wieder denselben seltsamen Traum. Mit ein paar anderen Leuten, die ich nicht kannte, saß ich in einem Zug. Der fuhr ständig um die Welt, und komischerweise sah er genauso aus wie der Nahverkehrszug von Cuxhaven nach Hamburg. Jedes Mal, wenn ich im Traum in diesem Zug saß, spürte ich, dass ich nicht irgendein Reisender war. Ich war auf einer Mission. Dieser Zug musste ohne Pause um die Welt fahren. Wenn er stoppte, würde auch die Welt sich nicht mehr drehen. Fahrgäste, die in diesem Zug ihr Leben verbrachten, waren Auserwählte, die jahrzehntelang in ihren Abteilen saßen und aus dem Fenster schauten. Die höchstens mal ans Fenster im Gang spazierten, um den Mitreisenden in den anderen Abteilen flüchtig zuzuwinken, und ansonsten nur einen sozialen Kontakt hatten: Schaffner, die ihnen dreimal am Tag Essen brachten. Oder neue Bücher, wenn die alten ausgelesen waren. Warum ich auserwählt worden war, wusste ich nicht.

Wenn ich in diesem Traum nicht las oder aß, sah ich zu, was gerade am Fenster vorbeigezogen wurde. Denn so schien es: Nicht der Zug fuhr um die Welt, sondern die Welt wurde an ihm vorübergezogen. Bis heute kann ich mich an die Geparden erinnern, die mit dem Zug um die Wette liefen, wenn wir gerade durch Afrikas Steppen rollten. Und an Menschen, die bei langsamen Bahnhofsdurchfahrten interessiert und mit schief gelegten Köpfen in die Abteile lächelten. Das war alles schön, aber am liebsten saß ich im Gang auf einem Klappsitz.

Mitten in der Nacht, wenn mein Gesicht sich schemenhaft in der Scheibe spiegelte, weil nur noch die Notbeleuchtung eingeschaltet war, und die anderen sich alle zum Schlafen hingelegt hatten. Wenn nur noch ich aufpasste, dass die Welt nicht aufhörte, sich zu drehen.

Damit der Zug um die Welt fahren konnte, hatten sie für ihn gewaltige Brücken über die Meere gebaut. Oder Tunnel durch die Berge. Dort musste ich viele Stunden lang auf eine Wand sehen, ohne dass es mir etwas ausmachte. Die anderen versuchten dann schon wieder zu schlafen oder zogen jedenfalls die Vorhänge vor ihre Abteiltüren. Mir machte es am meisten Spaß, kleine Wolken gegen das Fenster zu atmen. Dabei dachte ich mir Geschichten aus. Keine einzige davon weiß ich noch.

Aber manchmal saß ein anderer Mann vor mir. Der seufzte in den Nächten immer, ohne sich umzudrehen: »Ich könnte ewig hier sitzen.« Komischerweise musste ich darüber so lachen, dass ich aufwachte. Noch heute bringt dieser Satz mich zum Lachen. Über dreißig Jahre später muss ich mir manchmal in Wartezimmern oder in langweiligen Veranstaltungen die Hand vor den Mund halten, um nicht loszuprusten. Weil ich denke: »Ich könnte ewig hier sitzen.«

Jedes Mal, wenn ich aus diesem Traum aufwachte, war ich stolz. Immerhin sorgte ich dafür, dass die Welt nicht unterging. So wie James Bond, bloß ohne Rumballern oder Martinisaufen.

Der Traum kam wieder. Ungefähr bis ich zwölf, dreizehn Jahre alt war und lieber von Mädchen träumte. Dann verebbte er langsam.

Viel später erzählte ich einem Arzt von diesen Träumen. Der machte ein wichtiges Gesicht und sagte, dass das der Fluchttraum eines Heranwachsenden gewesen sei, der sich in seiner täglichen Umgebung gefangen fühlt. Ich glaube, der

Mann hat Blödsinn erzählt. Wahrscheinlich habe ich damals schon trainiert. Trainiert, wie man um die ganze Welt kommt, wie man alles sehen kann, ohne viele Schritte machen zu müssen.

Währenddessen. Krank nach Kanada

Eine alte Dame stellte sich mir in den Weg. Zuvor hatte sie sich hilfesuchend auf dem Terminal Zwei des Münchner Flughafens umgesehen. Jetzt zeigte sie auf ihr Gepäck, das neben einem Rollwagen stand. Eine Reisetasche und ein Koffer.

»Können Sie mir eben helfen?«, fragte sie. »Die Sachen sind so schwer, ich krieg die da gar nicht rauf.«

Mein Gepäck war schon in Berlin-Tegel bis Toronto durchgecheckt worden. Bis zum Weiterflug waren es noch knapp zwei Stunden. Gerade überlegte ich, an welchem Zeitungsstand ich mich bis dahin langweilen sollte. In solchen Situationen ist meine Ritterlichkeit immer am stärksten. Gerade Damen gegenüber. Trotzdem zögerte ich. Eine Tasche, ein Koffer. Warum hatte sie ausgerechnet mich gefragt?

»Erst mal die kleine, zum Warmwerden«, scherzte ich und griff mit einem Ruck nach der Tasche.

Das alte, mit Lederflicken verzierte Ding aus Leinen war wesentlich schwerer, als es aussah. Ich setzte es noch mal ab und holte ein wenig Schwung. Wuchtete es vom Boden hoch und beförderte es mit einem kleinen Halbkreis durch die Luft in Richtung Gepäckwagen. Dabei verlor ich das Gleichgewicht. Die Tasche polterte zurück auf den Teppich und riss mich mit. Mein rechter Fuß suchte Halt und hakte dabei hinter dem linken ein. Ich fiel direkt vor der alten Frau auf die Knie. Sie blickte erstaunt.

»Das versuche ich wohl besser noch mal«, sagte ich viel zu fröhlich und griff erneut nach der Tasche. Die Frau musterte mich. Ein bisschen zweifelnd, ein bisschen mitleidig.

Dann sagte sie es: »Ich frage mal jemand anders. Sie sind ja auch nicht so gut zu Fuß.«

Während ich mich noch aufrappelte, sprach sie schon den nächsten Reisenden an. So unauffällig wie möglich griff ich nach meinem Rollkoffer und verschwand.

Warum war ich umgefallen? Ich konnte mich nicht erinnern, an welcher Stelle der Aktion ich den Halt verloren hatte. Vor einigen Monaten war ich regelmäßig gestürzt. Einfach so. Aber vor zwei Wochen hatte das aufgehört. Einfach so. Und egal, was die Ärzte mir in der Zwischenzeit einreden wollten: Ich war wild entschlossen, diese seltsamen Gleichgewichtsstörungen so schnell wie möglich zu vergessen.

Bis zur Kontrolle von Pass und Handgepäck kam ich gut voran. Ich schob entschlossen einen Fuß vor den anderen und fand festen Halt auf dem stumpfen Boden. Dann wurden meine Schritte langsam schwerer. Als ob ich Skistiefel anhätte und damit über eine riesige Fußmatte mit hohen, starren Borsten gehen müsste. Zweimal blieb ich hängen. Kleine, ungelenke Sprünge sorgten dafür, dass ich nicht wieder fiel.

Leute, die an den Kontrollen hinter mir gestanden hatten, strömten auf dem Weg zum Gate rechts und links an mir vorbei. Mein rechter Fuß begann sich immer weiter nach außen abzuspreizen, bis ich ihn nur noch im Winkel von sechzig, siebzig Grad aufsetzen konnte. Wären meine Füße Uhrzeiger gewesen, sie hätten ungefähr fünf vor zwei angezeigt.

Die Position meiner Füße zu korrigieren war plötzlich unmöglich. Sie taten nicht weh, aber sie gehorchten mir nicht mehr. Ein weiterer Blick nach unten. Jetzt hatte jemand meine Füße auf Sommerzeit umgestellt. Fünf vor drei. Als noch sechs Gates zwischen mir und meinem Ziel lagen, begann ich mich an der Wand abzustützen. Noch immer war reichlich Zeit. Ich schleppte mich in die nächste Toilette und setzte mich in einer Kabine auf den Deckel.

Zum ersten Mal hatte ich sechs Monate zuvor Schwierigkeiten beim Gehen bekommen. Bei einer Urlaubsreise durch Portugal wachte ich eines Morgens im Hotel auf und bemerkte, dass ich mein rechtes Bein nur noch wenige Zentimeter heben konnte. Selbst über die Badezimmerschwelle kam ich nur dann, wenn ich das Bein aus der Hüfte heraus über das kleine Hindernis wuchtete. Treppensteigen wurde unerklärlich schwierig: Auf dem Weg nach unten musste ich mit einer Hand das Geländer greifen und mich mit der anderen an der Wand abstützen, um nicht mit dem Kopf zuerst anzukommen. Und auf dem Rückweg ins Zimmer blieb ich oftmals an der Kante der Stufen hängen und musste einen neuen Versuch unternehmen. Jedenfalls mit dem rechten Bein. Ausschließlich mit dem rechten Bein, um genauer zu sein.

Schon einige Tage vor dem Urlaub hatten sich vergleichbare Symptome gezeigt. Doch da dachte ich noch, dass meine berufliche Situation daran schuld wäre. Ich hatte in dieser Zeit viel zu viel Stress. Vor kurzem hatte ich mich von einer Filmfirma getrennt, für die ich zwei Jahren lang Drehbücher entwickelt hatte, und war nun sicher, dass ich binnen kürzester Zeit qualvoll verhungern müsste. Mein ganzer Körper war vor Stress verkrampft, und in den Urlaub war ich zusammen mit meiner Freundin mehr oder weniger geflohen.

Unsere Reise begann in Lissabon, meiner Lieblingsstadt. Dort hoffte ich Ruhe zu finden. Aber die Erstarrung im Bein löste sich nicht. Im Gegenteil: Von Tag zu Tag wurde sie schlimmer, bis ich den Fuß auf den gepflasterten Straßen nur noch nachschleifen konnte. Leider besteht die Altstadt von Lissabon fast nur aus Kopfsteinpflaster, steilen Hügeln und engen Wegen. Es gab also reichlich Gelegenheit zum Nachschleifen.

Jeden Morgen versuchte ich mir einzureden, dass diese seltsame Lähmung über Nacht verschwunden war. Doch spätestens mittags musste ich mir eingestehen, dass ich mir in die Tasche log. Was war eigentlich los? Leute, die plötzlich anfangen zu humpeln oder Gleichgewichtsstörungen bekommen, haben in der Regel einen Schlaganfall erlitten. Oder einen Gehirntumor. Aber so was merkt man doch, oder? Und außerdem war ich so gut in Schuss, wie man es als 37-jähriger Schreibtischarbeiter sein kann, der weder raucht noch trinkt, auf sein Gewicht achtet und zweimal pro Woche im Fitnessstudio trainiert. Allmählich bekam ich es mit der Angst zu tun.

Nach einigen Minuten auf der Toilette gelang es mir, die Füße wieder in eine parallele Stellung zu bringen. Dann ging ich zum Spiegel und starrte mein Gesicht an. Atmete konzentriert ein und aus. Das hatte mir eine Ärztin geraten, die am Stadtrand von Berlin nach Prinzipien der Traditionellen Chinesischen Medizin praktizierte. Sie war mir von einem Freund empfohlen worden, der unter Hodenkrebs litt. Nachdem sie ihm den rechten Hoden schon abgeschnitten und alle Schulmediziner zur Amputation auch des zweiten Hodens geraten hatten, war er in einem letzten Versuch zu der unerschrockenen Ärztin nach Zehlendorf gegangen, die viele Jahre zuvor ihre schulmedizinische Karriere zugunsten alternativer Behandlungsformen beendet hatte. Sie war erfolgreich gewesen und hatte den Krebs meines Freundes mit speziellen Tees aus hochwirksamen Kräutern, Hölzern und Muscheln zum Stillstand gebracht. Vorläufig.

»Knud, fahr doch mal zu ihr raus«, hatte der Freund am Telefon gesagt. »Vielleicht kann sie ja was für dich tun. Ich kann nur sagen: Auf einem Ei steht es sich prima. Wenn du verstehst, was ich meine.«

Vier Tage später fuhr ich an den Stadtrand. Die Ärztin war sehr nett zu mir gewesen. Hatte mich ausführlich untersucht, mir zwei neue Termine gegeben und dann auch für mich eine Teemischung zusammengestellt, die ich alle paar Tage selbst kochen und in Flaschen umfüllen musste. Das Gesöff schmeckte furchtbar und rumorte ständig in meinem Magen. Aber ich hatte das Gefühl, etwas zu tun. Auch ein Buch hatte die Ärztin mir mitgegeben, das die Prinzipien der chinesischen Medizin erklärte. Es lag ungelesen in meinem Schreibtisch.

Nun stand ich in einer Flughafentoilette. Gleich würde ich einen Fotografen treffen, mit dem ich noch nie zusammengearbeitet hatte, um für ein Münchner Hochglanzreisemagazin in die kanadischen Wälder zu fliegen und mit Indianern vom Stamm der Ojibwe im Tipi zu wohnen. Zwischen Elchen, Wölfen und Bären. Wenn ich auf einem glatten Teppich ging, musste ich mich nach einigen Metern an der Wand abstützen. Meine einzige Waffe war ein Plastiktütchen mit Kräutergranulat, das mir die Zehlendorfer Hodenretterin verschrieben hatte. War ich eigentlich völlig wahnsinnig geworden? Das Lachen des Mannes im Spiegel sah verbeult aus und hörte sich rostig an. Noch eine Dreiviertelstunde bis zum Abflug nach Kanada. Zeit zu gehen.

Draußen fiel mir das Gehen wieder etwas leichter. Am Gate stand ein Mann, von dem ich wusste, dass er Thomas hieß. Als er mich sah, begann er zu grinsen. Am Telefon hatte er mir erzählt, dass ich ihn an seiner Glatze leicht erkennen würde. Da ich mir aus Haarmangel ebenfalls den Kopf nass rasierte, hatten wir Gelegenheit, Witze über unsere nicht vorhandenen Frisuren zu machen. Nicht der schlechteste Auftakt, wenn man sich nicht kennt und trotzdem am Ende der Welt miteinander zelten soll.

Thomas trug ein brüllend buntes T-Shirt. Vor seinen Füßen stand die für Fotografen typische, bis zum Bersten gefüllte Tasche mit Handgepäck. Als wir uns die Hand schüttelten, fiel mir auf, dass er nicht nur keine Haare auf dem Kopf hatte, sondern auch keine Augenbrauen. Keinen Bartschatten. Nichts. Auf den ersten Blick sah Thomas aus wie ein netter Bewohner von Alpha Centauri, der sich verflogen hat. Oder seinen wohlverdienten Jahresurlaub auf der Erde verbringt. Auch ihm war etwas aufgefallen.

»Fuß verknackst?«, fragte er.

»Ach, das ist bloß ...« Mit einer unbestimmten Geste in Richtung meiner Füße ließ ich die Antwort sterben. »Lass uns mal einchecken.«

Damit schlurfte ich an ihm vorbei. Dass wir in den nächsten Jahren mehrere Monate auf vier Kontinenten verbringen und uns manches Mal Dinge voneinander erzählen würden, die allenfalls noch unsere Frauen, aber sonst niemand auf der Welt von uns wusste, konnte ich in diesem Moment natürlich nicht ahnen.

Für die nächsten Stunden stopfte Thomas sich Wachspfropfen in die Ohren und döste oder las an seinem Fensterplatz. Ich träumte vor mich hin, wie immer auf Reisen, machte alle zwei Stunden Dehnübungen für meine Waden und verschwand zwischen Island und Neufundland auf der Toilette, um mir mein Kräutergranulat mit Wasser zu mischen. Komischerweise wurde ich immer zuversichtlicher. Obwohl ich noch nicht einen einzigen Schritt in den Wald gesetzt hatte, lagen doch schon Tausende von Kilometern hinter mir.

Durch das lange Sitzen hatten sich meine Beine beruhigt, und sie ließen sich beim Aussteigen deutlich besser benutzen als vor dem Start. Außerdem war der Flughafen von Toronto viel kleiner als der in München. Meine Zuversicht hielt an. Am Rande des Flugfeldes wartete eine kleine Propellermaschine, die uns nach Sault Ste. Marie bringen sollte, einem Städtchen am Lake Superior und eigentlicher Startpunkt unserer Reportage. Dort empfing uns ein Fahrer der staatlichen

Tourismusbehörde, und in dem Hotel, in das er uns fuhr, wartete ein Bett für eine unruhige, vom einsetzenden Jetlag und düsteren Gedanken zerstückelte Nacht.

»Dass die damals in so was eingestiegen sind.« Thomas klopfte probehalber gegen die rot-gelb lackierte Außenhaut eines alten Wasserflugzeugs, das vor ihm in einem Ausstellungshangar stand. Es klang wie die Kühlerhaube eines Trabants. Etwas Holz, wenig Blech, viel Kunststoff. Vorn war ein Propeller angebracht, so groß wie ein Deckenventilator. Nur Hasardeure können mit so etwas geflogen sein. Irgendwo in der Halle begann etwas zu summen. Eine Hornisse vielleicht?

Wahrscheinlich war es nur eine Sinnestäuschung. Heute Morgen trugen wir beide unsere Augenringe bis auf die Wangenknochen, und auf der Zunge hatten wir einen Geschmack, den einem nur ein transkontinentaler Jetlag in den Mund zaubern konnte. Vor einer Stunde hatte uns der Fahrer von gestern Abend abgeholt und hier abgesetzt. Am Bush Plane Museum von Sault Ste. Marie, das am Ufer des Lake Superior liegt. Im Hintergrund konnten wir die Brücke sehen, die vom kanadischen Ontario in den US-Bundesstaat Michigan führt.

Nun warteten wir auf einen Piloten der Hawk Air, die darauf spezialisiert war, Reisende wie uns in die Lodges und Reservate des Hinterlandes zu befördern.

Das seltsame Surren wurde lauter. Plötzlich begriffen wir, woher es kam: Direkt vor dem Museum landete eine Maschine, deutlich kleiner als diejenige, die wir eben so ungläubig bestaunt hatten. Kurz darauf stand unser Pilot vor uns. Bill war sein Name – 64 Jahre alt und Flieger seit über vier Jahrzehnten. Dass Passagiere mit weichen Knien vor seiner DeHaviland Beaver stehen, schien er gewohnt zu sein. »Sie ist 1960 geboren. Viel jünger als ich. Also macht euch keine Sorgen.«

Er machte einen großen Schritt vom Steg auf einen der

Schwimmkörper des Flugzeugs, nahm unsere Koffer entgegen und warf sie hinter den Rücksitz. Thomas kletterte auf den Platz neben dem Pilotensitz. Bill nickte mir zu. Vom Steg bis zum Schwimmkörper waren es dreißig Zentimeter nach vorn und einen halben Meter nach unten. Jetzt nur nicht wieder ausrutschen wie am Flughafen! Nur nicht die Reise mit einem Sturz ins Wasser beginnen!

Bill musterte mich von der Seite. Zwinkerte. Plötzlich griff er mit einer Hand unter meine linke Schulter und mit der anderen an meinen Gürtel. Es war, als ob eine Sprungfeder mich hob. Dann saß ich auf dem Rücksitz. Scheinbar flog Bill häufiger Passagiere wie mich.

»Sooo«, sagte er gedehnt, nachdem er auf seinem Platz saß und die Maschine mit einem Paddel vom Steg abgestoßen hatte. »Seid ihr nach 1967 Auto gefahren?«

Wir nickten.

»Gut, dann brauche ich euch nicht zu erzählen, wie ein Sicherheitsgurt funktioniert. Die Stewardess hat heute ihren freien Tag. Schwimmwesten sind unter den Sitzen. Braucht ihr jetzt nicht anzuziehen. Ich sage Bescheid, wenn wir abstürzen.«

Natürlich waren das Standardwitze. Aber irgendwie beruhigten sie mich. Für zehn Sekunden. Dann sah ich die kleine abgeschabte Metallplatte, die am Armaturenbrett angebracht war.

Start, stand auf der linken Seite. Und darunter eine Anleitung in zehn Punkten.

Land, stand rechts. Auch hier zehn Punkte. Offenbar saß ich in einem Transportmittel, dessen Bedienung so komplex war wie die eines Sitzrasenmähers. Nur dass ich mich damit gleich in die Lüfte erheben würde. Was, wenn Bill nun einen Herzinfarkt bekam? 64-jährige Männer bekamen doch gern mal einen Herzinfarkt. Bill gab jedem von uns ein Paar klobige Kopfhörer. Trotzdem hörte ich den Motor laut aufröhren. Wir fuhren auf die Seemitte. Dann gab Bill Gas. Starr schaute ich nach oben. Zwanzig Zentimeter über meiner Nasenspitze war das Polster. Dann zwei Zentimeter Metall. Und dann nur noch Luft. Unter meinen Füßen sah es auch nicht besser aus.

Zwanzig Zentimeter über meiner Nasenspitze endete die Welt. Der Schlitten, auf dem ich lag, glitt automatisch in die enge Röhre des MRT. MRT heißt »Magnetresonanztomograph«. Mit diesem Verfahren kann man den Körper eines Patienten in Gänze abbilden. In einer MRT-Röhre durchleuchtet ihn ein Magnetfeld in millimeterdünnen Scheiben. Danach können die Ärzte Scheibe für Scheibe sehen, ob mit den inneren Organen alles in Ordnung ist. Nachdem ich aus Portugal nach Berlin zurückgekommen war, suchte ich meine Orthopädin auf. Die machte ein paar Tests mit mir. Zunächst schien alles normal zu sein. Doch dann zog sie an meinem rechten Bein.

»Ziehen Sie mal in die Gegenrichtung.«

Es ging nicht. Sosehr ich mich auch anstrengte, wenn sie mein angewinkeltes rechtes Bein am Fuß gerade zog, konnte ich nicht dagegenhalten.

Sie runzelte die Stirn. Auf meine Nachfragen reagierte sie plötzlich nur noch wortkarg. Sie überwies mich zu einem Neurologen. Der mich nach einem kurzen Gespräch gleich weiterüberwies.

Nun lag ich auf dieser schmalen Liege, die Ohren unter dicken Kopfhörern, die das scheppernde Dröhnen des Magnetbeschusses in der nächsten halben Stunde abmildern sollten. Die Beruhigungsspritze, die mir die überarbeitet wirkende Krankenschwester anbot, hatte ich abgelehnt. Diese Untersuchung wollte ich bei vollem Bewusstsein erleben. Schließlich konnte sie mein ganzes weiteres Leben verändern.

Als die Liege in ihre Endposition einrastete, sah ich direkt vor meinem Gesicht zwei Bilder. Einen endlosen Strand im Sonnenuntergang. Ein bisschen Strandhafer wuchs auf einer Düne, davor spielten zwei Robben, und auf dem Meer sah man zahllose kleine Inseln. Auf dem anderen war ein Wald und eine Herde Rinder, die friedlich auf einer Wiese grasten. Beide Fotos waren alt. Die Klebestreifen an ihren Rändern wellten sich schon. Vermutlich war ein wohlmeinender Pfleger mal in die Röhre gerutscht, um sie dort zur Beruhigung künftiger Patienten zu befestigen.

Plötzlich musste ich lachen. Lautlos zwar, aber so heftig, dass mein ganzer Körper zu vibrieren begann. So lange, bis die Krankenschwester, die mich zur Röhre gebracht hatte, aus der Kontrollkabine kam. Energisch klopfte sie von unten gegen meine Füße.

»Herr Kohr! Sie müssen schon ruhig liegen, sonst können wir die Untersuchung nicht machen!«

Ich wackelte mit dem linken Fuß, zum Zeichen, dass ich verstanden hatte. Als die hämmernden Geräusche des Magnetfelds einsetzten, begann ich leise zu zählen. »1634« dachte ich gerade, da erstarb das Gehämmer, und die Liege fuhr zurück in die Ausgangsposition.

»Ergebnis dann nächste Woche bei Ihrem behandelnden Arzt«, sagte die Krankenschwester und war aus dem Zimmer, bevor ich auch nur richtig auf der Liegenkante saß.

Es dauerte anderthalb Stunden, dann setzte Bill zur Landung auf einem See an. Gerade als wir uns entspannt hatten. Mit einem kreisförmigen Manöver testete er die Windverhältnisse. Dann landete er auf dem Lake Wabatongushi, vor dem hölzernen Haupthaus einer Lodge mitten in der kanadischen Seenplatte. Der Besitzer stand auf dem Steg, um uns persönlich zu empfangen. Er hieß Al und sah genauso aus, wie man sich einen Mann aus den Wäldern Kanadas vorstellt: kräftig, vollbärtig, in Jeans und Flanellhemd.

»Hey ya«, er gab uns zur Begrüßung die Hand. Mit wenigen Worten veranlasste er das Notwendige für unsere Unterbringung, um sich dann bis zum Abend zu verabschieden. Die Lodge erstreckte sich über mehrere kleine Inseln. Wir bekamen eines der wenigen Häuser zugewiesen, zu denen man zu Fuß gehen konnte, statt mit einem Ruderboot überzusetzen. Einer der Angestellten belud sich mit unseren Taschen, und Thomas folgte ihm mit seiner Fototasche, die er wie alle Fotografen niemals aus der Hand gab. Ich stolperte ihnen hinterher, durch eng stehende Stämme und über Wurzeln, die aus dem mit Laub bedeckten Boden hervorstaken. Nach zwanzig Metern hatten die beiden ungefähr fünfzehn Meter Vorsprung. Das wollte ich nicht auf mir sitzen lassen. Ich versuchte einige schnelle Schritte. Blieb an einer Wurzel hängen und lag schon wieder auf dem Boden. Irgendwie schuldbewusst rappelte ich mich auf. Die anderen waren zu weit entfernt, sie hatten meinen Sturz nicht mitbekommen. Aber in mir waren plötzlich wieder Zweifel, ob ich diese Reise würde überstehen können.

Als ich unsere Hütte erreichte, hatte der Angestellte schon unsere Taschen hineingestellt. Thomas hielt die Kamera im Anschlag. »Ontario« war ein Indianerwort und bedeutete »glitzerndes Wasser«. Die Indianer hätten kein besseres wählen können. Der See vor unserer Hütte sah in der nachmittäglichen Septembersonne aus wie mit flüssigem Gold überzogen. Vielleicht würde ich diese Reise nicht überstehen. Aber immerhin hatte ich das hier gesehen.

Ein Boot kam über das Gold gefahren. In ihm saß ein etwa 70-jähriger Mann mit zerfurchtem Gesicht. Ivan Madahbee hieß er, ein Indianer vom Stamm der Ojibwe. Zur Begrüßung sagte er lediglich:

»Was wollt ihr sehen? Vögel? Fische? Waldtiere?«

Ivan würde unser Führer für die nächsten Stunden sein. Warum sollten wir nicht mit dem kanadischen Wappentier beginnen?

»Vielleicht einen Elch?«, schlugen wir vor.

»Kein Problem«, sagte Ivan. Half uns in sein Boot und legte ab.

Der beste Ort für Elche war auf der anderen Seite des Sees, einige hundert Meter entfernt. Also setzte Ivan zunächst den kleinen Außenbordmotor in Betrieb. Auf der Fahrt erzählte er uns, dass er Häuptling in einem nahen Reservat war. Ein Häuptling? Der Kollege und ich schauten uns beeindruckt an. So wie Winnetou? Mit Adlerfederschmuck auf dem Kopf, Tomahawk und Friedenspfeife immer griffbereit im Gürtel? Jederzeit und für jeden einen weisen Satz auf der Lippe? Gott sei Dank sagten wir nichts von dem Stuss, der uns gerade durch den Kopf schoss.

Häuptling in den Reservaten sei nämlich mittlerweile ein Wahlamt, erzählte Ivan: »Ziemlich langweilig. Reichlich Schreibkram. Nach drei Jahren habe ich mich nicht wieder wählen lassen und führe lieber Touristen.«

Mittlerweile hatten wir das andere Ufer des Sees erreicht. Ivan schaltete den Motor ab und lenkte das Boot in den Schatten des ufernahen Schilfs.

Dann begann er seine Versuche, einen Elch anzulocken. Eigentlich Routinearbeit für ihn. Schon fünfzehn Tiere hatte er geschossen – als Indianer durfte er sie erlegen, wann er wollte. Im Gegensatz zu anderen Jägern. Allerdings ging er, wie alle Indianer, nur dann auf die Jagd, wenn seine Vorräte aufgebraucht waren.

Heute hatte er es schwer, ein Tier anzulocken. Starker Wind fegte über das Wasser. Der alte Häuptling zog alle Register: Er stieß Lockrufe aus, die klangen, als würde er in ein Ofenrohr rülpsen. Rieb mit einem Paddel gegen Baumstämme. Leerte seine Wasserflasche in den See, um ein urinierendes Weibchen vorzugaukeln. Aber alles blieb vergeblich – der Wind blies seine Lockgeräusche einfach weg. Irgendwann gab Ivan auf und fuhr uns zurück. Selbst eine Familie Schwarzbären, die er uns im Vorüberfahren am Ufer zeigen konnte, besserte seine Laune kaum. Direkt vor dem Haupthaus der Lodge setzte er uns ab. Mittlerweile hatte sich das Abendrot über den See gelegt.

Das typische kanadische Abendessen besteht aus Steak, Backkartoffeln und Blaubeerkuchen. Danach gesellte sich Al zu uns. In ein paar Tagen würde die Saison zu Ende gehen und er mit der Familie in das Städtchen Hawk Junction umziehen, wo sie in ihrem Privathaus die langen Winter verbrachten.

»Im nächsten Jahr möchte ich gern Reittouren auf Elchen anbieten«, sagte er. Wir blickten erstaunt.

»Hab schon oft auf einem gesessen. Sind gute Reittiere. Aber die Regierung rückt die Genehmigung nicht raus.«

Auf eine trockene, wortkarge Art, in der er die meisten Sätze nur begann und mit vielsagender Miene beendete, kam Al ins Plaudern. Nach ein paar Jagdgeschichten – der scheinbar üblichen Angeberei unter kanadischen Männern – erzählte er, worauf er am meisten stolz war.

»Ich hab hier noch den gestresstesten Manager aus Toronto oder Ottawa zu Ruhe gebracht. Manche haben sogar nach einigen Tagen in meiner Lodge ihr Prozac weggeworfen.«

Al schaute mal wieder vielsagend und stemmte sich entschlossen auf den Lehnen seines Stuhls nach oben.

»Morgen früh schicke ich euch Paul vorbei.« Auf dem Weg zu seinem Zimmer drehte er sich noch einmal um.

»Ihr müsst ein bisschen Kanu fahren lernen, bevor ich euch zu den Indianern lassen kann.« Dann ging er schlafen.

Auf unseren inneren Uhren war erst früher Nachmittag.

Also nahmen wir uns noch jeder ein Getränk aus dem Kühlschrank in der Ecke. Wir tasteten uns durch das kleine Waldstück bis zu unserer Hütte und setzten uns auf den Steg davor. Der Himmel war spektakulär. Die nächste Stadt war Dutzende von Meilen entfernt. Kein Kunstlicht störte den Sternenhimmel. Wie ein riesiger gepunkteter Schirm spannte sich die Milchstraße über uns. Am Horizont begann ein Polarlicht zu scheinen. Einige Sternschnuppen fielen vom Himmel. Als wir ihnen nachschauten, stellten wir fest, dass auch noch ein Satellit über uns seine Bahn zog.

»Ich finde, das ist übertrieben«, befand Thomas. Wir begannen schallend zu lachen.

Mir fiel dabei ein, dass ich seit heute Morgen nichts von meinem Kräutergranulat genommen hatte. Also zog ich das Tütchen aus meiner Jacke, schüttete mir eine Portion in den Mund und spülte mit einem Schluck aus der Flasche nach.

»Was ist denn das?«, fragte Thomas. »Nimmst du Drogen?«

»Ach. Ist zur allgemeinen Stärkung.« Das war nicht gelogen. Aber auch nicht ganz richtig. Meiner Stimme schien man das angehört zu haben.

»Wieso, bist du krank?«

»Pff« oder so ähnlich klang meine Antwort.

»Ich hab gesehen, wie du heute Nachmittag über die Wurzel gekippt bist. Und dich beim Umsteigen am Flughafen zweimal festhalten musstest.«

Da sagte ich ihm, an welcher Krankheit ich litt. Er sah ein bisschen nach dem Polarlicht und nickte dann.

»Ist gut. Ich mach die körperlich schweren Sachen. Berge hoch, steile Treppen und so. Aber ich warte nicht auf dich. Du passt auf meine Tasche auf, und ich komme dann wieder zurück.«

»Geht klar.« Erst jetzt merkte ich, dass ich vor einem Gespräch wie diesem Angst gehabt hatte. Und war erleichtert, wie einfach es war.

»Kann ich auch was für dich tun? Außer bei der Tasche warten?«

»Ja. Ich ekle mich vor Käse, Knoblauch, vor den meisten Fischen und solchem Zeug. Wenn uns so was angeboten wird, musst du das probieren.«

»Gemacht.« Erleichtert gab ich ihm die Hand. Dass ich damit zugestimmt hatte, in den nächsten Jahren Quallen und Schafshirn, Rindersehnen und Hund zu essen, konnte ich noch nicht ahnen. Im Moment hörte es sich an, als ob ich meinen Reisepartner komplett über den Tisch gezogen hätte. Das machte mich mutig.

»Was ist eigentlich mit dir? Warum hast du keine Haare?«

»Die sind mir ausgefallen, als ich sechzehn war. Innerhalb von ein paar Wochen. Ist irgendeine Autoimmunkrankheit. Meine Eltern dachten, dass ich sterben muss. Aber nachdem alle Haare weg waren, hat die Krankheit einfach aufgehört.«

»Nimmst du Medikamente?«, wollte ich wissen.

»Nö. Ich merke ja, wenn ich mich krank fühle.«

Dann ging er in seinen Teil der Hütte, um sich schlafen zu legen.

»Soll ich dich umwerfen, oder machst du das selbst?«, fragte Paul, unser Guide, am nächsten Morgen. Es war neun Uhr, und ich saß in der Badehose im Kajak. Paul hatte eines der Boote zum Üben hier im Swimming Pool der Lodge zu Wasser gelassen. Er gab mir Anweisungen, was zu tun war, wenn ich mit dem Boot umkippte. Zunächst sollte ich Ruhe bewahren. Dann die Hände ausstrecken und mit deutlichen Bewegungen gegen die Unterseite des Bootes klopfen. Damit die anderen sehen konnten, dass ich mir bei der ungewollten Drehung nicht irgendwo den Kopf angeschlagen hatte und ohnmächtig war. Erst dann sollte ich die Verschnürungen lösen, mit denen die wasserabweisende Plane an meinem Bauch befestigt war. Und dann, unterstützt durch einen kräftigen Tritt, aus dem Kajak gleiten.

»Alles verstanden?«, wollte Paul wissen.

Gottergeben zuckte ich mit den Schultern. Rollte zur Seite, und das Wasser schlug über mir zusammen.

Der Neurologe hatte einen Umschlag in der Hand. Er war jetzt mein behandelnder Arzt. Ein Spezialist für Multiple Sklerose, den ich seit wenigen Wochen kannte. Multiple Sklerose ist eine Autoimmunkrankheit. Klang schon mal fies. So als ob sie vier bis fünf Fäuste hätte. Dazu ein altsprachliches Abitur. Und trotzdem ihrem kleinen Bruder die Groschen aus dem Sparschwein klaut. Ungefragt war sie meine neue Untermieterin geworden.

Der Arzt hatte die Überweisungen besorgt, die notwendig geworden waren. Bei ihm waren die Ergebnisse zusammengelaufen. Er hatte sich in den letzten Wochen bemüht, die Buchstaben »M« und »S« in dieser Kombination so selten wie möglich zu verwenden. Denn je länger die Diagnostik andauerte, desto sicherer wussten wir, dass es genau darum ging. Und nun hielt er also einen Umschlag in der Hand.

»Das hier ist Ihr blauer Brief«, sagte er, nachdem ich mich gesetzt hatte. »Sie werden versetzt. Aber.« Er versuchte ein Lächeln.

Sie haben etwas gefunden, dachte ich. Für ein paar Sekunden füllte dieser Gedanke meinen ganzen Schädel. Fast war ich erleichtert. Immerhin hatte ich jetzt Klarheit und musste mir nicht immer neue, immer absurdere Erklärungen für meinen Zustand herbeidenken, während ich nachts die dunkle Zimmerdecke anstarrte. Der Neurologe saß mit dem Rücken zum Fenster. Ich sah an ihm vorbei. Auf der anderen Seite der

Straße prallte mein Blick gegen eine Häuserfront aus Stein und Glas und Metall. Hier war alles neu. Das Haus, in dem ich saß. Das Haus gegenüber. Die ganze Gegend. Bei meinem ersten Besuch hatte ich eine halbe Stunde gebraucht, um die Praxis zu finden. Obwohl sie direkt neben einem neuen Hochbahnhof war. Ganz hier in der Gegend hatte ich mal gewohnt. Als es die DDR noch gab und auf der gesamten Westseite des Potsdamer Platzes gerade mal drei Häuser standen. Eines davon war der »Bellevue Tower«, ein ganz erlesenes Beispiel für scheußliche Architektur der 70er Jahre. Darin war meine Studentenwohnung gewesen. Mittlerweile natürlich längst abgerissen und durch ein Bürohaus ersetzt. Wurde jetzt mein bisheriges Leben abgerissen? Oder zumindest eine neue Krankheit hineingesetzt?

Immerhin – die Eichhornstraße, wo der Tower gestanden hatte, gab es noch. »Eichhörnchenstraße«, hatte meine erste Berliner Freundin immer gesagt.

»Herr Kohr?« Vor mir auf dem Tisch lagen zwei Blätter, die wie Röntgenbilder aussahen. Schnittbilder durchs Gehirn, wie sie in der MRT-Röhre erzeugt werden. In der grau melierten Masse des einen Hirns waren nur wenige winzige weiße Flecken zu erkennen. Das andere sah aus wie eine Wunderkerze. Oder wie der Nachthimmel über einer Lodge in Ontario. Nur ohne Satelliten. Der Neurologe zeigte auf das zweite.

»Hier sehen Sie einen Schnitt durch Ihr Hirn. Das Bild daneben zeigt ein gesundes Hirn. Jede weiße Stelle bei Ihnen ist eine Narbe, die entstanden ist, als die MS in Ihrem Hirn eine Entzündung ausgelöst hat. Ich zeige Ihnen das nicht, um Sie zu erschrecken. Sondern nur damit Sie sehen, dass die Krankheit schon eine ganze Weile …«

Was Eichhörnchen wohl heute macht? Nach einiger Zeit nannte ich sie auch so. Letztes Jahr hatten wir telefoniert. Da ging es ihr ganz gut.

»Zufällig beginnt in der Klinik, mit der ich zusammenarbeite, nächste Woche eine Studie über die Wirksamkeit eines neuen Medikaments. Ein Interferon-Derivat.«

Die Stimme des Neurologen war wieder da.

»Das nimmt man nur einmal wöchentlich. Mit einer Depotspritze. Überhaupt kein Problem. Ich kann Ihnen gleich mal einen Termin mit unserer Pharmareferentin …«

»Ich möchte gern nach Hause«, sagte ich und stand auf.

»Einen Moment!« Der Neurologe zog eine Plastiktüte unter seinem Schreibtisch hervor. Wahrscheinlich hatte er sie schon vor unserem Gespräch dort deponiert. Sie war voll mit Prospekten und einem dicken Karton. Auch eine DVD steckte drin. Ich nahm alles, nur um hier rauszukommen.

Wir verabschiedeten uns von Paul und Al. Am Steg wartete das nächste Wasserflugzeug. Es sollte uns zum North Channel bringen, dem Übergang von der Gregorian Bay zum Lake Huron. Thomas schaute mich betreten an. Diese Kiste sah nämlich noch älter aus als die, mit der wir hier angekommen waren. Im Gegensatz zu dem Piloten, der daneben stand und sich als Matti Mantari vorstellte.

»Der muss sich demnächst bestimmt zum ersten Mal rasieren«, murmelte Thomas auf Deutsch.

Wie nebenbei fragten wir Matti nach seinem Alter.

»21 Jahre«, grinste er.

Vorsichtig erkundigten wir uns, wie lange er den Pilotenschein schon besaß.

»Seit gestern«, er kullerte mit den Augen. »Das ist doch kein Problem für euch?«

Dann grinste er noch breiter. Zwei Stunden später setzte uns Mantari, der schon seit zwei Jahren als Berufspilot arbeitete, am Ufer des Lake Huron ab.

Direkt am Steg befand sich ein Schnellrestaurant der Kette

»Tim Horton's«. In den nächsten zwei Wochen sollte ich lernen, dass sich in der kanadischen Wildnis eigentlich immer an der nächsten Ecke ein »Tim Horton's« befindet. Diese Kette, gegründet in den 1960ern von einem Eishockeyspieler, war so omnipräsent, dass Kanadier die Größe ihrer Siedlungen danach bemessen, wie viele Filialen sich dort befinden. »I live in a 3-Tim-Town« war ein Satz, den wir tatsächlich hören würden.

In dieser Filiale am Steg befand sich ein Mann, der auf uns wartete.

»My name is Joe«, sagte er.

Joe trug Jeans, Flanellhemd und einen struppigen Bart. Er war der zweite kanadische Indianer, den wir kennen lernten. Auch er trug keinen Federschmuck, hatte keinen Medizinbeutel um den Hals und auch sonst nichts bei sich, was man als alter Karl-May-Leser erwartet hätte. Allmählich fühlte ich mich betrogen.

»Lasst uns losfahren.«

Vor der Tür stand Joes Geländewagen. Ein riesiger Ojibwe-Krieger war gerade dabei, unsere Koffer einzuladen. Um den Weg vom Steg zum Wagen abzukürzen, hatte er sich kurzerhand alle drei Koffer unter die Arme geklemmt. Besonders angestrengt sah er nicht aus.

»Das ist Darren«, sagte Joe. Der nickte kurz und klemmte sich auf den Vordersitz.

Besonders gesprächig schienen die Ojibwe nicht zu sein. Das hinderte einen munteren Ureinwohner Bavarias wie Thomas aber nicht, umgehend loszuplaudern. Als wir nach wenigen Kilometern von der Straße auf einen befestigten Waldweg abbogen, lachten sie zum ersten Mal, und auch Darren begann mit tiefer Stimme Antworten zu brummen.

Ich lachte nicht mit. Ich fühlte mich verloren. Und zwar auf eine Weise, die ich bisher nicht gekannt hatte. Wenn die drei mich hier aus dem Auto warfen, war ich wirklich aufgeschmissen. Der Wagen rumpelte über eine schmale Fahrspur zwischen Bäumen und Gebüsch. Wie lange könnte ich hier allein überleben? Die fünf oder zehn Kilometer zum Imbiss würden mich einen halben Tag oder länger kosten. Wenn ich sie überhaupt schaffte. Wenn ich nicht unterwegs stürzte und mir etwas brach, von einem Tier angegriffen wurde oder die Orientierung verlor. Wenn mein Bein mir nicht vor Angst und Erschöpfung vollkommen den Dienst versagte und mich gelähmt im Wald zurückließ.

Seit meiner Kindheit hatten Fußmärsche von fünf oder zehn Kilometern nie ein Problem für mich dargestellt. Der Schulweg war lang gewesen. Wenn es mir zu Hause zu langweilig wurde, wanderte ich stundenlang über Weiden oder an den Landstraßen entlang. Begann eine Geschichte in mir zu wachsen, jagte ich sie auf endlosen Spaziergängen. Bis vor wenigen Monaten hatte ich mir den Ärger aus dem Körper gelaufen, wenn es Streit zwischen meiner Freundin und mir gegeben hatte. Das war nun vorbei. Das bekam ich nicht zurück. Wenn ich die Ärzte richtig verstanden hatte: nie wieder. Ich starrte aus dem Fenster und bemühte mich, nicht zu weinen.

Keine Ahnung, was man hier machte, wenn es dunkel wurde. Keine Ahnung, was zu tun wäre, wenn ein Bär oder ein Wolf auf mich zukäme. Wegrennen konnte ich vergessen, und im Erklettern von Bäumen war ich noch nie gut gewesen. Ich saß im Auto, drei Männer um mich herum, von denen nur einer den Namen meiner Krankheit wusste. Sie sahen in mir einen Mann, der gekommen war, um Abenteuer zu erleben. Sie hatten keine Ahnung, wie ich gerade da saß: Mutig, trotzig, abenteuerlustig – und verloren wie ein kleines Kind.

»Gentlemen, da sind wir!«

Joes Stimme holte mich zurück zu den anderen. Der Wagen hielt an einem See, der vielleicht noch schöner und lauschiger lag als der, über den uns Ivan gefahren hatte. An seinem Ufer standen zwei Tipis. Ein bisschen sahen sie aus wie das Indianerzelt aus Plastik, in dem ich mich als Kind im Garten versteckt hatte. Allerdings wesentlich größer. Vielleicht vier Meter hoch? Aus hellem imprägniertem Stoff, das Gerüst mit dicken Holzstäben in den Boden gerammt.

Zwei weitere Männer kamen auf uns zu. Ein kleiner mit skeptischem Gesichtsausdruck und intelligenten Augen – Howard. Und Matthew, der in seiner modischen Jeansjacke eher wie ein Geschäftsmann aussah und der später am Abend tatsächlich nach Hause fahren würde, um bei seiner Frau zu übernachten.

Nach der Begrüßung zeigte Joe auf das rechte der beiden Zelte.

»Packt erst mal aus. Dann trinken wir einen Kaffee. Was wir dann machen, wisst ihr ja.«

Ich wusste es nicht. Wahrscheinlich hatten sie das im Auto besprochen, während ich damit beschäftigt war, nicht loszuheulen.

Der Kaffee aus verbeulten Blechbechern schmeckte schlimm. Dann stand die erste Lektion unseres Indianerlebens an: Kanu fahren. Kein Problem, zwinkerte ich als erfahrener Kajaksportler dem Kollegen zu. Joe sah mich nachdenklich an. Eigentlich stiegen die Indianer nacheinander ins Boot, wobei derjenige, der im Bug saß, den Anfang machte. Doch Joe zog das Boot parallel zum Steg.

»Halt du hinten fest«, sagte er.

Beide Männer zerrten das Kanu mit aller Kraft gegen den Steg, und ich bestieg es, indem ich mich auf ihre beiden Rücken stützte. Thomas warf seine Ausrüstung ins Heck und setzte sich hinter mich. Vielleicht lag es am Abweichen von der Routine: Ausgerechnet als Joe zusteigen wollte, begann das Boot zu schwanken. Entschlossen versuchte Joe, es zu stabilisieren, aber vergebens. Er selbst schaffte noch den Sprung zurück auf den Steg. Thomas, seine Ausrüstung und ich klatschten ins Wasser. Während ich noch mit den Füßen nach Grund suchte, riss ich mein Notizbuch über die Wasseroberfläche und streckte es in die Luft.

»Don't take me! Take my notes!«, brüllte ich. Leider war gerade kein Verleger in der Nähe, um meine todesverachtende Arbeitsmoral zu bewundern. Fairerweise muss man sagen, dass unsere Gastgeber erst zu lachen begannen, als sie uns ans Ufer gezogen hatten. Und sofort wieder aufhörten, als sie Thomas' Blick sahen. Dessen Ausrüstung war komplett unter Wasser gewesen. Es kostete ihn mehrere Stunden, seine kostbaren Kameras und Objektive wenigstens einigermaßen wieder zu trocknen.

Am Nachmittag gab Joe seinen drei Kompagnons ein unauffälliges Handzeichen. Darren, Howard und Matthew gingen zu meinem Kollegen, der noch immer verdrossen neben seinen Arbeitsgeräten saß.

»Wir gehen jagen.« Darren schmetterte ihm eine seiner riesigen Pranken auf die Schulter. »Lust mitzukommen?«

»Auf jeden Fall!« Thomas nahm eine seiner Kameras, schaute probehalber durch den Sucher und schien mit dem Ergebnis zufrieden. Howard wandte sich zu mir um.

»Zwei Kanus, vier Männer«, lächelte er bedauernd. Als ob ich nicht heute Mittag am eigenen Leib erfahren hätte, dass auch drei Männer in ein Kanu passten. Und schon machten sie sich auf zum Steg, ohne sich noch einmal umzuschauen. Als sie über den See in Richtung Dämmerung, Jagd und Abenteuer verschwanden, spürte ich ein neues, fieses Brennen in meiner Brust. Zum ersten Mal war ich wegen meiner

Krankheit ausgeschlossen. Sonst war immer ich es gewesen, der abwinkte. Diesmal hatten es die anderen beschlossen. Klar, was wollten sie auch mit einem wie mir? Bei der Jagd, wo man sich leise anpirschen muss. Schnell sein, manchmal beim Angriff, manchmal bei der Flucht. Als ihr Gelächter über den See klang, über Witze, die ich nicht mehr verstehen konnte, war ich kurz davor, mich zum nächsten billigen Hotel fahren zu lassen und von da zum Flughafen. Zum ersten Mal wollte ich einfach aufgeben.

Joe legte mir eine Hand auf die Schulter. Feierlich schaute er mir in die Augen.

»Knud, du weißt, dass jeder von uns einen Kriegsnamen trägt. Nun gebe ich dir auch einen. Ab heute bist du ›Canoed‹ – der Mann, der vom Kanu besiegt wurde.« Jetzt lachte auch ich. Immerhin.

»Komm mit in die Küche.« Joe nahm mich mit zu einem Aufbau von Gerätschaften, der mir vorher noch gar nicht aufgefallen war. Etwas abseits der Tipis war zwischen zwei Bäumen ein Seil gespannt, an denen Töpfe, Pfannen und Besteck baumelten. Davor standen Gewürze und sonstige Vorräte, alle in fest verschließbaren Behältern aus Metall oder Glas. Sogar einen kleinen Kühlschrank gab es. Daraus nahm Joe einen Fleischbrocken und warf ihn zum Anbraten in einen gusseisernen Topf.

»Gibt ein schönes Stück Elchbraten heute Abend«, sagte er. Und dann, ohne mich anzuschauen: »Was hast du eigentlich mit deinen Beinen?«

Ich sagte es ihm.

»Böse!«, sagte Joe. Zusammen trugen wir den Topf zu einer Feuerstelle. Sie bestand aus einem Steinkreis, über dem Äste zu einer kleinen Haltevorrichtung gegeneinandergestellt worden waren. Wir holten einen Eimer voll Wasser aus dem See und hängten den Topf zwischen den Ästen ein. Das alles hätte Joe natürlich auch allein geschafft. Vermutlich wollte er mir das Gefühl vermitteln, in diesem Männercamp in der Wildnis nicht komplett überflüssig zu sein. Wir schichteten Holz auf, entzündeten ein Feuer und sahen bei einem Becher Kaffee dem Fleisch beim Garen zu.

»Schade, dass du übermorgen wieder wegmusst. Sonst hätte ich dich zu unserem Medizinmann gebracht.«

Um uns herum dunkelte es.

»Sind deine Kleider noch nass?«, fragte er nach einiger Zeit.

»Ziemlich.«

»Weißt du, wo die von Thomas liegen?«

»Hat er auf dem Zeltboden ausgebreitet.«

»Hol das Zeug mal her.«

Etwas verwundert tat ich, was er verlangte. Joe nahm die Sachen entgegen und trug sie zu dem Wagen, mit dem er uns heute Morgen hierher gefahren hatte.

»Steig ein.«

Eine Zeitlang fuhren wir den Weg, den ich schon kannte. Dann bog Joe in eine kleine Straße ein. Nach etwa zehn Minuten wurde der Wald schütterer. Links und rechts des Asphaltbandes standen Häuser. Fertighäuser der billigsten Machart, das konnte ich sogar in der Dunkelheit erkennen. Straßenlaternen gab es hier nicht.

»Das ist die Hauptstadt unseres Reservats«, sagte Joe. »Die Tipis sehen ein bisschen anders aus als am See.«

Er hielt vor einem der besser aussehenden Häuser. Auch dieses war aus billigen Eternitplatten zusammengebaut, aber es sah gepflegter aus als die anderen. Es gab einen Carport und sogar einen kleinen Kräutergarten im Fenster. Joe schnappte sich die Taschen und schloss die Tür auf. Offenbar war dies sein Haus. Am Tisch der kleinen Küche saßen zwei Frauen und schälten Kartoffeln. Eine von ihnen schaute auf sein kurzes, aber nicht unfreundliches Knurren hin fragend auf. Erst hier drin merkte man, wie klein das Gebäude war. Ein Mann und zwei Taschen passten nicht gleichzeitig durch den Flur. Halb offene Türen führten zu zwei winzigen Zimmern. In einem davon saß ein Halbwüchsiger und schraubte an einem Radio. Wahrscheinlich Joes Sohn. Er nickt dem Vater schweigend zu und sah genauso durch mich hindurch wie kurz zuvor die beiden Frauen.

Über eine kleine Treppe kam man ins Tiefparterre, wo zwischen Leinen, die über und über mit Wäsche behängt waren, eine Waschmaschine und ein Trockner standen. Einige Paar Stiefel. Zwei Angeln und ein Gewehr. Joe warf die Wäsche in den Trockner.

»Setz dich.« Er zeigte auf einen Campingstuhl und ging die Treppe hinauf.

Als ich saß, merkte ich, wie erschöpft ich war. Dass mir zum ersten Mal warm wurde. Dass es nicht nass war. Über mir wurde in einer mir fremden Sprache geredet. Wahrscheinlich Ojibwe-Sprache. Ich konnte nicht mal erraten, ob übers Wetter gesprochen, gestritten oder Witze erzählt wurden. Da saß ich nun in einer Waschküche in einem Indianerreservat. Ohne die Krankheit hätte ich diesen Einblick in das Alltagsleben der Ojibwe nicht bekommen, so viel stand fest. Bislang hatte die MS immer nur mit Angst, Verwirrung und Trauer in mir gewirkt. Es wurde Zeit, ihr einen Punkt auf die Habenseite zu setzen.

Joe kam wieder herunter. Schaute in den Trockner. Fünf Minuten später saßen wir mit gefalteter Wäsche im Wagen. Auf mein Gehen hatten die Frauen genauso wenig reagiert wie auf mein Kommen. Nach ein paar Minuten im Auto brach ich das Schweigen.

»Wie geht es deinem Stamm eigentlich?«, begann ich vorsichtig.

»Wieso fragst du?«

»Sei nicht sauer, Joe, aber nach einem Villenvorort sieht das alles nicht aus. Und die drei Männer, die sich da hinten am Straßenrand besaufen, sind mir auch aufgefallen. Ich schätze, das alles hätte ich nicht gesehen, wenn wir nicht ins Wasser gefallen wären.«

Joe räusperte sich. Drehte das Fenster ein Stück nach unten und spuckte auf die Straße. Dann drehte er das Fenster wieder hoch.

»Die anderen Jungs und ich wollen mit diesem Ojibwe-Ding Geld verdienen, klar. Weißt du, ich bin ein Bastard. Ojibwe-Blut, amerikanisches, kanadisches, irisches, deutsches, spanisches, ist alles in meinen Adern. Dann habe ich mich in meine Frau verliebt und bin eben hierher gekommen. Ganz schnell habe ich gemerkt, dass alle hier nur so vor sich hin vegetierten. Und dann waren da diese drei Spinner. Matthew hatte die Idee, die Ojibwe-Kultur wiederzubeleben. Seine Großeltern konnten die Sprache noch, ein paar andere kriegten ihre Erinnerungen an die Feste noch zusammen. Wir wollen das alles nicht sterben lassen. Und mich haben sie zum Anführer gemacht, weil ich neu war und auf niemanden Rücksicht nehmen musste.«

»Warum habt ihr eure Kultur denn überhaupt aufgegeben?«

Joe lachte trocken.

»Wir alle haben eine Menge verloren. Du bist einer von den Germans. Das heißt die Männer mit dem Speer, richtig? Hat mir mal ein Tourist aus Deutschland erzählt. Weißt du noch, wie man einen Speer wirft?«

Das ist zweitausend Jahre her, wollte ich protestieren. Ließ es aber.

»Ist auch nicht die Antwort auf deine Frage«, gab Joe zu. »Weißt du, Kanada gilt auf der Welt als nettes Land. Nicht so böse und aggressiv wie die USA. Deswegen will auch keiner so genau wissen, was mit uns, der first nation, passiert ist. Am Ende des 19. Jahrhunderts fingen christliche Gruppen an, uns die Kinder zu rauben, um sie in Missionsschulen zu ›zivilisieren‹. Ihre Eltern durften sie zweimal im Jahr sehen. Wenn sie erwachsen waren, wurden sie in die Reservate abgeschoben. Das ging bis in die 1960er Jahre so. Der Staat hat nichts dagegen gemacht.«

Vor einiger Zeit hatte ich in einer Zeitung gelesen, dass kanadische Indianer vom Staatschef gefordert hatten, sich zu entschuldigen. Bis gerade eben hatte ich keine Ahnung, wofür eigentlich. »Leute wie uns gibt es viel zu wenig«, fuhr Joe fort. »Da sind immer noch Geschäftsleute, die überforderten Häuptlingen das Nutzungsrecht an unserem Land für ein paar Dollars abkaufen. Und dabei rede ich die ganze Zeit nur von den Männern. Es gab hier vor ein paar Jahren mal eine Frau. Die hatte Jura studiert und kam zurück, um für unsere Rechte zu streiten. Aber nicht mal ihre alten Freunde wollten noch etwas mit ihr zu tun haben. Weil sie auf der Universität des weißen Mannes gewesen war. Die lebt heute in Toronto, und wir lassen uns hier weiter übers Ohr hauen.«

Joe spuckte noch einmal besonders herzhaft aus dem Fenster, dann waren wir zurück bei unseren Tipis.

Thomas saß schon mit den anderen am Feuer. Geschossen hatten die Männer bei ihrer Jagd nur zwei kleine Vögel. Trotzdem war die Stimmung gut. Joe und ich setzten uns dazu. Das Elchfleisch löffelten wir direkt aus dem Topf. Es schmeckte großartig, ein wenig wie Rind, ein wenig so, wie der Wald roch. Eine Flasche kreiste, und die Witze wurden zusehends dreckiger. Thomas ließ das Feuerwasser ebenso an sich vorbeigehen wie ich.

Eine halbe Stunde später spürte ich, wie sehr mich der Jetlag auch am dritten Tag der Reise noch im Griff hatte. Mit einem kurzen Gruß in die Runde erhob ich mich.

»Pussy!«, grölte Darren.

Normalerweise hätte ich spätestens jetzt mit einem bösen Spruch gekontert. Aber nun wusste ich ja, dass Darren ein Kulturkämpfer war. Ein besoffener, übergewichtiger, rülpsender Kulturkämpfer, aber immerhin. So einem lässt man schon mal was durchgehen. Vor allem wenn man selbst nicht mal mehr einen Speer werfen kann.

Joe hielt mich kurz zurück und gab mir etwas in die Hand, das aussah wie ein Turnbeutel.

»Wenn du was zu essen im Tipi hast – pack es hier rein und häng es außen an eine Stange. Wenn heute Nacht der Bär kommen sollte, dann findet er es. Wenn er nichts findet, kommt er rein und sucht es bei dir im Schlafsack.«

Einigermaßen beeindruckt kramte ich so lange in meinen Sachen herum, bis ich den Schokoriegel fand, den ich am Morgen gekauft hatte.

Draußen vor der Arztpraxis setzte ich mich auf eine Treppenstufe. Die nächste Stunde saß ich zwischen den Hochhäusern am Potsdamer Platz und versuchte den Blicken der vorbeispazierenden Passanten auszuweichen. Ich gehörte nicht mehr zu ihnen. Das war mein erstes Gefühl, nachdem ich aus der Arztpraxis geflüchtet war. Ich gehörte nicht mehr zur übrigen Welt. Zwischen mir und ihr war Glas. Oder Sülze. Irgendwas Durchsichtiges jedenfalls, das mich ab jetzt von ihr trennte.

Irgendwann schlurfte ich in Richtung U-Bahn. In der Hand hielt ich die Tüte mit den Katalogen und der DVD, die mir der Neurologe mitgegeben hatte.

»Du machst auch jede Mode mit«, murmelte mir Susann, meine Freundin, traurig ins Ohr. Ich umarmte sie, als wollte ich mich an ihr verstecken. Dann saßen wir auf dem Flur, am Boden zwischen den Bücherregalen, und sie weinte, bis dieser Tag vorbei war.

»Oh, shut up!«

Das Erste, was wir am nächsten Morgen hörten, war Darrens Stimme. Er brüllte einen Vogel an, der ihm zu laut zwitscherte. Der Kulturkämpfer war offenbar noch ein bisschen verkatert von gestern. Vor unseren beiden Tipis stand ein weiteres, modernes Iglu-Zelt. Das musste Darren aufgestellt haben, nachdem Thomas und ich uns in unsere Schlafsäcke verkrochen hatten. Er schälte sich mürrisch aus dem Iglu hervor. Die anderen waren schon seit einiger Zeit wach. Howard wusch sich am See, Matthew packte ein paar Sachen aus, die er vermutlich von seiner Frau mitgebracht hatte, und Joe kümmerte sich um den Kaffee.

Nach dem Frühstück hielt Matthew mir einen Bogen entgegen.

»Den hier bekommst du doch nicht mal gespannt, oder?«

Mit dem Finger zeigte er auf ein hölzernes Reh, das er ungefähr zehn Meter vom Zelt entfernt aufgestellt hatte. Auf dessen Körper waren die Stellen gekennzeichnet, wo ein Treffer das Tier töten würde. Das Herz zum Beispiel oder die Halsschlagader. Jetzt stand also meine Ehre auf dem Spiel. Wortlos nahm ich den Bogen. Sammelte in meinem Kopf alles, was ich über das Schießen wusste.

Das Dreieck am Schaft hieß Kimme. Oder Korn? Jedenfalls musste man die Schusswaffe so ausrichten, dass die Kimme direkt zwischen den beiden Erhebungen des Korns zum Stillstand kam. Wenn sich davor in einer gedachten Linie genau das Kalkröhrchen befand, das die Plastikrose hielt, und wenn der Besitzer der Schießbude seine Gewehre nicht manipuliert hatte, um Geld zu sparen, dann musste man nur noch abdrücken. Dann knallte es kurz, und die Freundin aus der Parallelklasse freute sich, dass man so ein toller Hecht war. Doch jetzt hatte ich kein Gewehr in den Händen, sondern einen Bogen. Ganz ohne Kimme. Oder Korn? Egal. Ich nahm den Bogen vor die Brust. Machte ihn irgendwie schussbereit, obwohl mir die Sehne fast die Finger zerschnitt. Der erste Pfeil landete im Gras, mehrere Schritte von dem Tier entfernt. Ich konzentrierte mich. Wie wäre es, eine Linie von meinen Augen über die Pfeilspitze bis zum Kopf des Tieres zu denken? Der zweite Pfeil traf genau in die Halsschlagader.

»Gib mal her!« Thomas hatte so ein Flackern in den Augen. Gleich sein erster Schuss machte dem armen Holztier den Garaus. Howard räusperte sich vorsichtig.

»Wisst ihr, wie lange ich gebraucht habe, um das zu lernen?«

Diesmal bemühten Thomas und ich uns, so diskret wie möglich zu lachen.

Jetzt waren die Ojibwe wieder dran. Ihre Chance kam eine halbe Stunde später. Thomas und ich ließen uns von innen durch einen zweiten Becher Kaffee und von außen durch die Herbstsonne wärmen, als ein Stock neben meinem Stuhl landete. Sehr stabil und fast zwei Meter lang. An seinem oberen Ende konnte man sehen, dass er frisch geschnitten war.

»Nimm den«, sagte Howard. »Ihr müsst jetzt ein bisschen laufen.«

Auch die anderen drei standen auf einmal um uns herum. Darren hatte ein Gewehr geschultert und sah gar nicht mehr verkatert aus.

»Ihr geht jetzt in den Wald, Bären gucken«, informierte uns Joe.

»Und geh auf Nummer sicher, Darren!«, fügte Matthew hinzu. »Unser Freund hier kann nicht rennen.«

Allmählich gingen mir diese ständigen Indianeraufgaben auf die Nerven. Andererseits: Bären! In freier Wildbahn! Natürlich wollte ich mir das nicht entgehen lassen. Thomas wuchtete seine Kameras auf die Schulter, ich klopfte den Stock zur Probe ein paarmal auf den Boden.

Während ich versuchte, den beiden so gut wie möglich zu folgen, merkte ich, wie ärgerlich ich war. Zum ersten Mal hatte es jemand außerhalb von Arztpraxen in Berlin offen ausgesprochen: Der ist behindert! Der kann nicht rennen! Auf den muss aufgepasst werden! Mit dem hat man weniger Spaß!

Am Stock gehen, das war für mich immer etwas für alte Leute gewesen, denen man über die Straße helfen sollte. Nun war es also auch etwas für mich.

»Soll ich dir drüberhelfen?« Vor einem dicken Baumstamm reichte mir Darren seine Hand.

»Hau ab!«

Tatsächlich war der Baum zu dick, als dass ich einen Fuß daraufstellen konnte. Mein ramponierter Beinheber schaffte es einfach nicht. Die anderen blieben in einiger Entfernung stehen und sahen mich fragend an. Kurz entschlossen setzte ich mich rücklings auf das Holz, drehte mich auf dem Hintern um 180 Grad und zog die Beine irgendwie nach. Mit dem linken Fuß blieb ich hängen. Rollte nach vorn und lag bäuchlings auf dem Waldboden. Als ich mich wieder aufrappelte, sahen die beiden anderen aus, als ob sie lachen wollten. Aber ich sah vermutlich so aus, als ob ich sie dann getötet hätte. Sie brachten ihre Gesichtszüge wieder unter Kontrolle.

In einiger Entfernung vom Lager öffnete sich eine Lichtung. An einer Seite war zwischen den Bäumen ein Tarnnetz gespannt. Darren zeigte uns einige schwarze Haufen, wenige Meter vom Netz entfernt.

»Bärenkot. Eine Familie muss in den letzten Stunden hier gewesen sein. Die nehmen normalerweise denselben Rückweg.«

Dann nahm er uns mit hinter das Tarnnetz.

»Wir müssen immer wieder nach hinten gucken. Manchmal treibt sich ein Wolfsrudel in der Gegend rum.«

Zwischen uns und einer zu erwartenden Bärenfamilie befand sich also nicht mehr als ein Stück Stoff, fasste ich für mich zusammen. Und auf die Wölfe im Rücken mussten wir schon selbst achten. So sah das also aus, wenn Ojibwe auf Nummer sicher gingen. Obwohl, mit Darren an meiner Seite hatte ich keine Angst. Notfalls konnte der bestimmt einen Bären mit der bloßen Faust in die Flucht schlagen.

»Und jetzt Ruhe!«, zischte er. »Kein Sprechen, kein Rülpsen, kein Furzen!«

In der nächsten halben Stunde passierte gar nichts. Dann begann Darren unruhig umherzurutschen. Er drehte sich zu mir. Kam mit seinen Lippen bis auf einen Zentimeter an mein Ohr.

»Manchmal gehen die Bären hinten im Wald zurück. Ich schaue mal nach. Hier«, damit legte er mir das Gewehr in den Schoß. »Ich habe ja das Messer.«

Bevor ich ihm sagen konnte, dass er mir genauso gut einen Toaster oder eine Rolle Luftschlangen zur Hilfe hätte dalassen können, war er ohne ein Geräusch im Wald verschwunden. Thomas sah mich fragend an.

»Kannst du eigentlich schießen?«, flüsterte ich in seine Richtung.

»Nein.«

»Ah. Ich auch nicht.«

Ungefähr eine Minute lang stand diese Information allein im Wald. Dann wandte ich mich wieder an ihn.

»Wenn die Tiere kommen, sollen wir dann schreien oder ganz still bleiben?«

»Bei Bären soll man sich groß machen und brüllen«, kratzte der Kollege sein Wissen zusammen. »Bei Wölfen weiß ich nicht.«

»Hört sich gut an.«

Dann lachten wir. Vorsichtshalber lautlos. Instinktiv drehte sich Thomas zu der Seite, aus der wir die Bären erwarteten, und suchte nach einem Baum, auf den er im Notfall klettern konnte. Immerhin bemühte er sich um Diskretion. Dass ich ihm nicht folgen würde, lag auf der Hand. Dafür umkrallte ich das Gewehr und starrte in die Richtung, aus der vielleicht die Wölfe angreifen würden. Hielt den Lauf in den Wald hinein. Vielleicht hatte das Leittier ja eine Metallallergie. Oder ich könnte es wie mit einer Keule am Kopf treffen, bevor die anderen mich auffressen würden. Es dauerte eine halbe Stunde, bis Darren missgelaunt wieder zwischen den Bäumen auftauchte.

»Hinten war auch nichts zu sehen«, klagte er in normaler Lautstärke. »War hier was?«

»Nee. Leider nicht«, heuchelten wir.

Auf dem Weg zurück ins Lager hielt Thomas mich zurück, bis Darren ein paar Meter Vorsprung gewonnen hatte.

»Wenn die jetzt noch irgendwas Bescheuertes mit uns unternehmen wollen, haue ich ab und suche mir irgendwo ein billiges Hotel.«

Doch an diesem Tag schienen auch die Ojibwe genug vom Indianertheater zu heben. Howard angelte ein paar Fische aus dem See, die wir uns am Feuer brieten und teilten.

Auf den dritten geplanten Flug mussten Thomas und ich verzichten. Der nächste Tag war zwar sonnig und schön, doch er brachte einen Wind mit sich, der zu stark war, um mit dem Wasserflugzeug zu starten. Also nahmen wir einen Mietwagen und die Fähre, um zu einer Insel auf dem Lake Huron überzusetzen. Sie hieß Manitoulin Island. Laut Mythologie der Ojibwe hatte der große Geist Manitou persönlich hier sein Zuhause.

Erstaunlicherweise sah Manitous Insel mit ihrer leicht welligen Landschaft, den Dünen und Salzwiesen ungefähr so aus wie Sylt. Oder wie ein Drehort für eine Rosamunde-Pilcher-Verfilmung. Zu diesem Schluss kamen der Kollege und ich, je weiter wir uns dem letzten Ziel auf dieser Reise näherten – der Manitouwaning Lodge.

»Hello, my dears!« Margret, die silberhaarige Herrin dieses Orts, öffnete zur Begrüßung weit ihre Arme, berührte uns allerdings nicht. Was mir persönlich ganz recht war und auch ziemlich gut zu ihrem wie fest betoniert sitzenden Lächeln passte. Margret herrschte über ein Reich aus grünen und weißen Blockhütten, geschmückt mit Blumenampeln, Biedermeierstühlchen und von ihr selbst gemalten Bildern. Normalerweise verbesserten hier die Gäste ihre Tennis- und Golftechnik. Doch da wir in der letzten Saisonwoche ankamen, räkelte sich das Gelände bereits dem Winterschlaf entgegen. Morgen Abend würden wir wieder im Flugzeug Richtung Deutschland sitzen. Ich ließ mich auf den Schaukelstuhl in meiner Hütte fallen und blätterte die Notizen durch, die ich in den letzten zehn Tagen der Reise gemacht hatte.

Ich hatte keine Bären gesehen, dafür aber das Leben in einem Reservat. Zum ersten Mal hatte ich für ein paar Stunden am Stock gehen müssen, dafür trug ich jetzt aber auch einen Indianer-Kampfnamen. Und ich war in Flugzeugen geflogen, die ich sicher nicht bestiegen hätte, wenn ich noch hätte weglaufen können. Damit klappte ich mein Notizbuch zu, dessen Seiten vom Kanumalheur noch immer etwas wellig waren. Die erste Reise mit der neuen Untermieterin in meinem Körper. Sie war gar nicht schlecht verlaufen.

Der Fotograf hatte seine Ausrüstung geschultert und rannte hektisch über die Lodge, um die letzten Stunden zu nutzen. Auf der Suche nach einer Kunstausstellung. Oder einem chinesischen Feuerwerk. Oder einer halbnackten Miss World, die auf einem Rhinozeros Polo spielte. Nach irgendeiner dramatischen, unvorhersehbaren Sensation eben, die seiner Bildstrecke eine völlig unerwartete Wendung geben würde.

Bei früheren Reisen hatte ich mich pflichtschuldig an solchen letzten Tagen mit dem jeweiligen Fotografen auf den Weg gemacht, um seine Torschlusspanik zu teilen. Hatte Teile der Ausrüstung geschleppt und Notizen geschrieben, die ich zu Hause kaum noch lesen und schon gar nicht gebrauchen konnte. Aber in den vergangenen Tagen hatte ich deutlich zu viele Fußmärsche absolvieren müssen. Meine Füße zeigten fast permanent fünf vor zwei an. Sollte Thomas doch alleine herumhetzen. Ich setzte mich auf einen Sessel vor den Empfangstresen und blätterte in einem Magazin, das mich nicht interessierte. Hinter dem Tresen saß Margret und löste ein Kreuzworträtsel, das sie nicht interessierte. Natürlich dauerte es unter diesen Umständen nur wenige Minuten, bis ich mich räuspern hörte.

»Sagen Sie, stammen Sie eigentlich aus der Gegend hier?« Das war immer eine gute Möglichkeit, ein Gespräch zu beginnen. Entweder man hörte die Geschichte einer Herkunft. Oder man konnte sich mit einem Lächeln für sein schlechtes Englisch entschuldigen. Bei Margret passierte Ersteres.

»Nein, ich bin aus Hout Bay, Südafrika.«

»Dieser Hafen bei Kapstadt? Den kenne ich!« Das tat ich wirklich. Eine Reise nach Südafrika hatte mich vor wenigen Jahren dorthin geführt.

»Really?!« Margret war entzückt. Ohne Zögern begann sie mir ihre Lebensgeschichte zu erzählen.

Vor vielen Jahren hatte Margret zum burischen Geldadel gehört. Sie besaß eine Kunstgalerie, in der sie Zulu-Schnitzereien verkaufte. Ihr Mann starb jung, so ging auch noch dessen Fabrik an sie über. Margrets einzige Tochter wurde Fotografin und dokumentierte die Arbeit des berühmten

Herzchirurgen Christiaan Barnard in dessen Privatklinik. Dort lernte sie einen jungen kanadischen Arzt kennen, der sie heiratete und mit nach Ontario nahm. Etliche Jahre sahen sich die beiden Frauen kaum. Margret hatte ihre Geschäfte, die Tochter musste sich um ihre Arbeit und die kleine Tochter kümmern.

»Kurz nach ihrem siebten Geburtstag ist die Kleine von einem Auto überfahren worden und starb.«

Margrets Lächeln sah plötzlich gar nicht mehr betoniert aus.

Margret verkaufte Galerie und Fabrik und zog nach Kanada, um ihrer Tochter zu helfen. Mit Erfolg: Der Tochter ging es durch ihre Unterstützung langsam besser, und sie begann wieder zu fotografieren. Da wurde es Margret langweilig. Also kaufte ihr der Schwiegersohn aus Dankbarkeit die Lodge, die damals gerade von den Vorbesitzern aufgegeben worden war.

Margret schlug sich die Hände vor den Mund. Dann schaute sie mich streng an.

»Aber nicht, dass Sie das alles aufschreiben!«

»Sicher nicht«, murmelte ich und wusste, dass ich log.

Vielleicht wusste sie das auch. Ihr Lächeln war wieder aus Beton, als sie kräftig in die Hände klatschte: »Essen, mein Lieber!« Sie führte mich in den Speisesaal, wo Thomas schon hungrig wartete. Außer ihm warteten noch zwei weitere Paare. Die circa fünfzehn anderen Tische waren nicht gedeckt. Es war eben die letzte Woche der Saison. Der Barkeeper spülte vor Langeweile fleckenlose Gläser. Bevor sie sich zurückzog, stellte Margret uns noch rasch ihre Kellnerin Sandra vor, die aussah wie die junge Grace Kelly. Doch sie verstand es, diesen eleganten Eindruck bereits während der ersten Minute zu zerstören. Als wir Orangensaft und Wasser zum Essen bestellten, sah sie uns ungläubig an.

»No wine? Not even Beer? I thought you guys are Germans!«

Mit schrillem Lachen steuerte sie in die Küche. Immerhin war das Essen ein Genuss.

Zwischen Suppe und Hauptgang betrat ein Mann den Saal, den der Barkeeper mit besonders abschätzigem Grinsen bedachte. Er trug ein schneeweißes Jackett, ein violettes Rüschenhemd und auf dem Kopf eine windschiefe Ansammlung ondulierter Locken.

»Good evening. My name is Jack Bond«, sagte er sehr schüchtern und setzte sich an ein Keyboard gegenüber der Bar.

Das Instrument begann in einem Viervierteltakt zu pluckern, der ähnlich fest betoniert war wie das Lächeln seiner Arbeitgeberin. Binnen der nächsten Stunde spielte Mister Bond jeden Klassiker des schlechten Geschmacks, den man sich nur vorstellen mochte: »Sentimental Journey«, »Begin the Beguine«, »Qué será«.

Nach wenigen Songs hörte ich auf, mit Thomas zu plaudern. Drehte meinen Stuhl und lauschte Jack Bond. Alleinunterhalter hatten mich schon immer fasziniert. Ihre Liebe zur Musik, die der Talentlosigkeit trotzte. Ihre Bereitschaft, jeden Abend vor ein Publikum zu treten, das sich keinen Deut um sie scherte. Eine solche Hartnäckigkeit rührte mich. Auch ich würde gern irgendwo in einer Hotellobby am Ende der Welt »Save the last dance for me« singen und dabei denken: »I did it my way!«

Genau das tat ich übrigens gerade. Bond bemerkte, dass ich zu seinem Schmachtfetzen die Lippen bewegte, nickte mir zu und wagte ein schüchternes Lächeln. Mit einer Improvisation wechselte er zu »My way«, ohne das Tempo seines Viervierteltaktes zu ändern. Er hörte auf zu säuseln und begann stattdessen derart zu knödeln, dass zwei Gäste aufstanden und den Saal verließen.

Nach dem Dessert blieben Thomas und ich noch ein bisschen im Speisesaal. Ließen uns von Grace Kelly einen Espresso servieren. Sahen zu, wie sie sich an die Bar setzte und den Keeper anschmachtete. Der machte ein paar blöde Sprüche in Richtung Jack Bonds, der gerade sein Keyboard abbaute. Wir konnten sie nicht hören, aber Miss Kelly lachte ein bisschen zu laut und ein bisschen zu lange darüber. Scheinbar wohnten wir gerade einem Ritual bei, das sich hier eine Saison lang jeden Abend abgespielt hatte.

»Sorry, guys!« Der Barkeeper schien genug von den fleckenlosen Gläsern und seiner Verehrerin zu haben. Einige Male schaltete er das Saallicht an und aus, um uns zu zeigen, dass hier für heute Abend Schluss war.

Als wir hinausgingen, kämpfte Bond mit den Reißverschlüssen seiner Instrumenttaschen. Ich gab ihm einen festen Händedruck zum Abschied. Draußen saß die Kellnerin auf einer Treppenstufe. Sie hatte sich eine Strickjacke um die Schultern gelegt und beantwortete unseren Gruß nur mit einem traurigen Blick.

Nachdem ich aus Kanada zurückgekehrt war, blieb ich für zwei Tage zu Hause. Schlief zu seltsamen Zeiten ein, saß um vier Uhr morgens vor dem Fernseher. Was man eben so macht, während sich die innere Uhr wieder auf die heimische Zeit zurückstellt. Dann hatte ich genug vom Herumlungern.

Meine Freundin Susann und ich verabredeten uns mit zwei Freunden, die vier Querstraßen entfernt wohnten, also für Berliner Verhältnisse fast Nachbarn waren, beim Chinesen um die Ecke. Schon beim Essen merkte ich, dass etwas nicht stimmte. Die Lider wurden mir schwer, schwerer, als sie es von Müdigkeit werden. Manchmal konnte ich dem Gespräch nicht mehr richtig folgen, und die Lichter der Autos, die vor dem Fenster vorbeifuhren, hinterließen sekundenlang Schlieren in meinem Gesichtsfeld. Da der Abend trotzdem lustig war, sagte ich nichts. Die beiden Freunde wussten ohnehin noch gar nichts von der MS. Sie dachten, dass ich »was mit der Hüfte« hätte, wie ich meinen unsicheren Gang damals meist erklärte. Also ließ ich mir eine große Cola und einen doppelten Espresso bringen, um die Müdigkeit aus meinen Lidern zu vertreiben. Und tatsächlich gelang es mir, den Abend nicht nur zu überstehen, sondern sogar mit den anderen Spaß zu haben.

Auch den kurzen Weg nach Hause schaffte ich ohne Probleme. Während der paar Häuserblocks erinnerten wir uns an die vielen Pointen, die es am Tisch gehagelt hatte, und mussten mehr als einmal stehen bleiben, weil wir uns vor Lachen ausschütteten. Manchmal tat ich auch nur so, als müsste ich mich vor Lachen ausschütten. Immer dann, wenn ich das Gefühl hatte, dass ich eine Pause brauchte, um nicht zu fallen.

Doch die echten Probleme begannen zu Hause. Beim Zähneputzen überkam mich ein merkwürdiges Gefühl. Danach fiel es mir schwer, mich auf mein Bett zu setzen. Mir wurde schwindlig. Das Zimmer drehte sich so intensiv um mich, als wäre ich im Inneren eines dieser zylindrischen Karussells auf dem Jahrmarkt. Ich krallte mich an der Fensterbank fest. Nach einer Minute kam das Zimmer zum Stehen. Doch sobald ich mich hinzulegen versuchte, raste eine Art Strudel durch meinen Kopf, der mich binnen Sekunden wieder in eine aufrechte Sitzposition und an die Fensterbank zwang. Dabei wurde mir nicht einmal schlecht. Dieser Strudel drohte mich zu verschlingen. Es war, als ob ich in meinen eigenen Kopf fallen würde, und zwar mindestens hundert Meter tief. Etwas Ähnliches war mir nur einmal passiert. Mit 21 Jahren, als ich in meinem Studentenzimmer hastig meine erste Zigarette auf Lunge geraucht hatte. Und selbst da schien ich nur fünf Meter weit zu fallen.

Susann kam aus dem Badezimmer und merkte sofort, dass etwas nicht stimmte. Warum sollte ich sie anlügen?

»Wir müssen sofort in die Notaufnahme!« Ihre Stimme wurde hektisch.

»Und was soll ich da sagen?«, versuchte ich zu beschwichtigen. »Es ist Freitagnacht um viertel vor eins. Mir ist ein bisschen schwindlig, also könnten die ganzen Schnapsleichen, die Leute mit den Stichwunden und die Opfer häuslicher Gewalt bitte ein bisschen zusammenrücken und mich vorlassen?!«

Es sollte ein Scherz sein, aber sie lachte nicht. Mit einem Ruck setzte ich mich aufrecht gegen die Kopfseite des Bettes. Den Sturz durch meinen Kopf überstand ich, indem ich den Blick nicht von einem Bild an der gegenüberliegenden Wand ließ. Nach einer halben Minute konnte ich wieder reden.

»Siehst du? Ist doch schon besser.«

Mit Zweifeln im Blick legte sie sich neben mich. Die Nachttischlampe zu löschen war wie der Sturz aus einem Flugzeug. Minutenlang vollführte der Lichtschein am unteren Ende des Vorhangs einen Slalom vor meinen Augen. Wenn es heute Nacht noch etwas werden sollte mit dem Einschlafen, war eine andere Taktik vonnöten. Sobald das Flugzeug sich stabilisiert hatte, rutschte ich ein kleines Stück weit von der Kopfseite des Bettes nach vorn in Richtung Liegeposition. Fünf Zentimeter zogen keinen Absturz mehr nach sich, sondern nur noch eine schwere Turbulenz. Es klappte: Nach einer Viertelstunde lag ich.

»Alles halb so wild«, sagte ich zu Susann, die sich zu mir drehte und regelmäßig zu atmen begann.

Meine Nacht wurde wesentlich unruhiger. Das lag nicht nur daran, dass jedes Augenschließen nach wenigen Sekunden zu einem neuen Absturz führte. Auch hier galt es, die Intervalle langsam zu steigern. Je länger die wurden, desto mehr

Sorgen fanden Platz in mir. War das hier ein neuer Schub? Würde das jetzt ewig so weitergehen? Oder so ähnlich werden wie mit dem rechten Bein? Ein bisschen besser, aber nie mehr richtig? Müsste ich ab sofort bis für den Rest meines Lebens drei bis dreißig Minuten einkalkulieren, um mich ins Bett zu legen?

In dieser Nacht, während ich immer wieder die Augen aufriss und gegen die dunkle Decke starrte, hatte ich das Gefühl, dass der neue Gegner in mir sich nun die Maske vom Gesicht riss. Dass er nicht nur grob und brutal gegen mein rechtes Bein schlagen konnte. Sondern mit tausend Tricks gegen jede Stelle meines Körpers vorgehen würde, wie es ihm gefiel. Dass ich mich also nicht nur auf Reisen, sondern an jedem einzelnen Tag meines Lebens mit ihm würde auseinandersetzen müssen.

Ich stand auf. Ging ins Wohnzimmer, um mir die DVD anzusehen, die mir der Neurologe mitgegeben hatte. Der halbstündige Film, der darauf zu sehen war, handelte von Nina, einer jungen aktiven Frau, die beim Joggen ohne erkennbaren Grund umfällt. Nach umfangreicher Diagnostik erfährt sie, dass sie unter MS leidet. Nina will die Krankheit nicht wahrhaben. Geht trotzdem ins Fitnessstudio. Danach mit ihren Freundinnen in die Disco. Tanzt, trinkt Alkohol, blickt ins Flimmern einer Lichtkugel. Bricht zusammen und muss ins Krankenhaus gebracht werden. Nina lernt, dass sie ihr Leben der Krankheit anpassen muss. Beginnt, Interferon zu spritzen. Ein körpereigenes Gewebehormon, das vor allem von weißen Blutkörperchen entwickelt wird und derzeit als bestes Medikament gegen MS gilt. Erklärt sich ihren Kollegen. Einige von denen wenden sich von ihr ab, andere werden zu wahren Freunden. Als Nina ihren Chef um eine Halbtagsstelle bittet, lädt der sie zum Essen ein. Und traut sich in der untergehenden Sonne endlich, ihr zu sagen, dass er sie schon lange heimlich liebt.

»Nina« war ein ehrlicher Film. Einer, der die Sorgen und Gedanken der Kranken ernst nahm, ohne die MS zu verharmlosen. Kurz gesagt: »Nina« war das ekelhafteste Propagandamachwerk der pharmazeutischen Industrie, das man sich nur vorstellen konnte. Ich zog es aus dem DVD-Player und warf es weg.

Dann setzte mich in die Küche und sah in die Dunkelheit. Nach einiger Zeit spürte ich, dass die Krankheit auf dem anderen Stuhl saß. Ich hatte sie nicht kommen gehört. Ich konnte sie nicht sehen. Aber ich wusste genau, dass sie da war. In einer Nacht wie dieser war vieles möglich. Wir schwiegen uns an. Nach einer Weile fragte ich: Was willst du eigentlich von mir?

Besonders gut verstehen konnte ich sie nicht. Vielleicht war sie noch zu jung. Vielleicht nuschelte sie, und vielleicht hörte ich auch nur das, was ich hören wollte.

Als der Morgen graute, ließ ich sie sitzen. Sie würde in den nächsten paar Jahrzehnten sowieso ständig da sein.

Wie geht eigentlich chronisch krank sein?

Trotz des seltsamen Treffens in der Küche schien sich an meinem Leben in der nächsten Zeit wenig zu ändern. Drei Tage brauchte ich, um die Kanada-Reportage zu schreiben, gleich danach baten mich Freunde von einer kleinen Wochenzeitung, bei der ich vor Jahren als Redakteur gearbeitet hatte, um zwei Texte. Ich hatte also Gründe genug, meine Wohnung selten zu verlassen. Die Einkäufe im kleinen Bioladen neben meinem Haus zu machen, obwohl dort alles doppelt so teuer war wie im nächstgelegenen Discounter. Mit Susann abends höchstens mal ins Café gegenüber oder ins Kino um die Ecke zu gehen. Und auch dafür, Verabredungen abzusagen.

Jede Nacht allerdings, wenn ich aufwachte und stundenlang die Dunkelheit anstarrte, wusste ich, dass diese Gründe vorgeschoben waren. Ich hatte Angst. Ich wusste nicht, wie es weitergehen sollte. Ich wollte nicht mitten auf der Straße stolpern und umfallen. Ich wollte überhaupt nicht umfallen. Ständig hörte ich in mich hinein. Wurde mir wieder schwindlig? Wurden meine Lider wieder schwerer als gewöhnlich?

Nach einer Woche wurde mir klar, dass ich mich isolierte. Als ob ich Schuld daran hätte, krank geworden zu sein. Am nächsten Nachmittag nahm ich all meinen Mut zusammen und wählte die Nummer eines alten Freundes in Berlin.

»Andreas«, sagte ich, als er abhob. »Weißt du, warum ich unsere Verabredung wirklich abgesagt habe?«

»Nein.«

Ich sagte es ihm. Sein Schweigen dauerte vielleicht drei Sekunden.

»Wenn ich jemanden kenne, der es schafft, so weiterzuleben wie bisher, dann bist du das«, sagte er.

Natürlich war das Quatsch. Schon jetzt war mein Leben nicht mehr so wie vorher. Aber es fühlte sich gut an, es zu hören, und ich wusste genau, warum Andreas einer meiner besten Freunde war.

Gleich danach rief ich noch zwei weitere Freunde an. Außerdem meine Schwester und meinen Vater. Schrieb einen Brief an meine Mutter. Dann konnte ich nicht mehr, obwohl alle ihren Schock so gut wie möglich verborgen und mir Mut zugesprochen hatten. In dieser Nacht starrte ich die Dunkelheit nicht an, sondern heulte in sie hinein. Ich tat mir unglaublich leid. Aber immerhin – ein Anfang war gemacht. Allerdings dauerte es ungefähr anderthalb Jahre, bis auch der letzte meiner Freunde wusste, dass ich nicht »was mit der Hüfte« hatte.

Schwerer noch fiel es mir, mich über die MS zu informieren. Es war leicht gewesen, »Nina« und all die Broschüren des Neurologen einfach in die Mülltonne zu schmeißen. Aber auf Dauer würde das nicht ausreichen. Mit trockenem Hals und einem Stein in der Brust wagte ich mich ins Internet. Erfuhr, dass es eine »Deutsche Multiple Sklerose Gesellschaft« und andere Organisationen und Foren gab. Fast alle propagierten schulmedizinische Behandlungsformen. Rieten den Kranken, sich ruhig zu verhalten, eventuell eine kleine Rente zu beantragen, den Stress zu minimieren, sich Physio- und anderen Therapeuten anzuvertrauen, kurz: sich selbst zu einer Nina zu machen.

Die Seiten derer, die eine andere Meinungen hatten, waren schlechter layoutet, seltener besucht und klangen oftmals dubios. Und an das Buch über Traditionelle Chinesische Medizin wagte ich mich noch immer nicht heran. Wahrscheinlich deshalb, weil ich keine Erklärung über die Wirkstoffe und die

Theorien dieser Behandlung wollte. Stattdessen klammerte ich mich an die Idee, dass es im Wald von Berlin-Zehlendorf eine Zauberin gab, die mein Leiden einfach weghexen konnte.

An jedem einzelnen Tag redete ich stundenlang mit Susann. Wie sehr ich sie damit belastete, sagte sie mir erst Jahre später. Irgendwann merkte ich, dass sie mehr über MS im Internet recherchierte als ich.

Ich hörte damit auf, als ich auf einer schulmedizinischen Homepage die Information fand, dass fünf bis zehn Prozent der Erkrankten binnen der ersten zwei Jahre nach der Diagnose an MS sterben. Eine Prognostik, wen es traf und wen nicht, gab es laut dieser Seite nicht. Dass man starb, merkte man daran, dass man starb. Meine Entscheidung gegen Ruhe und Vernunft, gegen Rente und Schulmedizin fiel an diesem Tag: Keinesfalls würde ich ab sofort zu Hause bleiben, mir eine stressfreie Arbeit suchen und brav wie Nina dreimal pro Woche Interferon spritzen. Gerade weil ich nicht wusste, wie lange ich noch laufen konnte oder überhaupt noch zu leben hatte, wollte ich noch einmal einen Fuß auf alle Kontinente setzen. Immerhin: Ich konnte 500 Meter weit laufen. Das hatte ich in den vergangenen Wochen festgestellt. Wenn ich es richtig anstellte, müsste ich damit um die ganze Welt kommen!

Um mir eine Freude zu machen, schenkte Susann mir eine Weltkarte, die fast zwei Quadratmeter groß war, und fünfzig Nadeln mit roten Köpfen. In meinem Büro hängte ich sie an die Wand, und an jedem Ort, den ich allein oder mit ihr zusammen bereist hatte, steckte ich eine Nadel hinein. Dann setzte ich mich davor. Mein Plan war klar: Ich wollte auf jeden Kontinent. Die erste Reise nach der Diagnose hatte mich nach Kanada geführt. Links oben auf meiner Karte also. Daraus ergab sich die Zielrichtung: Binnen der nächsten Jahre würde ich mich nach rechts unten vorarbeiten. Bis Neuseeland.

Wenige Tage später klingelte das Telefon. Der Chefredakteur von »abenteuer & reisen« war dran. Das Magazin, für das ich am häufigsten reiste.

»Alles klar, Knud?«

»Könnte nicht besser sein«, log ich.

»Gut. Was machst du in zwei Wochen?«

»Hm. Ich nehme an, ich soll sagen, dass ich Zeit habe.«

»Ja, Knud, sag bitte, dass du Zeit hast.«

Über meine Krankheit verlor ich kein Wort. Lügen und Verschweigen gehörten scheinbar auch zu ihren Symptomen. Zwei Wochen später saß ich im Flugzeug über dem Atlantik. Richtung Mexiko.

Ein Schub in Chihuahua?

Den ersten Fehler hatte ich schon im Flugzeug gemacht. Der Lachssalat an Bord der Maschine von Amsterdam nach Mexiko-City hatte nicht besonders gut ausgesehen und gerochen, als wäre es schon eine Weile her, seit der Lachs seinen letzten Wasserfall hinaufgesprungen war. Nicht richtig schlecht, aber für die Leute vorn in der Business Class war vermutlich ein anderer Fisch getötet worden. Ich aß den Salat trotzdem. Dass danach der Kaffeebecher bei einer kleinen Turbulenz vom Plastiktablett rutschte und sich sein Inhalt über meine helle Hose ergoss, nahm ich schon als böses Omen. Oder zumindest als Beweis für meine Dummheit: Wer zieht sich schon eine helle Hose an, wenn er zehn Stunden in eine eng bestuhlte Economy Class eingepfercht ist?

Auch diesmal war ich mit einem Fotografen unterwegs, den ich noch nicht kannte. Von der Krankheit hatte ich ihm kein Wort gesagt. Der erste Schub war mittlerweile fast vorbei. Ich humpelte kaum noch. Das, was zurückgeblieben war, konnte ich mit meiner Hüfte erklären, ohne dass es weiter auffiel.

Der Fotograf hieß Peter und lebte ebenfalls in München. Aber ansonsten war er so ziemlich das genaue Gegenteil von Thomas. Nicht besonders groß, ziemlich dunkelhäutig und voller schwärzester Haare. Er war erst vor wenigen Jahren nach München gezogen, und in seinem Kohlenpott-Dialekt tauchten nur wenige bayrische Wörter auf. Außerdem hatte er nicht nur seine Kameras dabei. Immer wieder sollte er in den nächsten zehn Tagen technische Gerätschaften hervorkramen, von deren Existenz ich bis dahin höchstens durchs Werbefernsehen wusste. Irgendwie kamen wir während des langen Flugs von Frankfurt nach Mexiko auf die Bibel zu sprechen. Es ging um die Zehn Gebote, an Genaueres kann ich mich nicht mehr erinnern. Wir konnten uns nicht einigen. Plötzlich zog Peter eines der damals brandneuen und sauteuren Lesegeräte hervor. Darin hatte er nicht nur diverse Romane, sondern auch einen Brockhaus in mehreren Bänden und eine komplette Bibel eingespeichert. Nach einigen Klicks konnten wir unseren Disput beilegen. Leider zu seinen Gunsten. Immerhin waren wir einer Meinung, was die Bedeutung Friedrich Schillers anging. Wir fanden ihn besser als Goethe. Und Goethe wiederum deutlich besser als den HSV. War eben ein langer Flug.

Trotzdem fühlte ich mich nicht besonders gut, als mein Kollege und ich in Mexiko-City landeten. Aber wer fühlt sich schon gut nach neuntausendfünfhundert Kilometern Flugreise, sieben Stunden Zeitdifferenz, in einem komplett anderen Klima auf zweitausenddreihundert Metern über dem Meeresspiegel? Noch dazu mit verdreckter Hose?

Meinen zweiten Fehler soll das nicht beschönigen. Hinter der Gepäckausgabe wartete unser Führer für die nächsten Tage. Rodrigo hieß er, sprach ein ziemlich mieses Englisch und würde jeden Tag aus seinem kleinen Rollkoffer ein Hemd mit so exakten Bügelfalten hervorzaubern, als käme es gerade aus der Plättmaschine.

Rodrigo war aufgeregt. »You go to the cafeteria and drink something. I must pick up others!«, rief er uns zur Begrüßung entgegen. Kein Problem, man hatte uns schon in Deutschland gesagt, dass zwei Kollegen aus Spanien bzw. England unsere kleine Gruppe komplettieren würden. Gemeinsam mit ihnen sollten wir am nächsten Morgen von der Hauptstadt nach Chihuahua weiterfliegen. Der Kollege und ich gingen in die

Cafeteria. Er bestellte eine Dose Cola. Und ich beging meine Dummheit. Obwohl ich die alten Reisejournalistenregeln für südliche Länder schon tausendmal gehört hatte: »Trink nie aus einer Flasche, die du nicht selbst geöffnet hast. Frag immer, ob das Wasser aus der Flasche oder aus dem Hahn kommt.« Ich bestellte frisch gepresste Zitronenlimonade. Rodrigo fuhr uns ins Hotel, wo wir mit David, dem Mann aus England, und Lucretia, der Kollegin aus Spanien, noch ein Glas tranken und eine Wette abschlossen:

»Wer zuerst Montezumas Rache bekommt, der kriegt von den anderen zum Trost ein fettes Stück Schweinebraten.«

Peter machte diesen Witz, und ich fand ihn lustig. Noch.

Mitten in der Nacht weckte mich Magendrücken. Gerade noch rechtzeitig schaffte ich es zur Toilette. Wie der Rest meiner Nacht verlief, kennt man zur Genüge aus zweitklassigen Touristenkomödien. Als ich endlich doch zur Ruhe kam, erwischte ich mich im Halbschlaf bei einer tückischen Überlegung: Eigentlich kam es mir ganz gelegen, krank zu werden. Denn falls ein neuer MS-Schub kommen würde, könnte ich den immer mit meinem kaputten Magen erklären. Noch bevor mir die Absurdität dieses Gedankens klar wurde, war ich eingeschlafen.

Am nächsten Morgen versuchte ich es zunächst mit Galgenhumor.

»Ich habe eine schlechte und eine gute Nachricht für euch. Die schlechte: Ich habe die Wette gewonnen. Die gute: Für euch bleibt es billig. Wenn jemand auch nur das Wort Schweinebraten erwähnt, kotze ich über den Tisch.«

Die anderen lachten, nur Rodrigo verzog das Gesicht. Es würde Extraarbeit auf ihn zukommen.

Den Flug von Mexiko-City nach Chihuahua überstand ich neben der Bordtoilette sitzend und den Blick starr auf den Boden gerichtet. Dann landete die Maschine. Auf dem kleinen Flughafen stieg man einfach aus dem Flieger und lief über das Rollfeld zur Halle. Als ich meinen Fuß auf den heißen, weichen Asphalt setzte, wurde mir schwindlig. Auf meinen wackligen, durch Montezuma zusätzlich geschwächten Beinen torkelte ich wenige Schritte von der Maschine weg. Ruderte mit den Armen. Griff hinter mich, um etwas zum Festhalten zu finden. Weil dort nichts war, landete ich auf dem Rücken. Ganz ohnmächtig wurde ich nicht, doch was genau um mich herum passierte, hätte ich auch nicht mehr sagen können. Aber bis heute erinnere ich mich, wie nach dem Sturz der Asphalt unter meinen Handflächen gebrannt hat. Und dass die Sonne am Himmel nicht lächelte, sondern hämisch grinste.

Dann griffen Hände zu. Unkoordiniert versuchten Mitreisende, mich auf die Beine zu stellen. In den nächsten Jahren sollten immer wieder freundliche Menschen an mir reißen und mir dabei mehr wehtun als helfen. Nicht nur die Krankheit und ihre Folgen waren noch neu für mich, sondern auch die Reaktionen, die sie bei anderen Leuten auslöste. Also ließ ich es geschehen, dass meine Schulter fast ausgekugelt wurde bei dem Versuch, mich wieder auf die Beine zu bringen. Torkelnd winkte ich einem Angestellten ab, der mit einem Faltrollstuhl gerannt kam. Ließ mir von einer Frau mein Portemonnaie und meinen Pass in die Brusttasche stopfen, die ich bei dem Sturz verloren hatte.

Rodrigo und Peter kamen und brachten mich zu einem Van, der vor dem Flughafen auf uns wartete. Peter schleppte nicht nur sein, sondern auch mein Gepäck zum Kofferraum. Vor den Fensterscheiben sah ich Chihuahua vorbeiziehen, aber richtig zu mir kam ich erst wieder, als wir im Hotel waren und ich mich aufs Bett legen konnte.

Während meine Reisegefährten zu einer Stadtrundfahrt aufbrachen, kam ich in der Kühle des Zimmers zum Nachdenken. Es sollten die schlimmsten Stunden seit der Diagnose werden. Als ich aufstand, um mir im Badezimmer kaltes Wasser über den Kopf zu schütten, konnte ich das rechte Bein nicht mehr heben. Ich zog mich an der Wand entlang und schleifte den Fuß einfach neben mir her. War das der nächste Schub? So schnell und ausgerechnet hier in der Fremde? Krampfartig begann ich zu weinen und konnte lange nicht aufhören.

Dann machte ich schon wieder einen blöden Fehler, indem ich den Hörer in die Hand nahm und Susann in Berlin anrief. In meinem Zustand war das unverzeihlich. Das wusste ich, seit ich ein Kind war.

Mein Vater hatte sein ganzes Berufsleben lang als Auslandsmonteur gearbeitet. Mein Stiefvater bis zu seinem Tod als Kapitän. Von beiden kannte ich die eiserne Regel der Fahrensleute: Wenn man im Ausland krank wird oder einen Unfall hat, wird die Heimat entweder informiert, wenn es einem wieder besser geht. Oder dann, wenn man tot ist. Oder wenn sich umgehend jemand ins Flugzeug setzen soll, um einem am Sterbebett die Hand zu halten. Nichts davon war bei mir der Fall. Aber ich tat mir so wahnsinnig leid.

Obwohl mir Sekunden nach dem Auflegen klar war, was für einen Unsinn ich eben angestellt hatte, ging es mir besser. Vorsichtig humpelte ich zum Kiosk im Erdgeschoss, kaufte eine Flasche Wasser und bestellte an der Rezeption ein Clubsandwich aufs Zimmer. Nachdem beides in meinem Magen verschwunden war, kam ich gerade noch bis ins Badezimmer Und dann gleich wieder. Beim zweiten Mal war ich gerannt, das wurde mir plötzlich klar. Nur ungefähr fünf Schritte. Aber der rechte Fuß hatte den Teppich dabei verlassen.

Für mich wurde es noch ein langer Abend, und das lag nicht am Jetlag. Seit ich in Mexiko gelandet war, machte ich den Menschen um mich herum nur zusätzliche Arbeit. Oder erschreckte sie, indem ich neben ihnen zusammenbrach. Brachte nebenbei über ein Weltmeer hinweg meine Freundin um ihre Nachtruhe.

Um nicht zum egozentrischen, jämmerlichen Anhängsel zu werden, brauchte ich dringend eine neue Einstellung zu der Welt um mich herum und nicht nur gegenüber meiner Krankheit. Daher versuchte ich einen Vertrag mit mir selbst zu schließen: Wann immer ich von dem Gedanken an die Krankheit überwältigt wurde, wollte ich als Erstes versuchen, jemand anders für seine Hilfe zu danken. Und wenn ich gerade keine Hilfe brauchte, wollte ich zumindest die Fresse halten.

Immerhin konnte ich am nächsten Tag mit den anderen weiterreisen. Auf dem Flur vor meinem Zimmer stand auch schon Peter. Er drückte auf den Fahrstuhlknopf.

»Danke, Peter«, sagte ich. Er schaute mich etwas verwundert an.

Als ich mit meinem Koffer in der Hand an der Rezeption auftauchte, sah ich an Rodrigos Gesicht, wie viele Dankgebete er gerade gen Himmel richtete. Wenn ich es nicht geschafft hätte, wäre es sein Job gewesen, die Krankenbetreuung eines Journalisten zu organisieren. Natürlich wusste ich das auch und tat so, als ginge es mir besser, als es der Fall war. Verzichtete auf das Frühstück und sackte in der hintersten Reihe des Vans dehydriert mit dem Kopf gegen die Scheibe. Wie lange wir fuhren und was die anderen in der Zwischenzeit besprachen – keine Ahnung. Irgendwann öffnete Rodrigo die Tür neben mir. Sah mir ins Gesicht und ließ mich erst aussteigen, nachdem ich eine Halbliterflasche Wasser getrunken hatte.

»Danke schön, Rodrigo«, sagte ich.

»You're welcome«, murmelte er verwirrt.

Gut, meine neue Taktik war noch ausbaufähig. Aber immerhin wandte ich sie erst seit heute an.

Die Sonne prügelte auf die weiß gekalkten Mauern einer kleinen Kirche. Neben ihr verdorrten ein paar Gräber. Holzkreuze mit ausgeblichenen Lettern duckten sich in den Schatten verwitterter Grabsteine. Auf manchen standen Kerzen. Die Tür der Kirche stand offen. Grobe Holzbohlen waren zu sehen. Der Rest verlor sich im Dunkeln. Wenn dort drin plötzlich geschossen worden wäre, wenn ein Sheriff eine blutüberströmte Braut nach draußen getragen hätte, wie in »Kill Bill« – verwundert wäre ich nicht gewesen. Es war Mittag in der Sierra Madre Occidental, einige Stunden Fahrt von Chihuahua entfernt.

Ein Flachländer wie ich musste in 2400 Metern Höhe gehörig mit der dünnen Luft kämpfen. Der Jetlag hatte mich noch in seinen plumpen, weichen Händen. Außerdem knuffte Montezuma gelegentlich von innen gegen meine Magenwände.

An der Friedhofsmauer war ein Stückchen Schatten, der nicht gerade Kühle, aber immerhin ein paar Grad weniger Hitze versprach als die Umgebung. Also stellte ich mich hinein. Von meinem Platz aus konnte ich zwei runde Steine sehen, die mit Symbolen verziert und offenbar nachträglich an der Wand angebracht worden waren.

»Das eine ist der Mondgott, das andere der Sonnengott«, hatte Rodrigo erklärt, bevor er mit den anderen in die Kirche hineingegangen war.

»Als die Spanier kamen, haben die Indianer deren Gott offiziell angenommen. Aber wenn schlimme Sachen passieren, dann beten sie noch immer lieber zu ihren Göttern. Weil die Spanier keinen Streit wollten, durften die Indianer diese Steine mit den Tarahumara-Göttern anbringen. Und wenn ein großer Feiertag ist, Ostern oder Weihnachten, dann sitzen die Indianer vor der Tür der Kirche. Sie schämen sich, in das Haus des Gottes zu gehen, der stärker ist als ihre Götter.«

Auf der anderen Seite der Friedhofsmauer hörte ich Geschrei. Zwei schmutzige Wesen tobten herum. Als sie mich sahen, schlüpften sie durch ein Loch in der altersmürben Mauer auf mich zu. Ein Junge, vielleicht neun Jahre alt, und seine kleine Schwester. Tarahumara, nehme ich an. Dieses Volk herrschte jahrhundertelang über die gesamte Sierra, hatte ich im Reiseführer gelesen und konnte deshalb besserwisserisch nicken, als Rodrigo uns während der Fahrt hierher einige Informationen gegeben hatte. Als die europäischen Eroberer kamen und ihre Kirchen bauten, wurden die Tarahumara aus den fruchtbaren Tälern auf karge Hochplateaus wie dieses vertrieben.

»Un Peso! Un Peso, Mister!«, begann der Junge zu betteln.

Stumm schüttelte ich den Kopf und starrte die Friedhofsmauer entlang. In mir rumpelte jetzt auch noch das schlechte Gewissen wie überall auf der Welt, wenn ich einem armen Kind kein Geld gab. Die Alternative wäre, Geld zu geben und bald von einem Dutzend kleiner Bettler umstellt zu sein, die todsicher aus irgendeinem Schatten in der Nähe auftauchen würden. Doch dieser Junge ließ sich auch durch demonstratives Weggucken nicht abwimmeln. Er zog an meinem Ärmel.

»Come, Mister! Come!«

Überall auf der Ebene lagen große Felsbrocken, vom Wetter geformt. Kopfgroß, mannsgroß, hausgroß. Einige sahen aus wie Pilze. Andere wie Schildkröten. Oder wie plumpe Frösche.

»Mi madre, Mister!«

Der Junge zeigte auf eine Gestalt, die im Schatten der größten Schildkröte lagerte. Schließlich stand ich auf.

Je weiter wir durch den Staub auf sie zuschlurften, desto seltsamer wurde das, was ich sah. Eine Indianerin mit rissigem Gesicht, in ein dunkles schmutziges Kleid gewickelt, kauerte mitten in dieser menschenleeren Ebene. Um sich herum hatte sie auf Tücher billiges Kunsthandwerk gelegt. Püppchen aus Wolle. Gewebte Freundschaftsbändchen. Schlichte geschnitzte Kruzifixe. Als ich am Rande des Schattens ankam, ließ der Junge meinen Ärmel los. Seine Mutter nickte mir ernst zu.

Jetzt wurde mir mulmig. Diese Frau, Nachfahrin der großen Tarahumara-Häuptlinge, war scheinbar wahnsinnig geworden. Hatte einen Laden mitten im Nichts eröffnet. Zwischen Steinen und Sand, ohne Aussicht auf Kunden. Hastig wählte ich ein Püppchen aus und verzichtete aufs Wechselgeld.

Als ich mich umdrehte, bremste direkt vor mir ein Reisebus, den ich vor lauter Mulmigkeit gar nicht hatte kommen hören. Dreißig, vierzig amerikanische Rentner stiegen aus. Plötzlich wurde es eng zwischen den Tüchern. Die Frau war aufgesprungen. Hüpfte von Kunde zu Kunde. Feilschte hier, schimpfte dort, lachte woanders und kam kaum nach mit dem Kassieren. Als einer der Amerikaner ihre Kinder fotografieren wollte, drückte sie seine Kamera nach unten.

»Photo twenty Pesos, Mister!«

Nach wenigen Minuten trieb der Fahrer die Touristen zurück in den Bus. Lässig winkte er der Indianerin zu.

»Okay. Ich bringe die Nächsten so gegen drei vorbei. Comprende?«

Ich schaute immer noch blöd, als der Bus an mir vorbeifuhr und mich vollstaubte.

»Der Handmixer wurde von Jakob Friesen geschonken. Seine Eltern haben es von Russland mitgebracht.« Diese Inschrift in seltsam veraltetem – und nicht ganz korrektem – Deutsch fand sich an einem antiken Küchengerät im Mennoniten-Museum in Cuauhthémoc. Am Morgen waren wir mit Rodrigo und unserem Van wieder früh aufgebrochen. Beim Frühstück hatte ich zum ersten Mal seit zwei Tagen wieder gewagt, etwas zu essen. Und einen Lacherfolg erzielt, als ich mich kurz bekreuzigte, bevor ich in ein Brötchen mit Honig biss. Irgendwann hatten wir die Mennoniten-Siedlungen von Cuauhtémoc erreicht, einer bemerkenswerten Einöde, die nur aus Sand und spärlich bewachsenen Feldern zu bestehen schien. Dazwischen erhoben – oder duckten – sich einige Blechhallen und wenige schmucklose Steinhäuser, die altertümlich und europäisch aussahen. So als ob ein abgelegener Teil von Ostfriesland zunächst verdorrt und dann verlassen worden wäre. Da wir auf den kurvigen Bergstraßen gut vorangekommen waren, erwartete uns am Ziel noch niemand. Also sahen wir uns ein wenig in dem Museum um, das bereits geöffnet war.

Wenige Minuten später wussten wir, dass Deutsch – insbesondere Plattdeutsch – in dieser Gegend Umgangssprache war. Denn die christliche Sekte der Mennoniten stammte ursprünglich aus Holland und Norddeutschland. Um 1560 verließen sie ihre Heimat, aus religiösen Gründen und vor allem deshalb, weil ihnen ihr Glaube den Militärdienst verbot, was sie bei der Obrigkeit sehr unbeliebt machte. Die Odyssee dauerte Jahrhunderte. Über Preußen, Russland und Kanada erreichten sechshundert besonders glaubensstrenge Mennoniten im Jahr 1922 Mexiko. Binnen achtzig Jahren waren daraus 40000 Gemeindemitglieder geworden. In den nächsten Stunden sollten wir feststellen: Eine gewisse, nun ja, Familienähnlichkeit der Einwohner ließ sich nicht leugnen.

Die Frau, die uns mit strengem Blick und festem Händedruck empfing, hieß Gerda. Nachdem sie uns auf Englisch begrüßt hatte, wagte ich die Frage, ob Peter und ich auf Deutsch mit ihr reden könnten.

»Wenn Sie wünschen, wir können das tun«, antwortete sie nach einem kurzen Moment des Überlegens. Tatsächlich sprach sie mit uns in etwa so, wie man es angesichts der Beschriftung unter dem Küchengerät erwarten konnte. Als ich zum ersten Mal darüber lächeln wollte, rief ich mich selbst zur Ordnung. In ihrem seltsamen Mennonitendeutsch erklärte Gerda das Alltagsleben in den Dörfern um Cuauhtémoc. Besonders freudvoll schien es nicht zu sein: Junge Leute durften sich genau zweimal in der Woche treffen. In einem Gemeinschaftssaal neben dem Museum und unter Aufsicht der älteren Einwohner. Natürlich vorausgesetzt, sie hatten sich bereits ein Heiratsversprechen gegeben. Empfängnisverhütung war ebenso verpönt wie der Besitz eines Fernsehers.

»Ja, einen oder zwei gibt es, die haben einen Computer und gehen in dieses Internet«, sagte Gerda auf die Frage des Fotografen. Dabei zog sie ein Gesicht, als ob sie über eine Kakerlakenplage sprach. Nur die progressivsten der Mennoniten bringen ihren Kindern Spanisch bei, so dass sie in Kontakt mit der Außenwelt treten können.

Gerda führte uns in eine dunkle gekachelte Fabrikhalle, die sich eine Minute vom Museum entfernt befand. Der geflieste Boden war mit einer dünnen, nach verdorbener Milch riechenden Flüssigkeit bedeckt. Auf Blechregalen stapelten sich Käselaibe. Draußen war es Mittag, und das Thermometer näherte sich auch hier in zweitausend Metern Höhe langsam der Dreißig-Grad-Marke. Die Tür der Fabrik stand einen Spalt offen. Wir befanden uns offenbar im Kühlhaus.

Zwei mürrisch blickende Hünen machten sich an einem kurzen Fließband zu schaffen – scheinbar die Produktionsstätte des Käses.

»Wenn Sie wollen, Sie können probieren und erwerben von dem Käse«, schlug Gerda vor.

Mein Magen machte mir unmissverständlich klar, dass ich nichts davon wollte. Ich drehte mich auf dem Absatz um.

Kam dabei ins Rutschen. Schlidderte ein Stück über den nassen Boden und hielt mich mit knapper Not an einem der Regale fest.

»Er hat gestern was Falsches gegessen«, hörte ich hinter meinem Rücken die Stimme des Fotografen. Draußen stellte ich mich in den Schatten und atmete tief durch, bis die anderen wiederkamen.

»Danke, dass du mich entschuldigt hast, Peter«, sagte ich, als der Kollege neben mir stand.

»Sag mal, was ist denn eigentlich mit dir los?«, grinste er. »Ist heute Welteinschleimtag? Oder das Fest des Heiligen Peter?«

»Man wird doch wohl mal danken dürfen«, murmelte ich. Dann nahm ich ihm die kleinste, am besten gepolsterte seiner Taschen ab, die mit den Filmen zum Wechseln, und legte sie mir am Tragegurt vorsichtig über die Schulter.

»Damit du nicht so viel schleppen musst.«

Kopfschüttelnd ging er voraus.

Ein paar Meter neben der Käsefabrik verkauften drei Schwestern in bodenlangen geblümten Kleidern selbstgebackene Kekse an Touristen. Die jüngste war vielleicht zwölf, die älteste etwa siebzehn Jahre alt. Sie trug bereits einen Ehering.

Nachdem wir ihnen freundlich zugelächelt hatten, starrten die jungen Frauen konzentriert zu Boden. Ich hatte allmählich genug von der gespenstischen Atmosphäre an diesem Ort. Da ich in Cuxhaven geboren wurde und neunzehn Jahre lang praktisch täglich eine Handbreit Luv unter dem Lee hatte, verabschiedete ich mich formvollendet auf Plattdeutsch: »Denn wölt wi mol wider. Tschüs!«

Sie nickten verstört. Um ein Haar hätten sie mich angeschaut, das konnte ich deutlich spüren.

Rodrigo und ich lehnten an seinem Van. Ein paar Meter weiter rechts standen auf felsigem Boden die Hütten, in denen wir heute Nacht geschlafen hatten. Ein paar Meter weiter links fielen die Felsen steil zu einem Canyon hin ab. Wegen dieser Aussicht war es ziemlich teuer, in den Hütten zu schlafen. Wir warteten auf ein paar andere, die mitkommen sollten zu den Sehenswürdigkeiten rund um Creel. So hieß die Stadt in der Sierra Madre Occidental, die wir gestern Abend erreicht hatten.

Rodrigo schwieg. Eigentlich schwieg er in meiner Nähe so oft wie möglich, seit er uns vom Flughafen abgeholt hatte. Er schwieg, weil er sich meinen Namen nicht merken konnte. Fünfmal am Tag fragte er unter immer neuen Vorwänden mich oder die anderen danach. Aber wenn er bei der nächsten Gelegenheit in seinem Hirn danach kramte, fand er nur »Tuk«. Oder »Kluk«. Er wusste, dass das falsch war. Um mich nicht zu beleidigen, sprach er mich so selten wie möglich an.

Mir war das Schweigen recht, und ich starrte wie Rodrigo geradeaus. Direkt an der Felskante stand eine Art Volière aus starkem Draht. Allerdings waren keine Vögel darin, sondern drei ausgewachsene Tiger. Der Drahtverschlag war in zwei Käfige geteilt. Im rechten ging einer der Tiger unablässig auf und ab. Der zweite lag bewegungslos daneben und schnaubte von Zeit zu Zeit. Im linken Teil lagerte das dritte Tier auf seinen Vorderpfoten. Ihm fehlte ein Stück vom linken Ohr, und es würdigte die beiden anderen keines Blickes. Aber wenn der auf und ab laufende Tiger mit der Schwanzspitze den anderen Teil des Käfigs berührte, warf der dritte Tiger ruckartig seinen Kopf herum und fauchte. Wahrscheinlich war der Käfig geteilt, weil die Tiere sich nicht vertrugen.

Auf einem Stein vor dem dritten Tiger, nur einen Meter vor ihm entfernt und nicht viel größer als eine der Pranken, lag eine schwarze Katze und sonnte sich. Sie war so klein, dass sie durch den weitmaschigen Draht schlüpfen konnte. In ihre Richtung fauchte der Tiger nie. Er und die Katze schienen sich einfach zu ignorieren.

Vor lauter Schweigen entfuhr meiner Nase ein unbestimmter Laut. Da Rodrigo mich besorgt anschaute, sagte ich: »Rodrigo, wo kommen die Tiger her?«

Rodrigo schaute missmutig. Ich hatte seinen Namen gesagt, also musste er auch meinen Namen sagen. So wollte es die Höflichkeit.

»Die sind aus einem Zirkus gerettet, Tuk.«

Ich schaute fragend, und Rodrigos Miene entspannte sich. Das Schlimmste lag hinter ihm.

»Ich erzähle dir eine wahre Geschichte, Knuk. Vor ein paar Jahren ist ein Zirkus nach Creel gekommen. Klein, aber er hatte Tiger bei sich. Vier Tiger in einem Wagen, hab ich selbst gesehen. Aus der ganzen Gegend kamen die Leute zusammen, um sich das anzusehen. Unter ihnen war auch der kleine Sohn eines Mannes, der hier im Hotel arbeitet. Der Junge rannte plötzlich an die Gitterstäbe und wollte einen der Tiger streicheln. Aber die Tiger waren böse, weil sie zu viert in einem Käfig sein mussten. Also hat der, den der Junge streicheln wollte, mit seiner Pranke ausgeholt und den Kleinen im Gesicht getroffen. Der Junge ist nach Hause gerannt. Eine Stunde später war sein Vater da. Mit einem Gewehr in der Hand ging er zum Käfig und schoss sofort. Bevor ihn die Männer vom Zirkus zu Boden reißen konnten, war schon ein Tiger tot. Einem anderen fehlte ein Stück vom Ohr. Noch im Liegen sagte der Mann zum Zirkusdirektor: ›Ich hole mir ein neues Gewehr. Mit dem erschieße ich deine anderen Tiger!‹ Der Direktor ließ seine Leute sofort das Zelt abbauen, um weiterzuziehen.

Doch bevor er fahren konnte, kam der Hotelbesitzer zum Zirkusdirektor. ›Einer von meinen Leuten hat deinen Tiger getötet‹, sagte der Hotelbesitzer. ›Verkauf mir die anderen, dann sind sie gerettet. Ich suche sowieso was Besonderes für meine Gäste.‹ Der Zirkusdirektor schüttelte den Kopf. ›Die Tiger sind meine Attraktion. Und außerdem: Wenn ich sie hierlasse, kann dein Mann sie jederzeit umbringen. Wir fahren sofort weg.‹

Jetzt schüttelte der Hotelbesitzer den Kopf. ›Wenn du fährst, wird er dir hinterherreisen und deine Tiger töten. Verkaufst du sie mir, dann hilft er, sie zu beschützen. Hier oben in den Bergen gibt es nicht viel Arbeit. Mit dem Geld, das er bei mir verdient, kann er gut seine Familie ernähren. Ich muss ihm also nur sagen, dass er entlassen ist, wenn den Tigern etwas passiert.‹

Eine Stunde später war der Zirkus auf der Landstraße. Der Direktor hatte eine Menge Geld in der Tasche. Aber keine Tiger mehr. Am nächsten Tag begann der Vater des Jungen, diesen Käfig zu bauen.«

Rodrigo nickte. Die Geschichte war zu Ende. Doch ich hatte noch eine Frage.

»Was ist mit der Katze? Ist sie die Freundin vom Tiger?«

Er lächelte. »Die Katze sitzt dort jeden Tag. Aber der Tiger schaut sie nie an. Ich glaube, er schämt sich vor ihr. Weil sie auf jeder Seite des Gitters sein kann, ohne dass jemand Angst vor ihr hat.«

»Pass auf!« Ich zuckte zusammen. Peter stand mit ausgebreiteten Armen in der sinkenden Sonne vor einem Panorama, das aussah, als wäre es für den Film »Der Herr der Ringe« am Computer erzeugt worden. Am späten Nachmittag waren wir in Divisadero angekommen, dem höchstgelegenen Punkt auf dieser Reise. Die Wasserscheide der Sierra Madre Occidental. Rund um die Stadt erstreckte sich die »Barranca del Cobre«, der Kupfercanyon mit seinen Ausläufern, die zusammengenommen viermal so groß und deutlich tiefer waren als der berühmtere Grand Canyon in Arizona. Und viel schöner dazu. Denn wo es am Grand Canyon nur Wüste gab, waren die bis zu 1800 Meter tiefen Abhänge hier von oben bis unten bewaldet. Wirklich kein Vergleich zum Grand Canyon. Aber die Amerikaner besitzen die bessere PR-Maschinerie, dagegen haben die mexikanischen Naturwunder kaum eine Chance.

Zum Kollegen mochte ich kaum rüberschauen. Denn dessen Füße ruhten auf einem Stein, der als »Balancing Rock« weit bekannt ist. Eigentlich ruhten sie auch gar nicht. Denn der etwa autogroße »Balancing Rock« hat seinen Namen, weil nur ein kleines Stück von ihm auf dem Felsboden aufliegt und man ihn deshalb in wippende Bewegungen versetzen kann, wenn man sich daraufstellt. Direkt an einer Felskante, direkt über einem hunderte Meter tiefen Abhang. Offenbar war mein Fotograf wahnsinnig geworden.

»Hier rutscht doch nur alle fünftausend Jahre ein Stein ab. Wegen der Erosion«, informierte er mich.

»Aber wenn gerade heute die 5000 Jahre um sind?«, gab ich zu bedenken. Immerhin stand dieser Felsen im Reiseführer, versuchte ich mich zu beruhigen. Das musste erstens heißen, dass Peter nicht als erster Mensch auf ihm stand, und zweitens, dass der Felsen nicht mit dem Autor des Reiseführers in die Tiefe gerutscht war.

Abends nahmen wir unseren Sundowner hinter den Panoramafenstern des Hotels »Barranca Divisadero«, das direkt an der Felskante erbaut war. Peter und unsere Reisekollegen genehmigten sich einen Cocktail oder mehr, ich schlürfte mit kleinen Schlucken einen Kräutertee. Eigentlich hatte ich Hunger, doch das war zwei Tage zuvor auch schon so gewesen. Davon würde ich mich nicht noch einmal blenden lassen.

Die anderen erwogen gerade, noch einmal nachzubestellen, als eine Gruppe US-amerikanischer Rentner lärmend die Lobby stürmte. Den Stickern an ihren Seniorenhemden konnte man entnehmen, dass sie mit dem Unternehmen »Go with Jo« unterwegs waren. Niemand von uns zeigte sich überrascht. Im Norden von Mexiko stürmte eigentlich an jedem Abend in jedem Hotel eine Gruppe US-amerikanischer Rentner in die Lobby. Die Südstaatensenioren hatten offenbar irgendwann beschlossen, das nahe gelegene preiswerte Mexiko zu ihrem Naherholungsgebiet zu machen.

Im Barranca Divisadero war man darauf vorbereitet. Eine dreiköpfige Hotelband nahm ihre Arbeit auf und spielte all die Lieder, die ich in der Manitouwaning Lodge auch schon gehört hatte. Die man in jeder Hotelbar auf der ganzen Welt gehört hätte, sofern sie über eine Band oder einen Alleinunterhalter verfügte. Binnen weniger Minuten schafften es die Musiker, die Rentner bei den Klängen von »Guantanamera« zur Polonaise zu formieren. Der Sänger setzte sich an die Spitze der freudestrahlenden Kurzurlauber. Als er die Polonaise an unseren Tischen vorbeiführte, verzog er angeekelt das Gesicht und steckte sich andeutungsweise den Zeigefinger in den Hals. Wahrscheinlich hatte er beim Soundcheck mitbekommen, dass an unseren Tischen ein wildes Gemisch aus Spanisch, Englisch und Deutsch gesprochen wurde. Die Mexikaner haben die Kriege mit dem großen Nachbarn im Norden nicht vergessen, und dass sie ihr Geld nahmen und sich professionell freundlich verhielten, hieß noch lange nicht, dass sie die Gringos mochten.

Die Rentner ließen sich davon nicht stoppen. Als sie begannen, rhythmisch in die Hände zu klatschen, entschied ich, schlafen zu gehen.

Vor meinem Fenster schwirrten zwei Kolibris um einen blühenden Strauch. Draußen wurde es bereits hell, aber die Sonne war noch nicht aufgegangen. Prüfend drückte ich gegen meinen Bauch, als ich mich im Bett aufsetzte. Montezuma hatte seine Sabotageakte eingestellt.

Ich setzte mich auf den Balkonstuhl. Mein Zimmer war im ersten Stock, unter mir, im Erdgeschoss, befanden sich weitere Gasträume. Davor standen einige Büsche. Und davor war ein Abhang. 1200 Meter tief. Wer hier aus dem Fenster sprang, hatte reichlich Zeit, sein Leben an sich vorbeiziehen zu lassen, bevor er am Grund der »Barranca del Cobre«, des Kupfercanyons, ankam.

Der Blick auf den Canyon war das Gewaltigste, was ich je gesehen hatte. Kein Ozean und kein Gebirge, erst recht kein 3-D-Kino und keine Computeranimation konnten es damit aufnehmen. In dem Tal vor meinem Balkon trafen drei Canyons aufeinander. Der größte von ihnen war knapp zwei Kilometer tief. Ein seltsames Gefühl erfasste mich. Es kam mir bekannt vor. Ich versuchte mich zu erinnern, wie es hieß. Wo ich es schon einmal gespürt hatte.

Links unter mit öffnete sich eine Balkontür. Ich hörte Schrittc. »Good morning!«, grüßte eine Frauenstimme.

»Morning!«, antwortete ein alter Mann, der direkt im Zimmer unter meinem wohnen musste.

»It is beautiful«, schwärmte die Frau.

Der Mann seufzte. »1976 war ich zum ersten Mal hier. Da gab es das Hotel noch gar nicht. Man hat sich von den Indianern eine Decke gemietet und auf all das hier geschaut.«

In diesem Moment wurde der obere Rand der Sonne über den Gipfeln sichtbar. Der Mann räusperte sich. »Ist das nicht komisch? Die Sonne geht seit Millionen von Jahren jeden Tag auf. Und ich bin auch schon seit 1934 dabei. Aber ich schaue es mir immer wieder gern an.«

Dann schwiegen die beiden. Und mir fiel ein, woher ich dieses Gefühl kannte. Ich hatte es in großen Kirchen, in Kathedralen erlebt. Das Gefühl hieß Andacht.

Zwei Stunden später führte uns Rodrigo zu einem Platz nahe dem kleinen Bahnhof von Divisadero. Einige Tarahumara hatten sich dort versammelt. Rund 45000 Mitglieder dieses Stammes, die sich selbst »Raramuri«, Läufer, nannten, leben in den Schluchten der Sierra Madre Occidental. Die ehemaligen Herrscher dieses Landes bilden heute die ärmste Gruppe der mexikanischen Gesellschaft. Ein Weg, den Ureinwohner auf der ganzen Welt gehen müssen.

Drei Krieger hatten sich in die traditionellen weißen Leinengewänder gekleidet. Einer von ihnen tanzte, zwei begleiteten ihn auf Gitarre und Trommel. Der Tänzer trug rasselnde Muschelketten an seinen Knöcheln. In seinem Tanz imitierte er den Gang von Eseln und Rotwild. Seine Darbietung war faszinierend, lustig, bewegend. Und wurde empfindlich dadurch gestört, dass zwei Dutzend lärmende Hotelgäste mit blinkenden Kameras und »Go with Jo«-Schildern drum herumstanden und schon wieder in die Hände klatschten. Instinktiv ging ich fünf Schritte zurück. Als ob das etwas geändert hätte. Als ob ich nicht auch einer der Touristen wäre, denen er für ein paar Pesos etwas vortanzte.

»We have to hurry, Kluk!«

Rodrigo tippte an seine Uhr. Am Bahnhof brach Geschäftigkeit aus. In ein paar Minuten sollte der Chepe einfahren. Für Divisadero war das der Höhepunkt jedes Tages. Auf dem Bahnsteig öffneten Buden, an denen es überbackene Chilischoten und alle Arten von Teigtaschen zu kaufen gab. Bauern aus dem Umland trugen Taschen mit Äpfeln und Aprikosen direkt an die Gleise. In der Mitte des Geschehens heizte eine Frau Ende vierzig ihren Tortilla-Ofen an. Sie war auffällig geschminkt, trug ein wadenlanges knallrotes Kleid mit dazu passendem Hut und Plateausandalen. Auf ihrem Kittel stand ihr Name eingestickt: Lucy. Zwar trug sie keine Krone, doch selbst in den wenigen Minuten, die wir am Gleis verbrachten, wurde uns klar: Dort stand die Königin des Bahnhofs. Keiner der Einheimischen ging an ihr vorbei, ohne sie zu grüßen. Und ausnahmslos jeder erntete ein kehliges Lachen als Antwort.

Dann kam der Zug.

Der Chepe für die erste Klasse, der zischend vor uns zum Stehen kam, bestand nur aus einer Lok und vier grün-orange gestrichenen Wagen. Wenige Minuten später sollte der etwas längere Zug für die zweite Klasse folgen. Die Räder standen noch nicht, als schon uniformierte Schaffner heraussprangen. Zwischen ihnen auch ein Polizist, der ein Maschinengewehr lässig an der Hüfte trug. Gepäckträger eilten herbei. Die Händler begannen ihre Ware anzupreisen. In Divisadero hielt der Chepe eine Viertelstunde lang. So lange hatten die Händler Zeit, das Hauptgeschäft des heutigen Tages zu machen. Den Reisenden der zweiten Klasse würde das Geld viel fester im Portemonnaie sitzen. Zwar verfügte der Zug auch über einen Speisewagen, doch der war so teuer, dass selbst Touristen und wohlhabende Mexikaner sich lieber hier verpflegten.

Rodrigo lotste uns in den Zug. Die Sessel waren bequem, die Klimaanlage fast ein wenig zu kühl eingestellt. Erstaunlicherweise saßen recht wenige Leute im Zug. Nur an Feiertagen wie Ostern musste man sich Wochen vorher um eine Karte kümmern. Ansonsten reichte es, am Tag vor der Reise zum Bahnhof zu gehen. Zwischen den Touristen waren auch viele Einheimische. Kein Wunder: Für die 200 Kilometer lange Strecke von Divisadero in die Ebene nach El Fuerte – die wir nun fahren sollten – braucht der Chepe acht Stunden. Ein Van mit Vierradantrieb auf der parallel führenden Straße die doppelte Zeit. Alle anderen Autos müssen nach spätestens zehn Kilometern auf der Bergstraße in eine Werkstatt.

Als der Zug abfuhr, lehnten der Fotograf und ich uns zurück. Rodrigo hatte uns Plätze auf der linken Seite des Zuges gebucht. Die waren besser, weil der Hang fast ständig nach links abfiel. Während man auf der rechten Seite oft gegen den Berg sah, hatten wir freie Sicht in die Täler. Und die war einfach atemberaubend.

Schon nach wenigen Kilometern begriff ich, warum die Bauarbeiten, die im späten 19. Jahrhundert begonnen hatten, sich bis ins Jahr 1961 hinzogen. 86 Tunnel mussten gegraben, 37 Brücken gebaut werden. Immer an steilsten Hängen entlang, denn vom Hochland bis zum Pazifik sind 2400 Höhenmeter zu überwinden. Je weiter der Chepe die Canyons hinter sich ließ, desto mehr sah Mexiko aus, wie ich es aus zahllosen Western zu kennen glaubte. Mannshohe Kakteen standen an Feldern mit blauen Agaven, aus deren Fleisch man Tequila herstellt.

Als die Dämmerung einsetzte, standen wir auf einem der Stege, die die Wagen verbanden. Bis zur Hüfte reichten die Fenster hier herab, so dass man wie auf einem Trittbrett mitfuhr. Der Wind der Ebene schlug uns entgegen wie aus einem Haartrockner. Durch die Lichter entlang der Gleise schwirrten fingerlange Insekten.

Am Bahnhof von El Fuerte holten uns Hotelmitarbeiter ab. Leider waren wir zu müde, uns dieses 1564 gegründete Städtchen noch anzuschauen. Am nächsten Morgen schafften wir immerhin eine Fahrt auf dem Fluss Fuerte, wo uns von einem Vogelkundler die dortige Tierwelt erklärt wurde. Dann wartete schon wieder ein Bus. Die letzten Kilometer – nach Los Mochis – fuhren wir auf einer Straße ein Stück neben dem Chepe her.

Als wir Los Mochis erreichten, eine schmucklose, erst hundert Jahre alte Stadt, mussten wir feststellen, dass die Strecke des Chepe gar nicht am Pazifischen Ozean endete, wie wir gedacht hatten. Sondern hier, dreißig Kilometer vom Ufer entfernt. Doch davon ließen wir uns jetzt nicht mehr aufhalten.

Unsere Reise, die in den Bergen begann, musste am Meer enden. Mit Rodrigos Hilfe charterten wir ein Taxi, das uns bis an die Strände von Topolobampo, dem Los Mochis vorgelagerten Badeort, bringen sollte. Da der Fahrer an der rechten Beifahrertür die Umrisse eines weinenden, die Dornenkrone tragenden Jesus aufgeklebt hatte, vertrauten wir seinem Gefährt. Auch wenn die Kupplung arg schleifte.

Als der Wagen um die letzte Kurve fuhr und wir die Straße am Strand von Topolobampo erreichten, bot sich uns ein Bild wie aus einem Fellini-Film. Auf der Promenade saßen Dutzende von Ausflüglern unter Sonnenschirmen, die mit Palmwedeln aus Papier dekoriert waren. Kellner in Jacketts sprangen zwischen ihnen umher. Auf einer steinernen Bühne spielte eine elfköpfige Bläsergruppe verrutschte Melodien. Über den Kindern, die am Strand herumtobten, kreisten Pelikane.

Peter, der Fotograf, stapfte grinsend durch den Sand, um an einer altersschwachen Hüpfburg neben dem Ausflugslokal ein paar jauchzende Kinder aufzunehmen. Ich schlurfte ans Wasser und goss mir eine Handvoll Pazifik über die Glatze. Rodrigo folgte mir.

»Are you happy, Tuk?«, fragte er.

»Oh, yes. Thank you for all, Ridorgo!« Leider bemerkte er diesen Scherz nicht. Oder er war zu gut erzogen, um darauf zu reagieren.

Der Bandleader spielte ein besonders schräges Trompetensolo in unsere Richtung.

»Welcome you guys from U.S.«, krähte er. Doch über dieses kleine Missverständnis sahen wir einfach hinweg.

Tausend Gesichter

Kann ich die Beine anziehen? Fühle ich meine Hände? Kann ich sehen? Hören? Fühlen? Riechen? Schmecken?

Mit diesen Fragen begann ich mittlerweile jeden Tag. In den ersten dreißig Sekunden, nachdem ich die Augen aufgeschlagen hatte. Es war mir eine Lehre gewesen, wie unvorbereitet und hilflos mich die MS in Mexiko erwischt hatte. Das sollte nicht wieder vorkommen. Zumindest wollte ich beim nächsten Mal vorbereitet sein, wenn es wieder vorkam.

Als Erstes begab ich mich regelmäßiger in Behandlung bei meiner Ärztin in Zehlendorf. Sie praktizierte in einem dunklen, mit Efeu überwachsenen Haus in einer Kopfsteinpflasterstraße. Mit ihrem langen weißen Kittel, ihren dünnen weißen Haaren und ihrer starken Brille erinnerte sie mich immer an eine Figur aus einem Kinderbuch. Vielleicht tatsächlich an eine nette, weise Zauberin? Auf deren Dachboden Hui Buh wohnt und im Gartenteich der kleine Wassermann?

Jedenfalls fuhr ich alle zwei Wochen zu ihr hinaus. Mit verschiedenen Griffen an mein Handgelenk untersuchte sie meinen Pulsschlag, und jedes Mal schaute sie sich für mindestens eine halbe Minute meine Zunge an. Im Grunde hielt ich das alles für Hokuspokus. Bis zu dem Tag, an dem ich eine Stunde zu früh in Zehlendorf ankam und die Wartezeit in einer Eisdiele verbrachte. Die Ärztin griff an meinen Puls, schaute sich die Zunge an und fragte:

»Ernähren sie sich in letzter Zeit anders als sonst?«

»Nein«, sagte ich erstaunt.

»Ihr Puls sieht aber nach zu viel Zucker aus.«

Ich war beeindruckt. Wer durch einen Griff ans Handgelenk erfühlen kann, dass ich ein Eis gegessen hatte, muss wirklich etwas können. Beim nächsten Besuch traute ich mich, ihr von meiner Begegnung mit der Krankheit in der Küche zu erzählen. Sie schaute nachdenklich. Anscheinend hielt sie mich nicht für einen psychiatrischen Fall.

»Hat die Krankheit sich noch mal gezeigt?«

»Nein«, gab ich zu.

Sie überlegte. »Es kann sein, dass Sie die Krankheit nicht erkennen, weil Sie zu wenig über sie wissen.«

Das leuchtete mir ein. Am nächsten Tag begann ich, im Internet wieder über MS zu recherchieren. Ich schrieb mit, druckte aus, und über die nächsten Wochen trug ich einen Stapel von Informationen zusammen, die mich wirklich interessierten. Dieser Stapel lag vier Jahre lang in einer Schreibtischschublade. Von Zeit zu Zeit fügte ich neue Notizen oder einen neuen Ausdruck hinzu. Erst Jahre später, 2008, als alle meine Freunde und Geschäftspartner von der Krankheit wussten, verarbeitete ich die Informationen zu einem Aufsatz. Für mich und für alle meine Freunde und Geschäftspartner, die nachlesen wollten, was ich ihnen bis dahin nur stückweise am Telefon oder am Restauranttisch erzählt hatte. Ich habe ihn immer noch:

Das genervte Zentralsystem

»17. Oktober 1827. Zu meiner Überraschung bemerkte ich (in Venedig) eine Erstarrung oder Undeutlichkeit der Empfindung in der Gegend der Schläfe über meinem linken Auge. In Florenz begann ich an einer Störung des Sehvermögens zu leiden: Um den 6. November herum nahm das Übel so weit zu, dass ich alle Dinge doppelt sah. Jedes Auge hatte sein eigenes Bild. Dr. Kissock nahm an, dass ein Übermaß an Galle die Ursache sei: zweimal wurden Blutegel im Bereich der Schläfe angesetzt, Einläufe wurden verabreicht, Erbrechen wurde ausgelöst und zweimal wurde ich zur Ader gelassen, was mit Schwierigkeiten verbunden war. Die Erkrankung meiner Augen klang ab, ich sah alle Dinge wieder natürlich in ihrem einzelnen Zustand. Ich war in der Lage, auszugehen und zu spazieren. Nun begann sich eine neue Krankheit zu zeigen: Mit jedem Tag stellte ich fest, dass mich schrittweise meine Kraft verließ. Eine Taubheit und Empfindungsstörungen traten an Steißbein und Damm auf. Schließlich hatte mich die Kraft der Beine um den 4. Dezember herum fast ganz verlassen. Ich verblieb in diesem außergewöhnlichen Zustande der Schwäche für etwa 21 Tage.«

Dieser Tagebucheintrag stammt von Augustus Frederick d'Este, einem Enkel des britischen Königs Georg III. Er ist eine der ersten bekannten literarischen Beschreibungen der Multiplen Sklerose. Wenige Jahre später folgt eine Darstellung der Krankheit aus medizinischer Sicht. Der schottische Augenarzt William MacKenzie beschreibt 1840 die Krankengeschichte eines 23-jährigen Mannes, der, nachdem zunächst Sehstörungen aufgetreten waren, wegen zunehmender Lähmungen in das Londoner St. Bartholomew's Hospital aufgenommen worden war. Zusätzlich entwickelten sich eine Sprachstörung und eine Harninkontinenz. Alle Symptome waren jedoch nach zwei Monaten wieder weitgehend verschwunden. Damit beginnt die Erforschung einer Krankheit, an der etwa jeder 120. Mensch auf der Erde leidet. Jedenfalls in den gemäßigten Klimaregionen. Warum es um den Äquator und die Pole herum weitaus weniger sind, ist eine der vielen Fragen rund um die Multiple Sklerose, die bislang nicht zu beantworten waren. Wer sie warum bekommt und weshalb sie vorwiegend zwischen dem 20. und

40. Lebensjahr ausbricht, weiß man auch nicht genau. Zu der Frage, warum sie so viele verschiedene Ausprägungen hat, gibt es nur Vermutungen. Aus welchem Grund Frauen und Männer sie im Verhältnis drei zu zwei bekommen, weshalb einige Kranke jahrelang gar nicht merken, dass sie darunter leiden, während andere nach wenigen Jahren schwerstbehindert sind oder gar sterben müssen – auch dazu gibt es nur Spekulationen. Trotz aller pharmakologischen Forschung ist die MS bis heute nicht zu heilen, sondern nur in ihrem Fortschreiten aufzuhalten. Selbst ihr Name ist eine reine Beschreibung. Die Krankheit befällt das Zentrale Nervensystem, also das Gehirn und das Rückenmark. Dort entstehen zahlreiche verstreute, also »multiple« Entzündungsherde, die nach dem Abheilen eine Verhärtung, also »Sklerose«, hinterlassen.

Dennoch waren 170 Jahre Forschung natürlich nicht umsonst, und so können über den prinzipiellen Verlauf der MS durchaus präzise Aussagen gemacht werden. Man stelle sich dazu das Gehirn als Verteilerkasten vor. Von hier aus werden über das Rückenmark Signale an jeden Muskel des Körpers gesendet. Und zwar mit Hilfe von Nervenfasern. Bleiben wir im Bild und betrachten sie als Kabel. Jedes dieser Kabel hat eine Isolationsschicht aus einer weißen fettreichen Substanz namens Myelin, die für eine schnellere Signalausbreitung sorgt. Leidet ein Mensch an MS, beginnen die körpereigenen Immunkräfte, also die weißen Blutkörperchen, dieses Myelin plötzlich zum Feind zu erklären und es anzugreifen. Die Isolation des Kabels wird gefressen, und das Kabel brennt durch. Der Nervenstrang kann seine Signale nicht mehr weiterleiten. Nach einiger Zeit erkennt der Körper seinen Fehler und repariert die Schadensstelle. Dabei allerdings bleiben Narben zurück. Je härter die sind, desto schlechter können danach Signale hindurchgeleitet werden. Der Kranke gewinnt prinzipiell seine Fähigkeiten wieder zurück. Manchmal allerdings nur eingeschränkt. Und irgendwann kommt bei fast allen der nächste Schub. Aus statistischen Erhebungen weiß man, dass die MS in den ersten Jahren am stärksten ist und sich ihr Verlauf danach abschwächt. Daraus wurde die etwas seltsam klingende »Vier-Jahres-Regel« abgeleitet, die besagt: In den ersten vier Jahren treten etwa 75 Prozent der Schäden auf, die die Krankheit dem Patienten insgesamt abfordern wird. Drei Viertel der Erkrankten haben diesen Verlauf der Krankheit, den man »primär schubförmig« nennt. Das heißt, der Körper attackiert sich in gewissen zeitlichen Abständen schubweise selbst, dann repariert er sich wie eben beschrieben. Die übrigen Patienten, vorrangig die älteren, zeigen einen »primär chronischen« Verlauf. Dabei schreitet die Krankheit langsam, aber ohne eigentlich abgrenzbare Schübe permanent voran. Für alle aber gilt: MS ist weder ansteckend noch erblich.

Wie merkt man eigentlich, dass man selbst an MS erkrankt ist? Die Antwort darauf ist nicht leicht zu geben. Da die Entzündungsherde im Hirn manchmal die Größe eines Stecknadelkopfes haben und manchmal die einer Euromünze und da man keine Aussagen darüber machen kann, wann und wo sie sich bilden, ist die Ausprägung der Krankheit individuell höchst unterschiedlich. Man merkt irgendwann, dass irgendwas irgendwie nicht stimmt. Fast niemand geht mit seinen Symptomen gleich zum Neurologen. Keiner nimmt ja zu Beginn an, dass er an MS leidet – sondern an Kreislaufstörungen, an Hautreizungen oder Blasenschwäche, an Missempfindungen, leichten spastischen Zuckungen oder etwas ganz anderem. Man findet sich also in Wartezimmern von Augenärzten und Orthopäden, von Internisten und Urologen wieder. Haben die Fachärzte einen Anfangsverdacht, beginnt eine umfangreiche, nicht besonders angenehme Diagnostik beim

Neurologen. Mindestens drei Verfahren werden dabei auf jeden Fall angewandt.

Erstens Reflextests. Stand- und Gangproben werden durchgeführt, Reflexe am Knie, an der Bauchhaut und am Fuß überprüft. Es wird die Zielgenauigkeit ermittelt, mit der man bei geschlossenen Augen mit dem Finger die Nasenspitze trifft. Erhärtet sich dadurch der Anfangsverdacht, müssen mit zwei weiteren Diagnosetechniken andere Krankheitsursachen ausgeschlossen werden. Zur MRT (»Magnetresonanztomographie«) wird der Patient in eine Röhre geschoben und mit Magnetfeldern beschossen. Die bilden den Körper in millimeterdünnen Scheiben ab, so dass genau ermittelt werden kann, wo die Vernarbungen im Hirn oder Rückenmark liegen. Dieses Verfahren ist völlig schmerzfrei, löst aber dennoch bei vielen Patienten Unwohlsein aus. Wer liegt schon gern eine halbe Stunde lang in einer engen Röhre, die Ohren mit einem Gehörschutz gegen den Lärm versehen, den der beschriebene Beschuss des Körpers mit Magnetfeldern verursacht? Noch unangenehmer ist die Lumbalpunktion (LP), mit der das Nervenwasser untersucht wird. Eine Hohlnadel wird wie eine Spritze in den unteren Rückenmarkskanal eingeführt, um Wasser zu entnehmen. Da das Rückenmark weit über den Lendenwirbeln endet, besteht keine Lähmungsgefahr. Weil aber Rückenmarksflüssigkeit und Hirnwasser zusammengehören, kommt es manchmal in den ersten Tagen zu einer Hirnwasserabsenkung. Das Gehirn drückt dann von oben auf die Schläfenknochen, was ziemlich heftige Kopfschmerzen erzeugt. Andererseits gibt es wohl neben der LP kaum eine andere Untersuchung, nach der einem der Arzt empfiehlt, gegen die Nebenwirkungen ordentlich viel Kaffee zu trinken. In einigen Fällen wird die Diagnose noch ergänzt durch eine Kernspintomographie, bei der der Körper in einer weiteren, aber kürzeren und geräumigeren Röhre mit Röntgenstrahlen beschossen wird. Und eventuell durch eine VEP (»visuell evozierte Potentiale«), für die man Elektroden auf die Kopfhaut geklebt bekommt, um zu ermitteln, ob die Reizleitung zwischen Auge und Gehirn in normalem Tempo vonstattengeht.

Dass eine so komplexe Krankheit wie Multiple Sklerose schwer zu behandeln ist, liegt auf der Hand. In den letzten Jahrzehnten entwickelte die Schulmedizin zwei Präparate, die heute zusammen die Grundpfeiler der Therapie bilden. Bei akuten Schüben wird der Kranke in der Regel stationär im Krankenhaus mit Cortison behandelt. Cortison ist ein effektives, aber unspezifisch wirkendes Medikament gegen jede Art von Entzündungen. Es verkürzt den Schub, kann aber wegen der erheblichen Nebenwirkungen nicht dauerhaft eingesetzt werden. Dem Patienten drohen unter anderem Magenentzündungen, Bluthochdruck und Diabetes. Außerdem macht Cortison das Gewebe mürbe, so dass bei körperlicher Belastung Muskelrisse und Knochenbrüche drohen. Daher kommt in der längerfristigen Behandlung seit den neunziger Jahren der Wirkstoff Interferon zum Einsatz. Dabei handelt es sich um ein körpereigenes Gewebehormon, das vor allem von weißen Blutkörperchen produziert wird und eine immunstimulierende Wirkung hat. Im Kampf gegen die MS wird zumeist das modifizierte, auf gentechnischem Weg hergestellte Beta-Interferon eingesetzt, das sich der Patient in der Regel mehrfach wöchentlich selbst unter die Haut spritzt. Auch bei Interferon kann es zu Nebenwirkungen kommen, etwa zu seelischen Störungen oder Gewichtsschwankungen. Vor allem aber ist die Therapie nur bedingt erfolgreich. Die heute gängigen Mittel setzen die Schubhäufigkeit um circa 30 Prozent herab. Wenn alle Jahre wieder ein neues Wundermittel angekündigt wird, dann hoffen die Produzenten insgeheim darauf, dass die Wirksamkeit sich auf 35 oder 40 Prozent erhöht. Dass die Interferonbehandlung unter diesen Umständen nicht stärker umstritten ist, sagt auch etwas über die Macht der Pharmaindustrie aus. Die Behandlung eines MS-Kranken mit Interferon kostet die Krankenkassen pro Monat 1000 bis 1400 Euro. Dass angesichts dieser zu verdienenden Summen alle Alternativmediziner, die mit anderen Methoden arbeiten, zu Scharlatanen oder zumindest zu Außenseitern erklärt werden, ist nicht weiter verwunderlich.

Zusehends mehr an Bedeutung gewinnt in den letzten Jahren die »Traditionelle Chinesische Medizin« (TCM), die mit Akupunktur und pflanzlichen Medikamenten (z.B. individuell gemischten Tees) arbeitet. Nach der Vorstellung der TCM entstehen Krankheiten durch Störungen im Fluss der körperlichen Energie oder in den körperlichen Strukturen durch Einwirkung äußerer und innerer krankmachender Faktoren, die zu Einlagerungen und Blockaden führen. Einfacher formuliert: Der Schulmediziner geht – ähnlich wie der Mechaniker – davon aus, dass defekte Teile im Körper repariert und notfalls ausgetauscht werden müssen. Der TCM-Arzt versucht, das gesamte System umzuprogrammieren. Obwohl mittlerweile sowohl die Weltgesundheitsorganisation (WHO) als auch etliche kassenärztliche Vereinigungen die TCM als gleichwertige Behandlungsmethode anerkennen, wird sie in Deutschland nur von wenigen privaten Krankenkassen getragen – ein Problem für viele Interessierte, da eine Teemischung leicht 100 Euro pro Monat kosten kann. Die Anzahl der Behandlungsmethoden ist mittlerweile fast so zahlreich wie die Ausprägungen der Krankheit. Es gibt Patienten, die sich regelmäßig in künstlich erzeugte Magnetfelder legen. Wieder andere lassen sich Präparate wie Immunglobuline spritzen, die die Forschung nicht weiterentwickelte, weil ihre Wirksamkeit umstritten ist. Und dann gibt es welche, die einzig auf eine gesunde, disziplinierte Lebensführung setzen, ohne Alkohol und Nikotin, mit viel Sport und strikten Ernährungsplänen. Man kann sagen, dass Patienten neben ihrer Krankheit auch gleich die Lebensaufgabe bekommen, wie sie mit ihr umgehen.

USA im Hochsommer. Mit einem Abstecher nach Südafrika und in die Schweiz

»Look!« Der dicke Mann in der Reihe vor mir schnaufte aufgeregt. Rammte seiner Frau den Ellbogen in die Seite. Sie drückte sich aus dem engen Sitz und sah an der Schulter des Mannes vorbei aus dem Fenster.

In meinen Ohren spürte ich Druck. Kein Zweifel: Der US-Airways-Flug 99 von Philadelphia nach Las Vegas begann mit den Landemanövern. Susann presste ihr Gesicht ans Fenster und zog auch mich heran. Vor vier Tagen waren wir in den USA angekommen, und seitdem zog sie mich ständig aufgeregt irgendwo hin. Es war das erste Mal, dass sie Europa verlassen hatte. Unsere Reise hatte in Philadelphia begonnen. Da war ich auch zum ersten Mal. Es war meine dritte Reise in die USA. Die Chance, vor ihr den Kosmopoliten zu geben, ließ ich mir natürlich nicht entgehen. Nahm sie oft in den Arm, sah ihr oft in die staunenden Augen, wenn sie etwas sagte wie: »Das ist ja alles wie im Film hier!« Erklärte ihr Dinge, von denen ich selbst nicht die geringste Ahnung hatte. Dass ich auf genauso fremdem Terrain war wie sie, verbarg ich so gut es ging auch vor mir selbst. Denn es ist eine Sache, ob man vor den Augen einiger Kerle aus dem Kanu kippt. Und eine ganz andere, wenn man vor der eigenen Freundin ohne äußeren Anlass zu Boden geht.

Neben dem Druck auf den Ohren störte mich im Landeanflug auf Las Vegas jetzt noch etwas anderes: Mir taten die Füße weh. Meine Orthopädin in Berlin hatte mich überzeugt, dass ich zur Stabilisierung meiner Fußgelenke orthopädische Stiefel tragen sollte. Eigentlich wollte ich das gar nicht. Aber wenn ich schon alle anderen Ratschläge der Schulmediziner in den Wind schlug und weder Interferon spritzte noch auf die Reisen verzichtete: Wenigstens einem Rat der Ärzte wollte ich folgen. Nur damit ich es mir nicht ganz mit ihnen verscherzte, falls sie doch noch was gegen MS erfinden sollten. Zugegebenermaßen klang dieser Gedanke für mich selbst ziemlich wirr, und meinen Reisepartnern verschwieg ich ihn lieber. Doch das konnte ich mir vergeben: Immerhin würde ich für den Rest meines Lebens krank sein, und von diesem Rest hatte ich gerade mal ein Jahr geschafft.

Tatsächlich hatte ich festeren Halt durch die maßgeschneiderten braunen Halbstiefel aus Leder, die mir die Orthopädin verschrieben hatte. Hassen tat ich sie dennoch. Stand ich in ihnen vor dem Spiegel, erinnerten mich meine Füße an die meines verstorbenen Großonkels, dem beim Russlandfeldzug der Knöchel durchschossen worden war. Seitdem konnte er nur noch klobige geschnürte Ungetüme tragen, die ihn zum Gespött seiner Umwelt machten. Außerdem hatte der feste Stand auch einen Nachteil: Wenn ich umknickte, konnte ich dies mit meinen bis zur halben Wade eingepferchten Beinen nicht mehr durch einen schnellen, ungelenken Schritt ausgleichen. Wenn ich umknickte, fiel ich hin. Der geringere Luftdruck im Flugzeug ließ meine Füße anschwellen. In den engen orthopädischen Stiefeln hatte ich nur noch die Wahl, die Füße schmerzhaft von innen gegen das feste Leder drücken zu lassen. Oder sie auszuziehen. Was dazu führte, dass ich schon bei den ersten Landemanövern hätte beginnen müssen, mich wieder in das Schuhwerk zu zwängen, wenn die Schleifen beim Erlöschen der Fasten-Seat-Belt-Zeichen geschnürt sein sollten. Diesmal hatte ich mich für die Schmerzen entschieden.

Seit einer Stunde waren wir nun über die langsam in der Nacht verschwindende Wüste geflogen. Jetzt erschien schräg unter uns etwas, das wie ein gewaltiger Computerchip aussah. Oder wie ein Schaltkreis, den ein Riese im Sand verloren hat. Susann zeigte auf eine Linie, entlang derer die Dioden des Schaltkreises durchzudrehen schienen. Rot, gelb, grün, pink blinkten sie ohne erkennbares System zu uns herauf. »The Strip!«, murmelte sie fast andächtig. Der Las Vegas Boulevard. Susann strahlte mich aufgeregt an. Ich strahlte zurück. Zehn Minuten später landeten wir auf dem McCarran International Airport.

»Las Vegas« ist spanisch und heißt »Die Auen«. Die Stadt liegt mitten in der Wüste von Nevada. 1855 errichteten Mormonen ein Fort, von dem aus sie die Paiute-Indianer missionieren wollten. Der Ort, der bei seiner Gründung gerade mal dreißig Einwohner hatte, gewann rasch an Bedeutung: Sechzig Kilometer entfernt wurde der Hoover-Staudamm gebaut. Um Bauarbeiter in die Wüste zu locken, erlaubte Las Vegas das Glücksspiel, sah geflissentlich über das Verbot von Prostitution hinweg und wurde schnell zum Touristenort.

Gleich nach dem Zweiten Weltkrieg begann die Zeit des Las Vegas Strip, mit seinen Hotelcasinos und den großen Shows. 1946 eröffnete Benjamin »Bugsy« Siegel das »Flamingo«. Sein Star hieß Frank Sinatra. Sechs Wochen später war er pleite, kurz darauf wurde er von einem Auftragskiller erschossen. Auf dem Strip aber wuchs ein Hotel nach dem anderen. 1967 auch das »Circus Circus«, in dem wir die nächsten zehn Tage wohnen würden. Immerhin gab es vom Flughafen einen Shuttlebus, der uns direkt zum Ziel brachte.

Auf den ersten Blick hatte das Circus Circus mehr mit dem Märkischen Viertel gemein als mit Las Vegas. Weißgraue Türme, bis zu 35 Stockwerke hoch, zusammengehalten durch ein flacheres Gebäude in derselben Farbe. Es sah wesentlich schäbiger aus als die berühmten Häuser weiter unten am Las Vegas Boulevard, an denen uns der Shuttlebus vorbeifuhr:

Das »MGM Grand«. Das »Cesar's Palace«. Das »Wynn«. Zugegeben: Im Märkischen Viertel stand der Name des Hauses nicht in roten Leuchtbuchstaben an der Fassade. Und es gab weder einen vorgelagerten Turm mit halb durchsichtiger rosa Kuppel noch eine Magnetbahn, die an der Breitseite dieses Ensembles entlangfuhr.

Die Fahrt endete am Hintereingang des Hotels, wo sich die Rezeption befand. Die Frontseiten der Hotels am Strip waren traditionell für die Casinos reserviert. Als wir ausstiegen, schlug uns unerträgliche Hitze entgegen. 38 Grad Celsius lange nach Einbruch der Dunkelheit. Für einen Moment musste ich stehen bleiben. Mich die nächsten zwei Schritte an Susanns Schulter abstützen, um nicht zu fallen. Sie merkte es kaum.

»Mensch, das ist ja wie ein Föhn!«, hörte ich sie leise fluchen, während sie ihren Rollkoffer aus dem Kofferraum zerrte.

Wir zogen unsere Koffer durch die Schiebetüren der Lobby – und schauten auf circa 300 Hintern. Der Andrang vor den Check-In-Schaltern ähnelte dem bei einem Charterflug am ersten Ferientag. Weil der durchschnittliche Besucher von Las Vegas lediglich drei bis vier Nächte in der Stadt bleibt, ist die Fluktuation entsprechend. Selbst an einem Sonntagabend, selbst um 22 Uhr. Im Hintergrund hörten wir die Slotmachines in den Casinos. Die Hintergrundmusik der kommenden zehn Tage.

Es dauerte eine halbe Stunde, bis wir die Rezeptionistin erreichten. Zeit genug, die anderen Gäste zu betrachten.

Alleinreisende waren in den Warteschlangen nicht zu entdecken; selbst Paare schienen die Ausnahme zu sein – ungefähr 280 der 300 Hintern gehörten Kleinfamilien. Kreischende T-Shirts und labbrige Leggings dominierten den Raum. Zwei von drei Menschen hatten Übergewicht, einige mit besonders massiven Wampen fuhren auf kleinen Elektrowagen durch das Hotel. Plötzlich wurde ich wütend. Immerhin quälte ich mich auf kranken Beinen um die halbe Welt, und diese Fettsäcke bekamen von ihren Ärzten Wagen verschrieben, weil sie zu faul zum Aufstehen waren. Anscheinend zog das Circus Circus vorwiegend Unterschichtsamerikaner an, die sich bei Walmart einkleideten und bei McDonalds ernährten. In den Ecken zappelten hyperaktive Kinder auf dem Teppich herum. Ein Achtjähriger von sicherlich siebzig Kilo Körpergewicht grabschte mit der linken Hand unaufhörlich in eine Tüte mit Marshmallows, während er mit der Rechten seine kleine Schwester im Schwitzkasten hielt.

Zwei Tage waren wir ohne Auto in Las Vegas. Das hieß, wir waren quasi zur Bewegungsunfähigkeit verurteilt. Denn erst am dritten Tag kam Thomas, der Fotograf, nach, der mit seinem internationalen Führerschein von München aus den Mietwagen bestellt hatte. Zeit genug für die MS, mir eine neue Facette zu zeigen: Wenn ich aus einer auf siebzehn Grad runtergekühlten Hotellobby auf eine knapp dreißig Grad wärmere Straße trat, bekam ich sofort Herzrasen. Mein Kreislauf machte alles Mögliche, nur vorschriftsmäßig im Kreis laufen tat er nicht. Dass ich Hitze nicht besonders gut abkonnte, wusste ich vorher schon. War ja auch nicht verwunderlich für einen Norddeutschen, der zwei Drittel seiner Jugend im Nieselregen verbracht hat.

Aber hier bekam ich sofort Panik. Ohne dass ich es musste, suchte ich etwas zum Festhalten. Es war wie bei der Ankunft am Flughafen. Nur dass diesmal nicht ein paar Schritte entfernt ein klimatisierter Bus stand, der mich brachte, wohin ich wollte. Stattdessen spürte ich eine Hand in meiner Brust. Deutlich konnte ich sie verorten: Mein Herz lag in der Innenfläche dieser Hand, die sich langsam zur Faust ballen wollte. Wenn mein Herz so weit umklammert sein würde, dass die

Spitze des Mittelfingers die Daumenwurzel erreichte, dann würde ich sterben. Ich konnte mich kaum fünfzig Meter von einer Wand entfernen, ohne das Gefühl zu bekommen, mich auf dem glühend heißen Asphalt in Embryonalhaltung einrollen und um Hilfe wimmern zu müssen. Susann sah sich einige Minuten lang an, wie ich von Schatten zu Schatten torkelte.

»Komm, geh rein ins Hotel.« Sie rollte mit den Augen. »Ich sehe mich allein um.«

Den ersten Tag in Las Vegas war ich also damit beschäftigt, mir mein Hotel von innen anzusehen. Und bekam auch da Probleme: Überall glitzerte es. Überall quäkte und klimperte es. Überall drehte sich etwas. Überall war es laut. Dauernd musste ich mich irgendwo festhalten oder auf meinem Zimmer einen Zwischenstopp machen. Wäre ich ein Computer gewesen, dann hätte irgendwo ein Warnfeld ständig »Overload« gemeldet. Das war wirklich verstörend. Scheinbar hinderte mich die MS daran, so viele Außenreize verarbeiten zu können, wie es vorher möglich gewesen war. Immerhin kam ich schon am zweiten Tag besser mit der Hitze klar.

Am dritten Tag traf Thomas ein und brachte eine frische Lebensmittelvergiftung mit. Wir waren eine tolle Reisegruppe: Eine Frau ohne Führerschein, ein Halbtoter und ein Hinkebein, das ständig nach Halt suchte. Dass wir dennoch ein Team werden konnten, merkten wir allerdings schon, als wir am Flughafen in ein Taxi stiegen.

Unser Fahrer hieß Rick, und ihn einen schweigsamen Menschen zu nennen wäre eine freche Lüge gewesen. Er hatte kaum den Gang eingelegt, da brach er bereits das Schweigen, das noch gar keine Chance gehabt hatte, sich auszubreiten. Woher wir denn kämen. Ah, Deutschland. Gut! Und die Lady aus der Schweiz. Noch besser. Gute Uhren. Gute Schokolade!

Rick hatte sein ganzes Leben hier verbracht.

»Wenn du hier ein gutes Leben haben willst – lass die Finger vom Spielen und von Drogen! In Las Vegas kannst du schnell kaputtgehen!«

Rick ließ keinen Zweifel daran, dass er wusste, wovon er sprach. Als Las Vegas noch in den Händen der Mafia war und nicht in denen der Manager des Family Entertainments, zahlte Rick seine Spielschulden ab, indem er Slotmachines von hier in benachbarte Staaten fuhr, in denen sie gar nicht erlaubt waren.

»Don't ask me what I did for Tony Bellagio!«, murmelte Rick. Er hatte auch für einen der berühmtesten Mafiosi der Stadt gearbeitet? »Don't ask me!«

Ein flüchtiger Blick zur Seite zeigte mir, dass Susann mittlerweile ihren Minidisc-Recorder aus der Tasche gezogen und außerhalb von Ricks Sichtfeld aufgestellt hatte. Rick atmete ruckartig aus. Ihm schien störend aufzufallen, dass es schon seit mehreren Sekunden still in seinem Wagen war.

»Ich bin nicht der Erste in meiner Familie, der sich selbst Ärger gemacht hat. Fragt bloß nicht nach meinem Vater!«

Taten wir auch nicht. Doch mittlerweile waren wir uns sicher, dass Rick sich von der Beantwortung einer Frage nicht durch den Umstand abhalten ließ, dass niemand sie gestellt hatte.

»Als mein Vater vor zwei Jahren starb, dachte meine Mutter, dass alles geregelt wäre. Ich meine, sie selbst war ja dabei gewesen, als er Lebensversicherungen und solches Zeug abschloss. Aber als sie ein bisschen davon zu Geld machen wollte, um die Beerdigung zu bezahlen? Was findet sie heraus? Fragt mich bloß nicht!« Natürlich nicht.

»Da war gar nichts. Obwohl mein Vater ein Mustereheman war. Kein Alkohol, keine Drogen, keine Weibergeschichten. An einem Spielautomaten war er sein ganzes Leben nicht. Ganz anders als sein missratener Sohn. Aber nachdem er pensioniert war, konnte er nicht mehr richtig schlafen. Stattdessen hat er nächtelang vorm Internet gesessen. Sein ganzes Geld verzockt. Online-Poker, Sportwetten, solches Zeug. Ich konnte ihr auch nicht helfen. Hatte noch viel zu viel Schulden von früher. Drogen und das andere Zeug. Fragt mich bloß nicht!«

Auch Thomas hatte begonnen, in seinem Gepäck zu kramen. Vorsichtig zog er seine kleinste Kamera hervor. Zielte spielerisch aus dem Fenster. Versuchte einen Winkel zu bekommen, in dem er Rick beim Reden fotografieren konnte.

»Also ist meine Mutter am nächsten Tag zu ihrer alten Firma gegangen. Da hatte sie dreißig Jahre lang in der Telefonzentrale gesessen. Der Boss kannte sie noch. Und jetzt geht meine Mutter wieder arbeiten. Mit 74 Jahren!«

Rick unterbrach sich selbst.

»So. Wir sind da.«

Tatsächlich. Wir standen wieder vor unserem Hotel. Keiner von uns hatte noch auf die Straße geachtet. Das Foto von Thomas war so verschwommen, dass man es nicht gebrauchen konnte. Die Aufnahme von Susann war übertönt von den Nebengeräuschen des Autoverkehrs. Aber irgendwie war das egal.

»Keine Drogen. Nicht zocken. Dann ist Las Vegas eine tolle Stadt!«, rief Rick, als er die Tür zuschlug und sich wieder in den Verkehr einreihte.

Den nächsten Tag verbrachten wir damit, unseren Miet-Chevrolet über den Strip rollen zu lassen und dabei so cool wie möglich auszusehen. Susann verschob ihren Arbeitsbeginn um einen Tag, Thomas wurde in unvoraussehbaren Zeitabständen todmüde, oder ihm war kotzübel, und ich war froh, neben einer pustenden Klimaanlage auf dem Rücksitz umhergefahren zu werden. Susann wurde trotzdem von Stunde zu Stunde fröhlicher. Langsam verstand ich auch warum: In den letzten Tagen hatte sie immer auf meinen Gesundheitszustand und auf mein Tempo Rücksicht nehmen müssen. Nun hatte sie plötzlich die Wahl, ob sie entweder mit mir schlendern oder mit Thomas zusammen vorauseilen wollte. Als mir das auffiel, war ich zunächst verletzt. Doch dann merkte ich, dass aus dieser neuen Dreierkonstellation für jeden von uns neue Freiheiten erwuchsen: Jeder konnte für sich entscheiden, ob er vorpreschen oder zurückbleiben wollte. Mit Thomas war eine Art von Freiheit zu uns gekommen, die wir erst nach Wochen in Worte fassen konnten und die uns über weitere gemeinsame Reisen tragen sollte. Endlich war ich nicht mehr Klotz am Bein!

Wir fuhren die Fremont Street entlang und bekamen deutlich vor Augen geführt, was ein Modernisierungsverlierer ist. Vor dem Bau der großen Casinos war hier das Zentrum der Stadt gewesen. Bugsy Siegel und andere Mafiabosse hatten von hier aus das Glücksspiel kontrolliert. Doch seit der Strip aus dem Wüstenboden gestampft wurde, war die Fremont eine herunterkommende Seitenstraße für Pauschalurlauber. Eine Fußgängerzone mit Buden in der Mitte und Hotels am Rand. Außerdem hatte man sie mit einer Art Dach aus Leuchtelementen überbaut. Jeden Abend gab es hier jetzt eine zweitklassige Lightshow, die kaum jemanden interessierte.

»Was für ein Desaster«, fasste Thomas zusammen.

Das andere Ende der Fremont Street gehörte den Armen der Stadt. In den Casinos konnte man für zehn, für fünf, sogar für einen Cent spielen. Touristen fand man kaum; hier spielten die Leute aus der Nachbarschaft. Die wenigen Touristen, die in Bussen vorbeikutschiert wurden, schauten auf diesen Teil von Las Vegas wie auf ein Zoogehege. Abteilung Nachttiere oder Insekten. Auch wir, die wir den Wagen stehen ließen und vorsichtig in eines der Casinos lugten, hatten das Gefühl, in einer überdimensionierten Eckkneipe zu sein. Einige Männer saßen an den Automaten, wie sie dort am Tresen sitzen würden. Mit leeren Augen, irgendwie außerhalb der Welt. Manche von ihnen schliefen, und der Kopf war ihnen einfach gegen die Scheibe des Automaten gerutscht.

An anderen Automaten standen Frauen in billigen Kunststoff- oder Baumwollkleidern, mit Einkaufstaschen in der Hand und unterhielten sich. Auch sie warfen keine Münzen in die Automaten. Auf dem Strip wäre binnen weniger Minuten ein Sicherheitsmann gekommen, hätte die Männer geweckt und die Frauen aufgefordert, umgehend weiterzugehen. Hier waren die Wachleute deutlich legerer. Mit weit offenen Hemden und in den Nacken geschobenen Mützen saßen sie auf Barhockern und ignorierten das Treiben um sich herum, so gut es ging. Warum in Aufregung geraten?, schienen ihre Gesichter zu sagen. Warum zu viele Schritte gehen in dieser Hitze, wo es doch so gemütlich ist unter der Düse der lauten, schlecht funktionierenden Klimaanlage? Auf uns drei wurden die Wachleute allerdings nach einigen Minuten aufmerksam. Weiße, die nüchtern waren und sich interessiert umsahen, war man in diesem Casino nicht gewohnt. Als einer sich die Mütze korrekt auf den Kopf zog und Anstalten machte aufzustehen, nickten wir ihm kurz zu und verschwanden wieder nach draußen.

Zwischen den Casinos standen schäbige Motels mit Wochenraten. 24/7-Märkte. Billige Klamottenläden, die mit Sonderrabatten für Revuegirls lockten. In einem Hauseingang saß eine Obdachlose. Nur mit einem dreckigen Rock und zwei Schuhwracks bekleidet, zog sie an einer Pfeife. Crack? Rick hatte es uns gesagt: Hier konnte man schnell kaputtgehen.

Auf dieser Seite schien die Fremont Street endlos weiterzuführen. Zwischen Autohäusern, Tankstellen und Fertighäusern waren immer häufiger sandige Brachen zu sehen.

Hier merkte man, dass diese Stadt mitten in die Wüste gebaut worden war. Wenn wir nur immer weitergingen, würden uns Hitze und Einsamkeit irgendwann schlucken. Nach Tagen in der Kunstwelt der Hotels übte diese Vorstellung einen seltsamen Sog aus. Das sagte jedenfalls Susann, und Thomas nickte stumm. Ohne auf meine immer schwerer werdenden Schritte zu achten, versuchte ich so lange wie möglich an ihrer Seite zu bleiben. Vor einem billigen namenlosen Café irgendwo auf dieser Seite der Fremont Street schauten wir der Sonne beim Sinken zu. Dann holte Thomas den Wagen. So weit, wie dieser Nachmittag mich an den Rand von Las Vegas geführt hatte, konnte ich unmöglich zurücklaufen.

»Tengo!«, rief der kleine schwarzhaarige Stürmer. »Ich hab ihn!« Schon bei der Ballannahme drehte er sich am ersten Verteidiger vorbei, den zweiten überlief er einfach. Auf der Höhe des Elfmeterpunkts täuschte er einen Schuss an. Der bierbäuchige Torwart plumpste in eine Ecke, der Stürmer schob den Ball locker in die andere. 3:1 für Campbell Concrete gegen Tierra Caliente. Noch zehn Minuten bis zum Abpfiff. Das Spiel war entschieden.

Die Mannschaftskameraden klatschten den Stürmer ab, an der Seitenlinie freuten sich die Auswechselspieler. Auch außerhalb des Spielfelds war Spanisch die dominierende Sprache. Ein paar Freunde und Familienangehörige, die auf Decken oder mitgebrachten Klappstühlen lagerten, applaudierten. Ein typisches Amateurspiel am Sonntagmittag, sollte man meinen. Doch dann fiel unser Blick aufs Thermometer. Auf dem Platz herrschten an diesem Julitag 49,6 Grad Celsius. Große Teile des Rasens waren von der Sonne gelb und braun verbrannt. Trotz der Rasensprenger, die überall auf dem Gelände standen. Fünf Zentimeter hinter der Bewässerungsgrenze begann die Wüste. Das heißt: Eigentlich standen wir mitten in der Mojavewüste, der man mit immensem Aufwand ein paar Fußballfelder abtrotzte.

Clark County, so hieß dieser Wüstenlandstrich, reichte bis an den Rand des Death Valley. Hier spielte die heißeste Liga der Erde. Seit wir durch Zufall im Internet von ihr gelesen hatten, waren wir entschlossen, Nevada nicht zu verlassen, ohne hier ein Spiel gesehen zu haben.

Auf diesen wenigen Rasenplätzen wurde der Spielbetrieb mehrerer Ligen abgewickelt, was zur Folge hatte, dass der erste Anpfiff um 12 Uhr Mittags stattfand. Auch jetzt, im Juli. Dass jemand auch nur erwägen konnte, so etwas als Freizeitvergnügen zu wählen, ging über unsere Vorstellungskraft.

Kurz nach dem Aussteigen bekam ich ebenfalls ein Problem mit den Temperaturen. Wie immer seit Beginn der Reise trug ich meine orthopädischen Stiefel. Plötzlich begannen meine Füße wehzutun. Zunächst wusste sich gar nicht warum. Bis mir einfiel: In der Spitze und an den Knöcheln waren sie mit schweren Lederteilen und Metallstücken verstärkt. Besonders Letztere liefen jetzt einfach heiß. In den vergangenen Tagen in Las Vegas hatten wir uns ständig in klimatisierten Räumen aufgehalten. Hier hingegen lag die Innentemperatur meiner Schuhe nach kurzer Zeit bei geschätzten 73 Grad. Unmöglich, sich hier länger aufzuhalten. Und barfuß konnte ich seit Ausbruch der Krankheit kaum mehr laufen. Dazu war mein rechtes Sprunggelenk zu sehr vom ersten Schub mitgenommen. Mit Müh und Not bekam ich ein paar Interviews mit Leuten am Spielfeldrand zusammen und schleppte den Torschützen von Campbell Concrete in den Kernschatten eines Baumes. Dann floh ich in den Chevrolet und hob meine Füße gegen die pustende Klimaanlage. Beim nächsten Halt flogen die Stiefel in den Koffer. Lieber humpeln, entschied ich. Bis heute habe ich sie nie mehr für längere Zeit getragen.

Seit mehr als einer halben Stunde war uns kein Auto mehr entgegengekommen auf dem Highway 375, gut hundert Kilometer nördlich von Las Vegas entfernt. Immer wieder schaute einer von uns in den Himmel. Die Straße, auf der wir durch die Wüste von Nevada fuhren, trug den Beinamen »Extraterrestrial Highway«. Nirgends auf der Welt gab es so viele vermeintliche Ufo-Sichtungen wie hier. Am Rand der sagenumwobenen »Area 51«, eines Sperrgebiets, in dem die US-Luftwaffe seit Jahrzehnten neue Kampfflugzeuge testete und das in jedem besseren Science-Fiction oder Mistery-Thriller eine tragende Rolle spielte. Allein schon wegen der Reste des Ufos, das 1947 in Roswell abgestürzt sein sollte und dessen Trümmer mitsamt der Pilotenleiche angeblich hier aufbewahrt wurden.

Aber dann entdeckten wir doch Leben. Ein Alien winkte von einem Schild an der Straße: »Earthlings welcome!« Hier befand sich das einzige Wirtshaus im Umkreis von hundert Meilen. Es hieß »Little A'Le'Inn«. Darum herum standen zwei Dutzend aufgebockte Wohnwagen und jede Menge alter Schrott. Wir waren in Rachel/Nevada. 67 Einwohner.

»Erst mal ein Glas Wasser?«

Kellnerin Joy wusste, was die Leute brauchten, die zur Tür des Little A'Le'Inn hereinkamen. Eine Viertelstunde später bissen wir in die Spezialität des Hauses: Alienburger, die allerdings nicht von normalen Fleischklopsen zu unterscheiden waren.

»Hier ist alles Alien«, sagte Joy und machte eine vage Geste durch den ganzen Gastraum. Auf einem Tisch waren Alien-Souvenirs ausgebreitet. Außerirdische auf T-Shirts, Handtüchern, Feuerzeugen und zum Aufblasen. An der Wand hingen Fotos von vermeintlichen Ufo-Sichtungen rund um die Welt. Nicht wenige davon aus der Schweiz. Wir plauderten mit Joy, bis es dämmerte.

Quadfahren mit »Molly« in den USA

»Wir müssen langsam weiter«, sagte einer von uns.

»Wie weit ist es zur nächsten Stadt, und wann kommen wir an der nächsten Tankstelle vorbei?«

»Tonopa liegt 110 Meilen von hier«, sagte Joy. »Und die nächste Tankstelle? Ich weiß gar nicht, ob es die noch gibt.« Sie zog die Stirn kraus und schaute aus dem Fenster. »Unsere hat jedenfalls schon geschlossen. Macht aber morgen früh wieder auf.«

Irritiert sahen wir uns an. Als Erster fand ich die Sprache wieder.

»Wir müssen heute auf gar keinen Fall weiter. Aber irgendwann mal ins Bett. Gibt es ein Hotel in dieser Metropole?«

»Ja.« Joy zeigte durch ein Fenster in der anderen Richtung. Dort stand ein staubiger Trailer in der Sonne und rostete vor sich hin. »Das Rachel Four Seasons. Zufällig sind heute beide Suiten frei.«

Vor die Auswahl gestellt, in einem antiken Trailer zu übernachten oder mitten in der Wüste mit leerem Tank am Straßenrand zu stranden, spürten erfahrene Reisende wie wir instinktiv, was zu tun war. Eigentlich sah der Trailer von innen auch gar nicht so schlecht aus. Zwei kleine Zimmer mit durchgelegenen Betten schmiegten sich von beiden Seiten an ein Kunstwerk aus Vollplastik, das Joy scherzhaft als »Badezimmer« bezeichnete.

Ich hatte keine Lust mehr, ohne rechtes Ziel zusehends mühsamer durch die Umgebung zu stolpern, um am Ende noch von irgendwelchen dahergeflogenen Außerirdischen entführt zu werden. Also blieb ich im Trailer, während die beiden anderen spazieren gingen. Trank schluckweise aus dem viel zu großen Kaffeebecher, den ich mir aus dem Inn mitgebracht hatte und dessen Inhalt schon längst kalt war. Ich starrte aus dem schlierigen Fenster.

Wann hatte das eigentlich alles angefangen? Es war alles so schleichend gekommen. Wann die MS diagnostiziert wurde, das hatte ich schriftlich. Aber wann hatte diese seltsame Krankheit in meinem Körper zu wirken begonnen? Schon früher spreizte sich, wenn ich lange Strecken gegangen war, mein rechter Fuß nach einigen Kilometern nach rechts ab. Das aber lag wohl an einer leichten angeborenen Hüftfehlstellung. Andere Menschen können ihre Schenkel sechzig bis siebzig Grad einwärts drehen. Bei mir sind es maximal fünfzehn Grad. Wenn ich lange marschierte, joggte oder Fußball spielte, versuchte sich meine rechte Hüfte irgendwann dadurch Entlastung zu verschaffen, dass das Bein sich nach außen wegdrehte. Als ich ein Kind war, hatte ein Orthopäde vorgeschlagen, die Hüfte kontrolliert zu brechen und sie danach mit Hilfe von Gipsbett und einer langwierigen Rehabilitationsphase an Krücken in die richtige Stellung zu bewegen. In seltener Einigkeit hatten mein Vater, meine Mutter und ich diesen Vorschlag verworfen.

Also achteten zunächst meine Eltern und danach ich selbst immer darauf, dass ich gutes, teures Schuhwerk trug. Mit Einlagen dokterte ich zuweilen auch herum, und ansonsten sah es eben immer etwas komisch aus, wenn ich weit ging.

Möglicherweise hatte das aber mit der MS gar nichts zu tun. Wie später ein Freund von mir sagen sollte: »Man kann auch Flöhe und Läuse gleichzeitig haben.«

Seltsamer war da schon eine Sache, die vor zehn Jahren geschehen war. Meistens passierte es in der U-Bahn: Ich roch Kot. Hundekot oder menschlichen Kot, das konnte ich selbst nicht sagen. Jedenfalls beugte ich mich regelmäßig zu meinen Mitfahrern und flüsterte: »Wer ist denn hier in Hundekacke getreten?«

Jedes Mal schauten die anderen mich verwundert an. Also hörte ich nach einigen Wochen auf zu fragen und schnüffelte nur noch still missbilligend vor mich hin. Ein bisschen später roch ich es selbst nicht mehr. Wahrscheinlich weil es diesen Geruch sowieso nur wegen eines temporären Schadens in meinen Geruchsnerven gegeben hatte. Letztlich hatte auch diese komische Fehlwahrnehmung mich nur gestört, aber nicht behindert.

Zum ersten Mal behindert fühlte ich mich im Spätwinter 2001, ungefähr anderthalb Jahre vor der Diagnose, genauer gesagt: Bei einer Reise, die in Südafrika begann und in den Schweizer Bergen endete. Wochenlang lang verging kaum ein Tag, an dem ich nicht mehrfach mit dem rechten Fuß nach außen umknickte. Später vermutete eine Orthopädin, dass meine Krankheit die Muskulatur rund ums rechte Sprunggelenk geschwächt hätte. Dass stimmte wahrscheinlich. Für mich führte es dazu, dass mein rechter Knöchel über einen Monat lang schmerzhaft geschwollen war – und ich nicht rennen konnte, obwohl ich es mindestens zweimal gerne getan hätte. In der südafrikanischen Hafenstadt Durban kam ich jedenfalls schon mit bandagiertem Knöchel an. Und hatte eine ziemlich miese Nacht hinter mir, als es um viertel nach sieben an der Tür klopfte.

Mühsam wachte ich auf. Das Bett war zerwühlt, das Kopfkissen nass von Schweiß. Erst nach ein paar Sekunden wusste ich, wo ich war. Im Township Inanda am Stadtrand von Durban. Das Bett stand in der Pension »Ekhaya«, was auf Zulu »Daheim« bedeutet. Als es erneut klopfte, schlurfte ich zur Tür. Im Flur stand eine schöne schwarze Frau im blauen Sommerkleid.

»Good morning, it's a quarter past seven. You wanted a wake-up call?«, fragte sie mit schüchternem Lächeln. Und wo ich das Frühstück nehmen wolle?

Vorsichtig schaute ich an mir herunter. Die Boxershorts waren zerknittert, das Shirt durchnässt. Die Binde, mir der ich meinen geschwollenen Knöchel umwickelt hatte, könnte auch mal wieder gewechselt werden. Vieles hatte ich erwartet, als ich mich auf die Reise durch einige der schwarzen Vorstädte Südafrikas vorbereitete. Das Gefühl, nicht gut genug gekleidet zu sein, war definitiv nicht dabei gewesen. Zügig schloss ich die Tür und kramte den Koffer hervor.

Ich hatte so gut wie nichts von den Townships gewusst. Stellte sie mir wie einen Vorhof der Hölle vor: endlose Ansammlungen von Wellblechhütten oder Pappkartons, voll mit Gewalt und Drogen, Hunger und tödlichen Krankheiten. Weiße, die sich hierher verirrten, hatten ihr Leben verwirkt. Binnen dreißig Minuten waren sie entweder vergewaltigt, ausgeraubt oder tot. Oder alles zusammen.

Einige Fetzen aus der politischen Geschichte Südafrikas hatte ich mir auch noch aus dem Hirn pressen können: Schüleraufstände in Soweto 1976. Endlose bürgerkriegsähnliche Kämpfe in den achtziger Jahren, angezettelt von der um ihre Macht fürchtenden Buren-Regierung. Und da wollte ich nun hin.

Als mein Fahrer mich am Vortag vom Flughafen Durban abgeholt hatte, war es schon dunkel gewesen. Je näher wir dem Township Inanda gekommen waren, je spärlicher die Straßenbeleuchtung und je seltener die weißen Gesichter geworden waren, desto tiefer vergrub ich mich in meinen Sitz. Natürlich hatte der Fahrer das gemerkt.

»Leider habe ich keine kugelsichere Weste für dich dabei.«

Etwas gequält stimmte ich in sein Lachen ein.

Beim Abendessen im Ekhaya hatte mir ein Leguan von der Wand aus direkt auf meinen Teller geschaut.

»Der tut nichts«, sagte die Köchin, als sie mir das Mahl aus Bohnen, Fleisch und Sauce hinstellte. Jedenfalls war ich nach dem Essen ziemlich schnell im Zimmer verschwunden und hatte den Schlüssel zweimal umgedreht.

Mittlerweile stand ich, frisch rasiert und korrekt gekleidet, am Küchenfenster der Pension. Während die Angestellte das Frühstück zubereitete, schaute ich in den Vorgarten, wo ein Welpe ebenso eifrig wie erfolglos ein paar Hühnern nachhetzte. Das Haus gegenüber hatte einen Anbau aus marodem Sperrholz. Aber geschossen wurde heute Morgen nicht. Auch gestern Abend nicht. Für den Vorhof der Hölle sah das Ganze einfach zu gemütlich aus.

»Shall I butter the bread for you?«

Ich drehte mich um. Das Frühstück stand auf dem Tisch.

»Oh, please don't make me feel so white!«

Jackie, so hieß die schwarze Schönheit, musste lachen. Sie war 23 Jahre alt und studierte Jura. Bis sie im nächsten Jahr alle Prüfungen ablegen und sich eine Stelle als Wirtschaftsjuristin suchen würde, verdiente sie sich ein bisschen Geld im Ekhaya. Nach dem Studium wollte sie auf jeden Fall in Inanda bleiben. Einige Kommilitoninnen hatten sich zwar Wohnungen in Durbans weißen Mittelstandssiedlungen gesucht. Doch die meisten von ihnen waren bald wieder zurückgekehrt. Jackie holte eine zweite Tasse aus dem Schrank und goss sich Kaffee ein. Welches das schönste Land ist, in dem ich je war, wollte sie wissen.

»Maybe Southafrica«, sagte ich.

»You just say«, rümpfte sie die Nase.

Da hatte sie recht. Schließlich war ich erst am Vorabend angekommen. Im Dunkeln. Doch wenigstens wollte ich charmant sein.

»Why should I?«

Sie zuckte mit den Achseln. Plötzlich sprang mich ein Gefühl an, das ich schon manchmal auf anderen Reisen hatte. Ich nannte es die »Halbstundenverliebtheit«. Sie war nett, hatte aber nichts zu bedeuten. Sie brach nicht mein Herz. Sie zerstörte keine anderen Gefühle. Sie ging vorbei, Minuten nachdem die Frau den Raum verlassen hatte.

Eigentlich musste Jackie die Betten machen, und ich musste eigentlich die Umgebung erkunden. Aber eine halbe Stunde lang interessierte uns das nicht. Dann hupte der Fahrer draußen. Also griff ich meine Tasche und verabschiedete mich, ohne ihr die Hand zu geben. Nur mit den Augen.

Vielleicht würde ich später mal verträumt aus irgendeinem Fenster sehen. Denken: »Was macht Jackie jetzt wohl?« Wahrscheinlich wäre sie verheiratet, hätte zwei Kinder und ordentlich zugenommen. Erkennen würde sie mich ohnehin nicht mehr.

Von Durban aus war ich nach Kapstadt geflogen, wo Peter, der Fotograf, der Goethe mehr schätzte als den HSV, schon im Hotel auf mich wartete. Es war unsere zweite gemeinsame Reise. Um uns einzugewöhnen, waren wir am ersten Nachmittag mit dem Mietwagen durch Kapstadt gefahren und später spazieren gegangen. Den Wagen hatten wir an der Hauptstraße abgestellt. Kaum war der Motor aus, hatte sich uns ein Mann mit einem Knüppel genähert.

»You pay me, I take care of your car.« Es war eine Feststellung, kein Angebot.

Von diesen Parkwächtern hatte ich schon im Reiseführer gelesen. Die Straßen Kapstadts sind in kleine Parzellen mit unsichtbaren Grenzen aufgeteilt. Jede umfasste drei Parkplätze. Manchmal einige mehr. Jede Parzelle ist einem selbst ernannten Parkwächter unterstellt, der den Mann vertrieben hatte, der den Parkplatz zuvor bewirtschaftete. Gab man ihm Geld, war der Wagen sicher. Gab man ihm kein Geld, schlug er in einem unbeobachteten Moment höchstpersönlich die Scheibe ein. An seinem Lächeln hatten wir sehen können, dass unser Trinkgeld sehr hoch und unser Auto damit sehr sicher war.

Inzwischen war es dunkel geworden, und mein Knöchel schmerzte durch den ungewohnt langen Spaziergang stark. Peter wies auf die Straße vor uns. Sie schlängelte sich an ein paar Wohnhäusern vorbei, aber am anderen Ende sahen wir die Hauptstraße, an der unser Wagen stand. Massenhaft Leute flanierten auf ihr, das konnte man sogar von hier aus sehen.

»Dann lass uns mal quer durch«, schlug ich vor. Fünfzig Meter durch eine schmale Straße sollten uns schon nicht in Gefahr bringen. Immerhin waren wir zu zweit. Und mein Knöchel tat wirklich weh. Ich konnte kaum noch laufen.

Nach wenigen Metern umringten uns plötzlich sechs Kinder, die vielleicht fünf bis neun Jahren alt waren. Sie waren aus dem Dunkel eines Hauseingangs wie aus dem Nichts gekommen. Vier Schwarze, ein Inder, ein weißes Mädchen. Als sich der Anführer der Horde die Kapuze seiner dreckigen Jacke vom Kopf riss, sahen wir, dass er entweder sehr schmutzig war oder sich um die Augen herum mit Dreck geschminkt hatte, um bedrohlicher zu wirken. Der Junge bemühte sich um ein irres Lachen, wie er es wahrscheinlich in einem Horrorfilm gehört hatte. Dann streckte er uns seine Hand entgegen: »Money, Mister!«

Die anderen fünf kamen einen Schritt näher. Einen Moment lang wussten wir nicht, was zu tun war. Offenbar sollten wir ausgeraubt werden. Aber das hier waren doch Kinder! Ungefähr so alt wie die Kinder meiner Schwester, denen ich im Sommer Schulhefte und zu Weihnachten Süßigkeiten schickte. Kleine Kinder, die um diese Zeit von ihren Müttern ins Bett gebracht werden sollten!

Das Mädchen sprang vor und zerrte an meiner Jacke. Ich stieß sie zurück. Einer der kleinen Schwarzen hatte plötzlich etwas in der Hand, das wie eine alte Gabel mit nur noch zwei Zinken aussah. Peter und ich stellten uns instinktiv Schulter an Schulter. Jeder behielt drei von ihnen im Auge und die Hände kampfbereit in Hüfthöhe. Langsam gingen wir auf die belebte Straße zu.

Als wir sie erreichten, umringten uns die Kinder immer noch, doch die anderen Passanten taten so, als würden sie uns nicht sehen, und machten einen Bogen um uns. Ein Mann in Wachschutzuniform, der vor einem Hotel stand, drehte sich sogar um und ging in die Lobby. Helfen würde uns hier keiner. Also behielten wir die Hände leicht gehoben. Hoffentlich verlor keiner der kleinen Straßenräuber die Nerven und zwang mich, mit geballter Faust gezielt nach einem Kind zu schlagen. Ich versuchte den gegnerischen Anführer, dessen Scheitel mir knapp bis zum Solar Plexus reichte, einzuschüchtern, indem ich ihm die ganze Zeit in die Augen starrte und mehrfach drohend mit den Fingern meiner Rechten schnipste. Er lachte leise vor sich hin, traute sich aber auch nicht, einen Angriff zu befehlen.

So erreichten wir das Auto. Als wir drin saßen und Peter den Motor startete, legte der Anführer der Kinder sich auf die Kühlerhaube, um uns zum Zahlen zu zwingen.

»Money, Mister!«

Hilflos lehnte Peter sich aus dem Fenster.

»We gave you money, now do your work!«, schrie er unseren Parkwächter an, dem die Situation genauso peinlich war wie uns. Aber wir waren zahlende Kunden, und so vertrieb er die Kinder mit drohend erhobenem Knüppel. Mit einem letzten Fauchen zog sich der Anführer der Kinder zurück. Es gab schönere Möglichkeiten, einen Tag zu beenden.

Später im Hotel erzählte uns der Concierge, dass es Kinderhorden wie diese erst seit einigen Jahren in Kapstadt gab. Meistens sind es Waisenkinder, deren Eltern an Aids gestorben waren.

»Geht nie wieder in so eine Straße!«, riet der Mann am Eingangstresen, als er uns die Schlüssel gab. »Viele dieser Kinder haben ganz andere Waffen bei sich als nur eine alte Gabel!«

»Man! I'm black, you're white! Let's shake hands!«

Eine eiternde, wässernde Wunde zog sich über die gesamte Innenfläche der Hand, die mir entgegengestreckt wurde. Sie zu berühren wäre auf der ganzen Welt keine gute Idee gewesen. In einem schwarzen Township namens Khayelisha am Rande von Kapstadt, wo laut Schätzungen der Anteil der HIV-Infizierten bei zwei Dritteln der Bevölkerung lag und die durchschnittliche Lebenserwartung bei vierzig Jahren, schon gar nicht. Offizielle Zahlen gab es keine. Nicht für Khayelisha, das zwölf Quadratkilometer groß ist und über eine Einwohnerzahl von 1,2 Millionen verfügt. Inoffiziell jedenfalls. Genaueres wusste niemand. Zu weiten Teilen war Khayelisha das, was Südafrikas Regierung beschönigend »unformal settlement« nannte. Wer hier landete, baute sich seine

Unterkunft aus Holz, getrocknetem Schlamm oder aus Pappkartons. Nur wenige Straßen waren befestigt, die Mehrzahl der Menschen trug ihr Wasser von zentralen Brunnen heran, und Strom bekam man dann, wenn man auf einen Strommast kletterte und illegal eine der Leitungen anzapfte.

Im Zentrum von Khayelisha gab es mehrere staatliche Gebäude aus Stein, von denen einige sogar mehrstöckig waren. Eine Schule. Ein Kulturzentrum. Eine Verwaltungsbehörde. Daneben standen ein paar Mietskasernen. Für umgerechnet drei Euro im Monat wohnten hier zumeist Großfamilien, denen für ihre symbolische Miete immerhin eine Müllabfuhr zustand. Etwas weiter befanden sich Einfamilienhäuser. Umzäunt. Einige sogar mit Vorgärten, alle regelmäßig von einer Polizeistreife bewacht. »Beverly Hills«, sagten die übrigen Einwohner Khayelishas mit gutmütigem Spott zu dieser Straße.

Das alles wusste ich, weil wir uns heute Morgen aus dem Zentrum Kapstadts zu einer Tour in die hiesigen Townships aufgemacht hatten. Sie wirkten auf den ersten Blick wesentlich rauer als die in Durban. Der zweite Blick konnte daran nichts ändern.

Unser Führer hieß Jimmy Jimta. Ein studierter Elektroingenieur. Klein und schmächtig, mit gesenktem Kopf und leiser Stimme. Die Leute, die wir trafen, nahmen ihn nicht ernst. Sogar ich konnte hören, wie sie hinter seinem Rücken mehrfach über ihn lachten. In seinem gelernten Beruf hätte er vermutlich wesentlich mehr verdienen können als damit, Touristen zu führen.

»Jimmy, warum machst du das? Warum bist du nicht bei einer großen Firma?«, fragte ich schließlich.

»Ich will euch zeigen, wie wir hier wirklich leben. Ihr sollt zu Hause erzählen, dass wir keine Tiere sind«, sagte er. Schüchtern und verstört, mit noch fistligerer Stimme als sonst.

Die Kreuzung, an der ich stand, als der Mann mit der eiternden Hand vor mir auftauchte, war von Steinbauten und Asphalt Hunderte Meter entfernt. Wenige Schritte neben mir hatte eine traditionell gekleidete Zulu-Frau einen altersschwachen Tapetentisch aufgebaut, auf dem sie frisch geschlachtetes Geflügel in der prallen Sonne zum Verkauf anbot. Anscheinend schon eine ganze Weile, wie man an dem imposanten Fliegenschwarm erkennen konnte, der das nicht mehr ganz frisch riechende Fleisch umschwirrte. Daneben verkaufte ein ungefähr elf Jahre alter Junge Dosen mit Softdrinks, die in einem Eimer voll längst geschmolzenem Eis schwammen. Offenbar befand ich mich in so etwas wie dem Einkaufszentrum der Nachbarschaft.

»Let's shake hands, man!«

Die Stimme des mageren Mannes vor mir wurde strenger. Zwischen dem verdreckten Mützenschirm und dem zerschlissenen Hemdkragen blickte er abwechselnd in meine Augen und zu einer wenige Meter entfernten Hütte. Dort saßen einige Männer auf Kisten und Campingstühlen mit löchrigen Sitzflächen unter einer schwarzen Plane, die über einige in den Boden gerammte Holzlatten gezogen wurde. Vielleicht hatte der Magere mit seinen Kumpeln eine Wette laufen. Zwischen den Männern stand ein Plastikfass, aus dem sie mit angestoßenen Gläsern und Tassen schöpften. Später sollte ich erfahren, dass so eine billige Eckkneipe im Township aussieht. Dass man sie »Shabeen« nannte und dass in dem Plastikfass »african beer« gor, eine Mischung aus Wasser und Getreidemaische, die den Blick so stumpf und fiebrig machte wie den, der gerade auf mich gerichtet war.

Mein Kollege Peter umfasste seine Kameraausrüstung mit beiden Armen und sah sich unauffällig nach einem Fluchtweg um. Mein rechter Knöchel schmerzte genauso wie gestern. Ich schaute mich nicht nach einer Fluchtmöglichkeit um.

Diese Situation würde ich hier und jetzt lösen müssen. Jimmy Jimta starrte zu Boden. Ich hasste ihn. Aber durfte ich das überhaupt? Schließlich wollte ich hierher kommen, und er hatte mich geführt. Ich konnte im Township kein Disneyland erwarten. Dann kam mir eine Idee.

Ich streckte dem Mann meine Hand entgegen und klopfte mit meinem Handrücken gegen seinen. Ungefähr drei Sekunden lang schaute er verdutzt. Dann begann er zu grinsen.

»Where're your from, man?«

»Germany.«

»You shake hands this way over there?«

»Sure«, log ich.

Mein Gegenüber begann zu lachen, bis er am ganzen Körper zitterte. Wahrscheinlich hatte er wirklich Fieber. Mit unsicherem Schritt trabte er zurück zu seinen Saufkumpanen. »Germans are crazy. They are fucking crazy!«

Die anderen johlten und hoben ihm ihre Gläser entgegen. Oder ihre Plastikbecher. Oder ihre leeren Konservendosen, von denen sie die Deckel abgeschnitten hatten. Vorwurfsvoll drehte ich mich zu den beiden anderen um. Jimta war dabei, mit seinen Blicken ein Loch in den Boden zu schaufeln. Peter guckte seltsam.

»Denken wir dasselbe, Kollege?«, fragte ich.

»Was denke ich denn?«

»Dass wir dringend ein bisschen hierbleiben sollten, scheißegal, was unser Zeitplan sagt? Dass wir die Comfortzone dringend verlassen sollten, um hier ein paar realistischere Dinge über unser Gastland zu erfahren?«

»Dann denken wir dasselbe!«

An diesem Nachmittag brachte Jimta uns nach Kapstadt ins Hotel. Am nächsten Morgen stand er wieder davor, um uns zu einem Bed and Breakfast namens »Neo's« zu bringen, das mitten in Khayelisha stand.

Die Fenster des einstöckigen Steinhauses waren vergittert. Ein Fernseher, ein unbeaufsichtigter Koffer in einem Gästezimmer – hier war beides Grund genug für einen Einbruch.

Im Laufe des Abends kam die Tochter der Wirtin nach Hause. Mit der Wirtin selbst hatten wir bis dahin nur wenige Worte gesprochen. Sie hatte uns die Zimmer gezeigt, Essen serviert und ansonsten darauf verwiesen, dass wir mit unseren Fragen am besten auf ihre Tochter warten sollten. Als wir schon gar nicht mehr wussten, wie lange wir uns räuspern und aus dem Fenster sehen sollten, erschien sie. Eine traditionell gekleidete Frau Ende dreißig. Sie hieß Neo. Nach ihr war die Pension benannt worden.

Neo arbeitete als Lehrerin im Township. Da wir die ersten Weißen waren, die hier seit Eröffnung der Pension vor zwei Jahren wohnten, war das Interesse beiderseitig. Irgendwann im Laufe des Gesprächs traute ich mich sogar zu fragen, warum die Leute hier trotz des Elends so gut gelaunt zu sein schienen.

»Sie verzweifeln nicht, weil das nichts ändern würde«, sagte Neo nach kurzem Überlegen. »Wenn du dich mit Freunden triffst, hat immer jemand von ihnen HIV. Oder eine andere schlimme Krankheit. Du kannst mit ihnen traurig sein, bis sie sterben, oder du kannst mit ihnen fröhlich sein, bis sie sterben. Es ist besser, fröhlich zu sein.«

Später am Abend brachen wir zu einem gemeinsamen Spaziergang auf. Um halb elf. In einem südafrikanischen Township. Als Weißer, mit einem Knöchel, der zuverlässig genau dann umknickte, wenn er losrennen wollte. An meiner Seite ein Fotograf mit einer teuren Kamera um den Hals. Unser einziger Schutz bestand aus einer knapp vierzigjährigen Frau. Waren wir eigentlich komplett wahnsinnig geworden?

An der nächsten Ecke saßen ein paar Kiffer, die uns mit glasigen Augen anstarrten.

Dann sprangen sie auf und flohen an uns vorbei ins nächste Haus. Zwei von ihnen grüßten sogar flüchtig.

Neo lachte ihnen laut hinterher. »Die hatten Angst. Du mit der Kamera und du mit dem Schreibblock. Die haben euch für Zivilpolizisten gehalten.« Sie brauchte einige Zeit, um sich wieder zu beruhigen. »Außerdem waren zwei von denen früher bei mir in der Klasse. Vor seiner alten Lehrerin behält man immer ein bisschen schlechtes Gewissen. Und überfallen tut man sie auf keinen Fall.«

Am nächsten Tag riefen wir Jimmy an, damit er uns ins Zentrum von Kapstadt zurückbrachte. Im Auto war ich froh, zurück in eine Gegend zu kommen, wo Polizisten und private Wachmänner auf Fünfsternehotels aufpassten. Und schämte mich im selben Moment für diesen Gedanken.

Am übernächsten Morgen trennten sich die Wege von Peter und mir. Er brach auf zu einer Recherche durch die Weinanbaugebiete rund ums Kap der Guten Hoffnung, und ich flog zurück nach Europa. Als ich in Südafrika den Flieger bestieg, waren es 33 Grad. In Berlin herrschten Temperaturen knapp über dem Gefrierpunkt. Keine Sensation an einem kalten Frühmärztag. Eigentlich sollte man sich bei einem derartigen Klimawechsel mehrere Tage schonen und sich körperlich nicht überfordern. Ich hingegen schmiss kurz meine Wäsche in die Maschine und verbrachte den späteren Abend gemeinsam mit Susann vor einem Trockner im nächsten Waschsalon.

Wenige Stunden später saßen wir im Flugzeug nach Zürich. Susanns Mutter Verena und ihr Mann Bernhard machten jedes Jahr eine Woche Urlaub in Sils Maria, einem kleinen Ort im Engadin, wenige Kilometer von der italienischen Grenze entfernt, und sie hatten es sich zur Gewohnheit gemacht, jeweils ein Paar aus der Familie oder dem Freundeskreis dazu einzuladen. Diesmal waren wir dran.

Obwohl ich nicht an Jetlag litt – zwischen Südafrika und Mitteleuropa besteht lediglich eine Stunde Zeitunterschied –, sah ich die Welt wie durch eine Brille mit dickem Milchglas. Gott sei Dank kannte Susann sich in ihrem Land hervorragend aus. Sie lotste mich am Flughafen Zürich ins Untergeschoss, wo die Bahn abfuhr. Irgendwo waren wir umgestiegen. In Chur? In Zug? Irgendwas mit »u« in der Mitte. Glaubte ich jedenfalls zu hören, während ich auf meinem Sitz durch die Stunden döste. Eine kleine Zahnradbahn fuhr uns das letzte Stück empor. Aus der Wüste über den Waschsalon in die verschneite Bergwelt. Von plus 33 auf minus 7 Grad. Von Meereshöhe auf knapp zweitausend Meter. Susann war begeistert von der Bergwelt, die uns umgab. Lachte, als wir die Schneegrenze überquerten, und nannte mir so gut wie jeden Gipfel mit Namen. Ich hingegen war froh, dass ich meine Schwiegereltern wiedererkannte, so benebelt war ich.

In den folgenden Tagen machte ich eine unangenehme Entdeckung. Das Gehen auf Schnee war eine Tortur für mich. Seit Südafrika schien es noch schlimmer geworden zu sein. Bei jedem Schritt knickte ich rechts um. Dann zog ein kurzer Schmerz hoch bis zum Knie. Keine große Sache. Doch bei hundert Schritten passierte das hundertmal. Immer im weichen Schnee und immer dann, wenn es bergab ging. Im Städtchen selbst konnte ich mich dagegen wappnen. Auf der Straße gab es immer irgendwo eine Stelle, die durch Autoreifen planiert oder durch Passanten festgetreten war. Meistens fuhren wir ohnehin mit dem Auto zu irgendeinem Gasthof in der Gegend. Den Rest der Zeit verbrachte ich hinter den Panoramascheiben der Dorfbibliothek auf der warmen Ofenbank. Also konnte ich meinen schmerzenden Knöchel weitgehend ignorieren.

Am dritten Tag war mein Kreislauf wieder in Ordnung, und bei den anderen setzte allmählich Langeweile ein. Beim Abendessen schob Susanns Stiefvater Bernhard mir ein kleines Päckchen über den Tisch.

»Da. Für dich«, murmelte er dazu möglichst beiläufig.

In dem Päckchen befand sich ein Schweizer Armeemesser. Der Patriarch gibt dem jungen Krieger, den die Tochter seiner Frau gewählt hat, eine Waffe. Eine zutiefst archaische Geste, die ich außerhalb der Schweiz nur bei Naturvölkern kennen gelernt habe. Sie zeigte, wie nahe die zurückhaltenden, stets um Ausgleich bemühten Schweizer noch dran waren an ihren Vorfahren in den wilden Bergstämmen, die mit Hellebarden und Dreschflegeln aufeinander losgegangen waren. Trotz Zinsfuß und Toblerone-Riegel.

Eines stand fest: Ab sofort war ich Mitglied in diesem Stamm und berechtigt, an allen seinen Abenteuern teilzunehmen.

Das erste folgte schon am nächsten Morgen.

»Wenn du den Morteratschgletscher nicht gesehen hast, bist du nicht hier gewesen!«, entschied Bernhard nach dem Frühstück. Damit hob er die Kaffeekanne zwischen uns an und schenkte allen ein letztes Mal ein. Dann hob er die Tafel auf und führte uns zum Wagen. Susann und ihre Mutter Verena hatten sich lange nicht gesehen und redeten unablässig über Dinge, die lange vor der Zeit geschehen waren, als ich Susann kennen gelernt hatte. Bernhard war auch nicht eben maulfaul. Wann immer ein Schweigen zwischen uns länger als eine halbe Minute dauerte, begann er zu reden. Über irgendetwas. Seit meiner Ankunft hatte ich schon interessante Dinge erfahren über die politische und wirtschaftliche Situation im nördlichen Südamerika mit Schwerpunkt auf Venezuela. Über die Rohölverarbeitung bis hin zum Bitumen. Und über die Straßenführung von hier bis in den Jura. Alles davon war komplett neu für mich, und selbst wenn es mich ab und an langweilen sollte, musste ich nur alle zwei Minuten mal »Aha« sagen oder »Tsts«, dann war der Mann am Steuer zufrieden.

Diesmal redete Bernhard über die Bemühungen des Aldi-Marktes, von Deutschland und Italien aus mit einer Art Zangenbewegung in der Schweiz Fuß zu fassen. Irgendwann hielt er an. Auf einem Parkplatz, hinter dem ein Fußweg begann, an dessen Ende man die Ausläufer einer Gletscherzunge erkennen konnte. Wir stiegen aus. Die Frauen besprachen fünf Meter vor uns wichtige Familienangelegenheiten. Bernhard erläuterte mir, warum die Unternehmenspolitik der Brüder Albrecht nur während einer längeren Rezession in der Schweiz greifen konnte. Der Weg, auf dem wir gingen, bestand auf den ersten paar hundert Metern aus Schutt und danach aus festgetretenem Schnee. Bergauf ging es fast unmerklich. So merkte ich gar nicht, worauf ich mich einließ.

Links und rechts des Weges waren Informationstafeln in den Boden gerammt, die anzeigten, wie weit der Gletscher in den vergangenen Jahrzehnten angesichts der Klimaveränderung zurückgewichen war. Bernhard blieb an jeder einzelnen stehen, so dass die Frauen kontinuierlich an Vorsprung gewannen. Die auf den Tafeln vermerkten Messungen hatten 1878 begonnen, also in einer Zeit, von der auch Bernhard nur vom Hörensagen wusste. Vor der Tafel von 1947 blieb er zum ersten Mal länger stehen, da er um diese Zeit erstmals persönlich über den Gletscher gewandert war. Eigentlich hatte ich mir wenige Minuten zuvor vorgenommen, bei dieser Tafel auf mein lädiertes Sprunggelenk hinzuweisen. Doch Bernhards Kindergeschichte war unterhaltsam. Mit ausgestreckter Hand wies er gleich auf die nächste:

»Dahinten, das muss die von 1951 sein. Da war ich zum letzten Mal mit meinem Großvater hier«, sagte er.

Oder etwas Ähnliches. Also riss ich mich zusammen und stapfte weiter neben ihm her. Wer mag schon einem Mann seinen Spaß verderben, der einen gerade erst in den Clan aufgenommen hat. Außerdem war Bernhard dreißig Jahre älter als ich. Da würde ich doch wohl mithalten können!

Geschichte reihte sich an Geschichte, Schmerz an Schmerz, bis wir am Ende der Gletscherzunge ankamen. Die Frauen warteten auf uns.

»Ins Eis wollt ihr aber nicht, oder?«, fragte Verena und schaute unauffällig auf ihre Schuhe, die ungefähr ein bis zwei meiner durchschnittlichen Wochenverdienste gekostet haben dürften. Bernhard folgte mit seinem Blick dem Eis, das sich bis auf viertausend Meter Höhe erstreckte.

»Nein. Es macht mich jedes Mal traurig, wenn ich sehe, wie viel schon abgeschmolzen ist«, sagte er.

»Irgendwann sieht man nur noch die grauen Felsen«, bestätigte Verena und schüttelte den Kopf. Keiner der beiden war auf einer Alm geboren worden. Beide wohnten seit Jahrzehnten in Basel, direkt an der deutschen Grenze. Und doch sah man ihnen deutlich an, dass hier vor ihren Augen ein Stück Lebenserinnerung und Nationalgefühl wegtaute. Sie wirkten einen Zentimeter kleiner und unmerklich gebeugt, als sie sich ins Tal wandten.

Bergab, dachte ich, als mein rechter Fuß beim ersten Schritt zum Parkplatz umknickte. Ins Tal, dachte ich beim zweiten Schritt. Dass wir in der letzten Stunde zweihundert Höhenmeter, eventuell sogar mehr, überwunden hatten, war mir gar nicht aufgefallen. Nun hämmerte mir mein Sprunggelenk dieses Faktum unmissverständlich und geradezu humorlos ein.

Jedes Auftreten mit rechts jagte mir einen Schmerz vom Fußknöchel bis hinters Ohr.

Die Frauen – ich glaube, sie besprachen wieder eine Familienangelegenheit – waren binnen Minuten außer Hörweite.

Nach hundert Metern tat mir mein Knöchel so weh, dass ich mich auf einen Baumstumpf hockte.

»Moment mal, Bernhard. Mein Schnürsenkel ist auf.«

Fünfzig Meter weiter ließ ich mich auf den nächsten Stumpf fallen.

»Schon wieder auf. Kann ich denn nicht mal mehr Schuhe zubinden?!«

»Aha«, machte Bernhard. Hörte auf zu reden und betrachtete aufmerksam meine Füße. Die Frauen waren mittlerweile so weit voraus, dass wir sie nur noch sehen konnten, wenn sich der Weg nach einer Kurve wieder in unser Gesichtsfeld schlängelte.

»Alles in Ordnung?«, fragte Bernhard.

Ich schüttelte den Kopf. Der Schmerz hämmerte mittlerweile von unten gegen meine Fontanelle und presste mir die Tränen aus den Augen. Bernhard suchte nach seinem Handy.

»Soll ich die Bergwacht anrufen? Die dürfen den Weg hier hochfahren.«

»Auf keinen Fall«, entschied ich. Lieber wollte ich auf dem Hintern den Schnee runterrutschen und auf den Knien über den Schotter kriechen, als mich von der Bergwacht bis zum Treffpunkt bringen zu lassen. Bernhard nickte. Dann stellte er sich links vor mich.

»Leg die Hand auf meine Schulter. Ich bin nicht mehr jung, aber noch leidlich stabil.«

Bis zu der Gaststätte am Parkplatz verloren wir eine halbe Stunde auf Verena und Susann. Mehrfach in dieser Zeit gelang es dem Schmerz, ein bisschen Wasser aus meinen Augen zu drücken. Bernhard sah sich während der ganzen Zeit nicht ein einziges Mal um. Wenn er ein besonders lautes Schnaufen von mir hörte, begann er über irgendwas zu reden.

Meine Freundin sah mich an wie ein Gespenst, als wir die Gaststätte betraten, wo sie mit ihrer Mutter wartete.

»Bin umgeknickt«, sagte ich.

»Da sind überall Schlaglöcher«, bestätigte Bernhard.

»Nimm erst mal eine Schmerztablette, dann gehen wir zum Arzt«, beharrte Susann.

»Quatsch«, unterband ich. »Wie fahren gleich ins Hotel. Dann lege ich das Bein hoch, und bis zum Abendessen ist es wieder besser.«

»Die Schlaglöcher werden ja jedes Jahr mehr«, meldete Bernhard sich zu Wort. »Das kommt von dem Tauwasser, das vom Ende der Gletscherzunge …«

Seine Erklärung dauerte bestimmt drei Minuten, in denen kein anderer am Tisch zu Wort kam. Als wir ausgetrunken hatten, fuhr Bernhard das Auto so nahe an die Eingangstür, dass ich von der kleinen Eingangstreppe quasi auf meinen Platz fiel.

In den letzten Tagen hatte ich mich oft über seinen Wortschwall amüsiert. Aber gerade eben, über fünfzig Jahre nach seinem ersten Besuch auf dem Morteratsch, war er genau am richtigen Platz gewesen.

Eine Tür knallte. Ich zuckte zusammen. Wie lange schaute ich schon aus dem Fenster? War ich vielleicht sogar eingeschlafen, mit meinem Kaffeebecher in der Hand? Vor dem Trailerhotel, hier in Rachel/Nevada, wurde es jedenfalls langsam dunkel. Von Susann und Thomas keine Spur, aber das verwunderte mich nicht. Susann saß gern irgendwo und schrieb, bis die letzte Seite eines Heftes voll war. Und was Thomas anging: In einigen Minuten würde die sogenannte »Blaue Stunde« beginnen. Die Zeit, in der die Sonne knapp unterhalb des Horizonts steht. Wenn das Tageslicht noch nicht ganz vergangen ist und die Flecken des Kunstlichts sich warm in die beginnende Dunkelheit schmiegen. Noch nie hatte ich einen Fotografen kennen gelernt, dem das Licht der Blauen Stunde nicht am liebsten war. Andererseits hatte ich auch noch nie einen Fotografen kennen gelernt, der diese Zeit genießen konnte. Sie dauert nämlich je nach Breitengrad nur ein bis höchstens drei Viertelstunden. Das heißt, dass man keine Sekunde Pause machen darf, weil jedes Motiv sich in jeder Minute verändert und weil jeder Schuss in der Blauen Stunde ein Bild bringen könnte, dass man für teures Geld auf die Titelseiten von Hochglanzmagazinen verkaufen kann.

Vielleicht hat Albert Camus recht und wir müssen uns Sisyphos als glücklichen Menschen vorstellen. Ein Fotograf in der Blauen Stunde jedoch ist ein mitleiderregendes Wesen. Am besten, man lässt ihn seiner Wege gehen.

Dass die Blaue Stunde hier in der Wüste schön war, dass erkannte ich auch, ohne Fotograf zu sein. Also ging ich ein paar Schritte vor den Trailer und schaute in den Himmel, an dem gerade die ersten Sterne ihren Dienst antraten. Aus Richtung des Little A'Le'Inn quäkte Musik herüber. Übler Mainstream-Rock, der manchmal für Sekunden lauter wurde, wenn die Tür sich öffnete. Wahrscheinlich schlossen sie gerade, und die letzten Gäste verschwanden zu ihren Behausungen. Dann hörte auch das auf.

Ich konzentrierte mich auf die Ruhe. Hörte ein bisschen meinem Atem zu. Seit wann raschelte der eigentlich so seltsam? Plötzlich begann es, dazu leise zu zischen. Das war definitiv nicht mein Atem. Und da es mitten in der Wüste keine defekten Heizungsrohre geben konnte, musste das Geräusch von einem Tier kommen. Einer Schlange? Zum Trailereingang waren es zwei Schritte, und um mich herum war nur Sand. Der nächste Strauch, in dem sich die Schlange verstecken konnte, war mindestens vier Meter entfernt. Keine Gefahr also. Aber ich hatte auch keine Lust, mich aus dieser angenehmen, weichen Wüstenluft zurück in den Wagen vertreiben zu lassen. Von einer Schlange, über die ich erstens nicht wusste, ob sie giftig, und zweitens, ob sie überhaupt da war. Also machte ich das, was Führer mir auf Reisen immer wieder empfohlen hatten: Krach.

»Hau ab, Schlange!«, rief ich ins Nichts. Nahm eine Hand voll Sand vom Boden und warf ihn in Richtung des kleinen vertrockneten Strauchs. Dann stampfte ich mit den Füßen auf. Abwechselnd. Als ich den rechten nahm, knickte ich ein bisschen zur Seite um. »Aua!«, entfuhr es mir halblaut.

»Was machst du denn für einen Lärm, Kollege? Du weckst noch die Aliens.«

Thomas und Susann standen hinter mir. Wir sahen noch bisschen zusammen in den Himmel, und dann erklärten wir den Tag für beendet.

Am nächsten Vormittag fuhren wir ins Death Valley, den heißesten Ort des Kontinents. Jetzt, Mitte Juli, hatte selbst die Klimaanlage zwischen dem Salzsee von Badwater und Death Valley Junction Schwierigkeiten, für eine Temperatur zu sorgen, bei der man halbwegs geradeaus denken konnte.

Als das Thermometer eine Außentemperatur von 124 Grad Fahrenheit anzeigte, also etwa 52 Grad Celsius, war die Idee einfach da. Die Sonne prügelte auf das Tal, wie ich es noch nie erlebt hatte. Der Boden links und rechts der Straße sah aus wie eine Mischung aus Wüste, Salzsee und schwerer Hauterkrankung. War es Susann, die sie aussprach?

»Wollen wir anhalten und picknicken?«

»Bist du wahnsinnig, Weib?!«, wagte ich einen schüchternen Protest.

»Komm, das machen wir!« Auch das Gehirn von Thomas hatte in der Hitze scheinbar Schaden genommen. »Ihr werft eine Decke auf den Boden, legt ein bisschen was aus der Kühlbox drauf, haltet das Thermometer ins Bild, und ich drücke kurz ab. Das Foto wird sensationell!«

Damit war es entschieden. Folgsam gab ich ein paar Sachen aus der Kühlbox nach vorn. Die beiden Geistesgestörten auf dem Vordersitz suchten nach einer passenden Stelle.

»Da!« Susann zeigte auf den Straßenrand. Neben einer eingetrockneten Salzpfütze lag ein Tierskelett. »Romantischer kann es nicht werden.«

»Gut.« Thomas bremste scharf. Dann öffneten wir die Tür.

52 Grad Celsius hörten sich gar nicht so schlimm an. Jeder Saunagänger ist Schlimmeres gewohnt. Aber Saunas sind überdacht und niemals so salztrocken wie das Death Valley. Außerdem musste man in ihnen keine Stofffetzen oder Pulloverärmel über die Handflächen ziehen, wenn man den Boden berührte. Hier konnte man sich Brandblasen holen. Oder am Asphalt festkleben. Doch etwas anderes erschien mir noch viel absurder.

»Sagt mal – friert ihr auch?«, fragte ich, als ich nach einigen Momenten im Freien erschauerte.

»Ja«, nickte Susann. »Ich dachte schon, dass ich Fieber habe.«

Eigentlich war es ganz logisch. Bei 52 Grad Celsius und marginaler Luftfeuchtigkeit lässt der Körper seine Kühlung auf höchstmöglicher Stufe laufen. So oft wie möglich stößt er Schweiß auf die Hautoberfläche. Da der sofort verdunstet, spürt man die Verdunstungskälte. So kommt es zu dem völlig absurd erscheinenden Effekt, dass man bei mörderischer Hitze friert.

»Jetzt aber mal los«, drängte unser Fotograf.

Susann und ich machten ein paar Faxen. Prosteten uns mit den Getränkedosen zu. Eigentlich waren 52 Grad Celsius gar nicht so schlimm. Auch der MS schienen sie nichts auszumachen. Dachte ich. Bis ich beim Aufstehen fast auf den Rücken fiel. Mühevoll ließ ich mich auf die Rückbank des Wagens fallen.

Zum Abschluss unserer Sommerreise durch die USA wollten Susann, Thomas und ich uns noch einen Traum erfüllen. In der kommenden Woche würden wir von Chicago aus die Heimreise nach Deutschland antreten. Die Zeit dazwischen hatten wir uns reserviert. Wir alle waren Filmfans. Wir alle liebten Roadmovies. Warum, so hatten wir uns gedacht, sollten wir nicht unser eigenes Roadmovie inszenieren? Eine Woche lang wollten wir morgens ins Auto steigen, ohne zu wissen, wo wir abends schlafen würden. Durch Nebraska, Iowa und Illinois fahren. Durch den Teil der USA also, den man aus den Western kennt. Den seine Bewohner »Heartland« nennen und alle anderen »Fly-over-country«. Gleich weit entfernt von den Metropolen der Ost- und der Westküste. Wo John Wayne geboren wurde. Wo auf einen Menschen vier Rinder kommen.

Ein seltsames Niemandsland schien diese Gegend zu sein. Keiner unserer Freunde oder Kollegen war jemals dort gewesen. Deswegen fuhren wir hindurch.

Tracy war ungefähr 28 Jahre alt und wog gut zwei Zentner. Sie arbeitete als Managerin der »Lakeway Lodge« am Ortsrand von Ogallala/Nebraska. Montags bis sonntags, von sieben Uhr morgens bis zehn Uhr abends. Auf der anderen Seite des Tresens stand gerade ich vor ihr.

»Was passiert, wenn mal jemand mit dir ausgehen möchte?«, wollte ich wissen, als ich mir die Schlüssel für unsere Zimmer geben ließ.

Tracy grinste schief.

»Wenn es wichtig ist, kommt meine Mutter und springt ein.«

Vielleicht grinste sie auch deshalb schief, weil sie die Frage nicht verstand. Immerhin war sie Managerin, da arbeitet man eben ein bisschen mehr.

Wären die Handtücher, die Tracy mir zusammen mit den Schlüsseln reichte, politische Gefangene gewesen, dann hätte man angesichts ihres Zustands dringend Amnesty international informieren müssen. Beim Inspizieren unseres Doppelzimmers machten Susann und ich eine erstaunliche Entdeckung: Dass ein jahrzehntelang tropfender Wasserhahn Löcher in das Waschbecken unter ihm schlagen konnte, war uns bislang unbekannt gewesen. Doch das Zimmer in der Lakeway Lodge kostete uns lächerliche 25 Dollar pro Nacht, da wollten wir nicht meckern. Als wir ins Bett gingen und dabei peinlich genau darauf achteten, immer ein Stück Laken zwischen uns und der fleckigen Matratze zu haben, klopfte es noch einmal. Thomas stand vor der Tür, bleich im Gesicht.

»Da sind rote Flecken an der Wand. Eingetrocknetes Blut«, stammelte er. Sein Versuch, spät am Abend ein anderes Zimmer zu bekommen, scheiterte jedoch. Irgendwann hatte eben auch Tracy mal Feierabend.

Junge Leute wie Tracy sollten wir in den nächsten Tagen einige kennen lernen. Menschen, die sich trotz ihrer Jugend damit abgefunden hatten, in dieser gottverlassenen Gegend geboren zu sein, hier zu leben und hier zu sterben. Das »Landleben« im Mittleren Westen der USA hat herzlich wenig zu tun mit Old MacDonald und seiner Farm. Es heißt, in Kaffs von einigen hundert bis wenigen tausend Menschen zu leben und direkt vor der Haustür Schnellstraßenkreuzungen zu haben. Von Maisfeldern und Tierzuchthallen umstellt zu sein. Es heißt, sich abends mit einigen anderen Schülern in einem Multiplexkino oder in einem Schnellrestaurant auf der Commercial Road zu treffen. Mit 22 Jahren Ehemann oder Mutter zu werden.

Wenige Tage und einen Staat später gingen wir drei um zehn Uhr nachts in einen der gigantischen Supermärkte, die rund um die Uhr geöffnet sind. Indianola/Iowa hieß das

Städtchen, und um zu verstehen, warum es dort ein Kaufhaus mit 24 Kassen gibt, von denen auch gegen Mitternacht noch 8 geöffnet sind, muss man wahrscheinlich Amerikaner sein.

Nach einigen Minuten in dieser Neonwelt ließ ich die beiden anderen vorgehen. Sie waren hungrig und wollten ins Motel. Schnell gab ich auf, mit ihnen Schritt halten zu wollen. Stopfte ein paar Süßigkeiten und zwei Dosen Rootbeer in meinen Einkaufskorb und beschloss, am Ausgang auf sie zu warten.

Die Kassen waren noch mindestens zehn Meter entfernt, als mir eine junge Verkäuferin zulächelte. Offenbar war ihr so langweilig, dass sie ihren Arbeitsplatz verlassen hatte, um auf Kundenjagd zu gehen. Damit das endlose Warten auf den Feierabend wenigstens durch ein bisschen Kassieren verkürzt wurde.

»Hallo«, grüßte sie. Und als sie sah, dass ich mich an einem Regal abstützte: »Kann ich dir helfen?«

»Nicht nötig.«

»Na gut, dann komm mal mit.«

Ihr Haar war pechschwarz gefärbt, genau wie ihre Augenbrauen und ihre Fingernägel. Unter den Trägern ihrer grünen Dienstschürze trug sie das T-Shirt einer Band, die »Death« in ihrem Namen hatte. Sie hatte sich dem Würgegriff der Provinz noch nicht ergeben. Es rührte mich zu Tränen.

»Dich habe ich hier noch nie gesehen. Du bist nicht von hier?«

»Nein«, gab ich zu. »Wir sind auf der Durchreise. Meine Freunde und ich haben beschlossen, hier in der Stadt zu übernachten.«

»Ihr findet es also hübsch hier?!« Ihre Augen sahen plötzlich hoffnungsvoll und ungläubig zugleich aus.

»Ja«, sagte ich. Das war eine der fünf schlimmsten Lügen meines Lebens. Irgendwie wollte ich ihr etwas Gutes tun, aber ich wusste nicht was. In einer seltsamen Übersprungshandlung kaufte ich am nächsten Tag einen Magnet in der Form Iowas, auf dem »Indianola« stand. Nicht einmal die Souvenirs hatten Stil in diesem Teil Amerikas. Bis heute hängt er an meinem Kühlschrank.

Bevor wir in Indianola ankommen würden, mussten wir noch Nebraska durchqueren. Einen Staat, halb so groß wie die alte Bundesrepublik, aber nur mit knapp zwei Millionen Einwohnern. Die einzige Stadt, von der ich zuvor jemals etwas gehört hatte, hieß Omaha und lag an der östlichen Grenze. Hunderte Meilen von Ogallala entfernt. Wir fuhren den ganzen nächsten Tag lang.

Schon wenige Meilen hinter Ogallala begann die Landschaft, für die Nebraska bekannt ist: Die Sandhills. Von Horizont zu Horizont erstrecken sich hier grasbedeckte Dünen. Es sah aus, als hätte jemand versucht, mitten in der Wüste einen Golfplatz anzulegen – doch die Halme krallten sich in nur wenige Zentimeter Erdkrume. Ein kräftiger Regenguss hätte ausgereicht, sie abzutragen.

Bis ins späte 19. Jahrhundert waren die Sandhills unbesiedelt. Während eines Blizzards im Jahr 1888 kam es in einer Rinderherde, die von Texas nach Norden getrieben wurde, zur Stampede. Die Tiere verschwanden in der Graswüste und galten als verloren. Erst Jahre später wagten ein paar verwegene Cowboys, nach ihnen zu suchen. Und stellten fest: Die Rinder lebten nicht nur, sondern hatten sich mit anderen entlaufenen Tieren zu mächtigen verwilderten Herden gesammelt, die frei durch die Sandhills streunten. Nun kamen Siedler ins Land und nahmen die herrenlosen Tiere in Besitz, indem sie ihre Weidegründe einzäunten.

Bis heute ist das Leben in den Sandhills hart. Im Sommer können die Temperaturen um die 40 Grad Celsius erreichen. Um im Herbst plötzlich auf 20 Grad minus und tiefer zu stürzen. Fünf Monate lang dauert der Winter, in dem der Schnee so hoch auf den Straßen liegt, dass man sie nur noch per Raupenfahrzeug befahren kann.

Gegen Abend erreichten wir Burwell. 2000 Einwohner hat diese Metropole von Zentralnebraska. Jedes Jahr im Juli ist sie wegen des Rodeos überlaufen, doch jetzt fanden wir ohne weiteres Betten in einem Motel an der Hauptstraße.

Vor der Tür war es schon ganz dunkel geworden, und wir gingen ins nächstgelegene Steakhaus, um zu essen. Rund um den Hauptplatz von Burwell standen hübsche kleine Häuser. Die Fundamente waren aus Stein, Aufbauten und Verschalungen aus Holz. Aus den Fenstern strömte gelbes warmes Licht, in dem man Staubkörner tanzen sah. Ein leichter Wind trug den Grasgeruch der Sandhills heran. Thomas packte seine Kamera aus und machte ein paar Bilder von dieser Idylle. Nach wenigen Minuten rollte ein Wagen um die Ecke. Polizei. Ein Sheriff stieg aus. Lächelnd, aber mit der rechten Hand in der Nähe des aufgeknöpften Pistolenhalfters, kam er auf uns zu.

»Hey, guys«, begrüßte er uns. »M'am« – für Susann tippte er an die Krempe seines Huts. Ein Gentleman nach Art des Mittleren Westens offenbar.

»Wir haben gerade einen Anruf bekommen, dass Fremde sich auf dem Platz aufhalten«, fuhr er bedächtig fort. »Was machen Sie hier?«

In Deutschland hätte ich bei so einer Vorlage einen blöden Witz gemacht, in dem Wörter wie »Taliban« und »die Post sprengen« vorgekommen wären. Aber hier? Wenn der Mann mit der Hand an der Waffe keinen Spaß verstand, war ich binnen fünf Minuten im Gefängnis. Oder binnen fünf Sekunden tot. Meine beiden Mitreisenden sahen das genauso.

»Wir machen Fotos«, gestand Thomas.

»So was wie hier gibt es in Europa nicht«, ergänzte Susann.

Der Sheriff war geschmeichelt. Schaute sich um. Nach einer Weile intensiven Nachdenkens konnte er scheinbar kein Vergehen finden, dessen wir uns schuldig machten. Dann zeigte er auf unseren Wagen. Den einzigen, der um diese Zeit auf dem Platz geparkt war. »Ihr Auto steht auf einem Behindertenparkplatz«, mahnte er. »Stellen sie den bitte sofort um, sonst muss ich Ihnen einen Strafzettel geben.« Eilfertig stieg Thomas ein und verschob den Wagen um dreißig Zentimeter. Der Sheriff grüßte lässig und fuhr weg. Ein gutes Gefühl, wenn die Ordnung wiederhergestellt ist.

»Andaquarter andahalf – andaquarter andafuullllfiive! Andaquarter andahalf – andaquarter andafuulllsixxx!«

Was am nächsten Tag in der Auktionshalle des Ortes Bassett geschah, war für Außenstehende nur in gröbsten Zügen zu verstehen. Fest stand: Auf den Rängen eines kleinen Amphitheaters saßen etwa zwei Dutzend Männer. Alle trugen entweder Cowboyhut und Boots oder Baseballkappe und schwere Arbeitsschuhe. Von Zeit zu Zeit wurden einige Rinder unter Peitschengeknall in die Arena getrieben. Auf einer Anzeigetafel erschienen kryptische Zahlen, und der Auktionator leierte in irrsinniger Geschwindigkeit Laute herunter, die wohl Preise sein sollten. Die Männer schauten auf die Rinder. Kratzten sich am Knie oder wedelten Fliegen weg. Plötzlich hörte der Auktionator auf zu leiern, und die nächste Herde wurde hereingeführt. Wer hier wie sein Gebot abgegeben hatte, war nicht auszumachen. Oder war als Gebot akzeptiert worden, dass der Mann im Karohemd zwei Reihen vor mir sich die Schuhe zugebunden hatte? Aber warum war dann übersehen worden, dass der Mann mit dem durchgeschwitzten Hutband wenige Sitze neben ihm sich Luft zufächelte? Allerdings schienen die Männer sich lange zu kennen, also würde schon alles seine Richtigkeit haben.

Vor der Halle staubte Bassett in der Nachmittagssonne vor sich hin. Nach der relativen Kühle der Halle schlug mir die Hitze mitten ins Gesicht, obwohl ich mir inzwischen einen Stohhut zugelegt hatte, der aussah wie ein billig nachgebauter Stetson, und meine Augen hinter einer tiefdunklen Sonnenbrille verbarg. Ein durchaus zweischneidiges Schwert. Einerseits war ich geschützt vor den Sonnenstrahlen, die immer direkt in mein Gehirn zu stechen und dort ein Durcheinander anzurichten schienen. Andererseits veränderte die Sonnenbrille, wie bei jedem anderen Menschen auch, mein Gesichtsfeld etwas. Nur mussten andere Menschen nicht vor jeder Bordsteinkante zentimetergenau zielen, damit sie nicht umknickten und stürzten. In größeren Städten konnte ich also eine Sonnenbrille nicht gebrauchen. Lieber blieb ich alle zwei Minuten stehen und schloss die Augen, damit sich die Verwirrung in meinen Synapsen ein wenig legte.

So dauerte es einige Zeit, bis ich die wenigen hundert Meter zum einzigen Hotel dieses 712-Seelen-Örtchens zurückgelegt hatte. Die »Bassett Lodge and Range Café«, ein zweistöckiges Gebäude, das mit einer gerundeten Ecke den Abschluss seines Straßenblocks bildete oder, genauer gesagt: nicht nur den Abschluss, sondern den gesamten Block bildete, war uns bei der Durchfahrt aufgefallen. Es sah viel zu stylish aus, um hier mitten in der Einöde zu stehen. Wir hatten beschlossen, unsere heutige Tagesreise schon nach drei Stunden an diesem seltsamen Ort enden zu lassen. Ohnehin war gerade Zeit für die Mittagspause gewesen. Bei Kaffee und Pfannkuchen schien sich der Eindruck zu bestätigen. Offensichtlich war hier ein Deli aus den 1950ern liebevoll nachgebaut worden, mit einem Tresen wie auf einem Edward-Hopper-Gemälde und Singleschallplatten an der Wand.

Doch irgendwann kam Mike an unseren Tisch. Ein Mittfünfziger mit Brille und gestutztem Haar. Der Besitzer der

Lodge, angelockt von unserem Gespräch in deutscher Sprache.

»Das alles hier sieht nicht aus wie aus den 50ern. Das *ist* aus den 50ern«, erklärte er nicht ohne Stolz.

Die Bassett Lodge wurde 1951 eröffnet und nie renoviert. Bis vor einigen Jahren Mike aus Denver kam. Dessen deutlich älterer Freund stammte aus Bassett und wollte zurück in die Heimat, um seinen Lebensabend hier zu verbringen. Mike kam der Liebe wegen mit. Als er die Lodge sah, bekam er vor Freude fast einen Herzanfall. Er ließ das Interieur im Café genauso, wie es war. Auch die Zimmer mit ihren tiefen Teppichen und wild gemusterten Tapeten, die aussahen wie aus einem Film von David Lynch oder den Coen-Brüdern, ließ er unverändert. Gerade wurde die Lodge mit Privatgeldern sehr vorsichtig renoviert. 3500 Dollar kostete die Patenschaft für ein einzelnes Zimmer, und tatsächlich verkündeten etliche Schilder mit Mäzenatennamen an den Türen, dass dieses Geschäft funktionierte.

Abends, als wir vor dem Café an der Straße saßen, gesellten sich Mikes Kellner Damian und dessen Kumpel Jeff zu uns. Beide waren achtzehn, und weil heute wenig los war, gab Mike ihnen früher Feierabend. Beide gingen noch bis zum Sommer in die Schule. Jeff spielte Gitarre und wollte später Musiklehrer werden. Damian zeichnete. Davon zu leben war sein Traum. Beide zusammen hatten eine Rockband, die manchmal auf Partys in der Umgebung spielte.

»Und nach dem Abschluss geht es fort von hier, nach Denver oder Chicago?«, mutmaßte Susann.

Beide winkten gleichzeitig und entschieden ab. Warum, erfuhr ich ein paar Minuten später. Als ich erzählte, dass ich auch aus der düsteren Provinz kam, von der Nordsee, aus einem Kaff mit sechzigtausend Einwohnern, zuckte Damian zusammen. »Wow, sechzigtausend. Das wäre mir viel zu groß!«

Während unseres Gesprächs fuhren immer wieder Autos im Schritttempo an der Lodge vorbei. Natürlich schaute auch hier der Sheriff nach uns. Zwei Kahlköpfe und eine unbekannte Frau waren in der Stadt – kein Wunder, dass der Mann nach dem Rechten sehen musste, um sein Gemeinwesen zu schützen! Aber auch andere Wagen sahen wir drei- oder viermal.

»Die wollen euch nur mal angucken«, erklärte Damian. »Fremde sind hier selten.« Dann schaute er auf die Uhr. Schon kurz nach zehn! Höchste Zeit, ins Bett zu gehen!

Am nächsten Tag waren wir in Omaha. 250000 Einwohner! Wir machten richtig einen drauf. Mindestens bis viertel nach elf!

Als wir uns am Ende des Abends ins Auto setzten, um ins Hotel zu fahren, warf Thomas einen kurzen Blick auf die Straßenkarte. Stutzte und schaute noch mal.

»Ist euch eigentlich klar, dass wir übermorgen früh von Chicago nach Deutschland fliegen, aber immer noch gut 700 Kilometer vom Flughafen entfernt sind?«

Was blieb uns übrig? Wir standen früh auf und stoppten so selten wie möglich. Mehrfach schworen wir uns unterwegs, beim nächsten Mal eine Karte mitzunehmen, deren Maßstab nicht so trügerisch klein war.

Post aus Japan

Wenn ich von einer mehrwöchigen Reise nach Hause kam, verbrachte ich normalerweise die ersten Stunden damit, mich um die Post zu kümmern. Ich zahlte überfällige Rechnungen. Warf circa fünf Kilo Werbung in den Papiermüll oder eilte mit schlechtem Gewissen ans Telefon, um Dinge zu klären, die ich vor der Abreise versprochen, aber im Trubel der Vorbereitungen vergessen hatte.

Diesmal war es anders. Mitten in dem Wust aus Post lag ein Umschlag aus gelb-rotem Papier. Aufgegeben worden war er in Japan, den Absendernamen kannte ich nicht. Neugierig riss ich den Umschlag auf und las:

Lieber Knud,
Mein Name ist Hiromi, ich wohne in Osaka/Japan.

Ich habe Deine Adresse von Claudia bekommen. Von März 1989 bis Januar 1995 habe ich in Deutschland gelebt. Ich habe Claudia an der Uni in Hamburg kennen gelernt. Sie hat mir gesagt, dass ich mich mit Dir über unsere Krankheit austauschen kann. Also erzähle ich Dir erst mal ein bisschen von mir.

Im Oktober 2003 wurde bei mir Multiple Sklerose diagnostiziert. Ich hatte seitdem über zwanzig Schübe, die verschiedene schwere Komplikationen hinterlassen haben. Besonders schlimm sind die Schmerzen in den Armen und Schultern.

Seit ich zur Vorbeugung weiterer Schübe Tropfen bekomme, habe ich keine Schübe mehr. Aber wegen der unheimlich starken Schmerzen kann ich selbständig nicht viel machen. Ich brauche Hilfe, um vom Bett aufzustehen, um mich ins Bett zu legen, zu essen, mich umzuziehen, usw.

Mein Körper, vor allem mein Oberkörper, fühlt sich an, als sei er sehr stark eingeschnürt. Das Sehfeld meines rechten Auges ist eingeschränkt. Ich bin pflegebedürftig. Viermal in der Woche bekomme ich Physiotherapie

Je mehr die Physiotherapeuten meine Hände bewegt haben, desto stärker wurden die Schmerzen. Ich war und bin unsicher, ob ich die Physiotherapie weitermachen soll. Doch ich musste etwas machen, egal wie weh es mir tat. Jeden Tag habe ich, im Bett liegend, zuerst meine Finger, dann meine Hände bewegt. Nach langer Zeit konnte ich endlich wieder mit meinem linken Zeigefinger meine Nase ertasten. Wow! Dann konnte ich bald wieder meine rechte Hand auf dem Tisch liegen lassen und sogar schreiben.

Ich habe verschiedene Medikamente gegen Schmerzen probiert, aber leider gibt es bisher keine, die die Schmerzen lindern.

Ich hoffe, dass alle Komplikationen weggehen und ich irgendwann ohne fremde Hilfe auskommen kann, und ich hoffe, dass es mir wieder besser gehen wird, damit ich wieder einmal nach Deutschland fliegen kann.

Es würde mich sehr freuen, mit Dir zu telefonieren und E-Mails auszutauschen.

Ich wünsche Dir alles Gute!

Hiromi

Nachdem ich diesen Brief gelesen hatte, stand ich vom Schreibtisch auf. Setzte mich wieder hin. Stand wieder auf. Die ersten Gedanken, die sich in meinem Hirn formten, waren rational. Stimmt, dachte ich. Wenige Tage vor der Abreise hatte ich auf der Straße meine Nachbarin Claudia aus dem vierten Stock getroffen. Spontan gingen wir zusammen einen Kaffee trinken. Sie hatte mich nach meinem unsicheren Gang gefragt. Ich antwortete wahrheitsgemäß, und Claudia erwähnte ihre kranke Freundin.

Dann stockten diese Gedanken. Stattdessen überflutete mich Grauen. Hiromi hatte ihre Diagnose zwei Monate nach mir bekommen. Und danach zwanzig Schübe, die sie ans Bett fesselten! Was hatte ich für ein Glück, dass die Entzündungen in meinem Hirn an anderen Stellen waren! Und was, wenn sich gerade jetzt ein Entzündungsherd bildete, der mich auch zu einem wehrlosen Wesen machen würde?!

Meine Beine gaben nach. Ich sackte vor meiner Büro-Ottomane auf die Knie. Stützte mich mit den Unterarmen darauf ab. Schluchzte, lachte und fürchtete mich gleichzeitig. Erst nach einer Stunde, als ich mich wieder beruhigt hatte, zeigte ich den Brief Susann. Darüber zu reden, schaffte ich erst einige Tage später.

Kurze Zeit darauf begann ich mit Hiromi Mails zu wechseln.

Meine nächste Reise trat ich erst mehrere Monate nach diesem Brief an. Weil ich in dieser Zeit ein neues Buch zu beenden hatte, gab es gute Gründe für diese ungewöhnlich lange Pause. Aber bis heute bin ich nicht sicher, ob ich die nicht vorgeschoben habe. Wollte ich vielleicht brav zu Hause bleiben, um mein Glück nicht herauszufordern? Diese Logik war absurd – Hiromi war ja brav zu Hause geblieben, und die Krankheit hatte sie trotzdem in die Knie gezwungen.

Erst nach langem Überlegen kam ich zu einer Erklärung für mein Verhalten: Bis zu diesem Brief von Hiromi hatte ich die Krankheit für mich exklusiv. Zwar wusste ich, dass auch andere da draußen an ihr litten, aber ich kannte niemanden von ihnen.

Nach dem Brief von Hiromi wusste ich sicher, dass von MS

nicht nur in irgendwelchen Texten geschrieben wurde, sondern dass auch echte Menschen sie hatten. Und zwar mit viel schlimmeren Symptomen, als ich sie bisher kannte.

Im Rückblick erscheint es mir logisch, dass meine nächste Reise nach Asien ging, dem Heimatkontinent meiner Leidensgenossin.

Taipeh – Alle Wünsche werden wahr

Der »101 Tower« ragte in der Mitte von Taipeh auf wie der Metalldorn eines Plattentellers. Schon beim Landeanflug konnten Thomas und ich ihn erkennen. Um das mit 509 Metern zur Zeit unseres Besuchs höchste Gebäude der Welt schien das Leben der Stadt zu kreisen. Natürlich begannen wir unseren Besuch hier, sobald wir das Gepäck im Hotel verstaut hatten. Auf der Besucherplattform des 101 Towers war man zwar noch mehr als einhundert Meter von der Spitze des Turms entfernt, konnte aber Taiwans Hauptstadt in ihrer gesamten Ausdehnung überblicken. Wenige Kilometer im Norden und Osten lagen die Strände des ostchinesischen Meers und des Pazifiks. Im Süden begannen die Gebirgszüge.

»Abe' pumpflig sein!«, hatte Minna uns eingeschärft. Mal wieder. Das tat sie jeden Tag mindestens dreimal. Minna war unsere Führerin, die uns eine Woche lang Taipeh zeigte. Dafür, dass sie noch nie außerhalb von Taiwan gewesen war und nur selten außerhalb ihrer Heimatstadt Taipeh, sprach sie außergewöhnlich gut deutsch. Nur bei Zungenbrechern wie »pünktlich« haperte es. Und da Menschen aus Ostasien die Laute L und R nicht unterscheiden können, ließ sie die Rs kurzerhand weg.

»Ich bin Minna«, hatte sich die kleine dralle, 48 Jahre alte Frau vorgestellt, nachdem wir am Flughafen unser Gepäck zu ihr und ihrem ewig mufflig blickenden Fahrer ins Auto gewuchtet hatten. »Abe' nicht die G'üne Minna, sonde'n Minna von Ba'nhelm.«

Seitdem holte sie uns jeden Morgen im Hotel ab und fuhr

mit uns bis zum Abend herum. Das war das erste Problem, das wir mit Minna hatten. Auf dem Rücksitz eines Autos erfährt man nichts über ein Land. Aber das war ihr nicht auszureden. Spätestens seit sie gemerkt hatte, dass ich nicht gut laufen konnte, ließ sie lieber den Fahrer sämtliche Verkehrsregeln brechen und direkt vor Restaurants, Museen und Tempeleingänge fahren, als mich auch nur einen Schritt zu viel gehen zu lassen. So hatten wir zwar jede erdenkliche Sehenswürdigkeit von Taipeh zu Gesicht bekommen, aber noch mit keinem Menschen geredet.

Unter Minnas Führung kamen wir natürlich nicht um die Besichtigung des Chiang-Kai-Shek-Memorials herum. Die Gedächnishalle an der Sinyi Road, in der der verdiente Tote, in Bronze gehauen, durch eine riesige Fensterfront über die Stadt schaut, ließ das Leipziger Völkerschlachtdenkmal wie eine Puppenstube wirken. Links und rechts von der Statue standen Wachmänner. Sie trugen polierte silberne Helme und verharrten in derart unnatürlicher, nach vorn gebeugter Haltung, dass sie sich krampfhaft auf ihr Gewehr stützen und stündlich abgelöst werden mussten, um nicht im Angesicht des Herrschenden zusammenzubrechen. Im Keller waren nicht nur Kriegsgemälde ausgestellt, sondern auch zwei von Kai-Sheks Autos. Spätestens hier drängte sich mal wieder die Frage auf, warum Alleinherrscher immer so einen katastrophalen Geschmack haben.

Die nächste Station war der Long-Shan-Tempel. Für viele Einwohner Taipehs war dieser Ort der spirituellste in der Stadt. Das pagodenähnliche Gebäude, vor dem ein künstlicher Wasserfall sprudelte, war mit unzähligen Drachen und anderen mythischen Figuren verziert. Im Innenhof befand sich eine Sammlung von Altären der einzelnen Götter. Die Hauptgöttin war die der Barmherzigkeit. Automatisch setzte ich mein ernstestes Kirchengesicht auf. Plötzlich stand Minna neben mir und knuffte mich in die Seite. Leise kichernd zeigte sie um sich. Mindestens hundert Einheimische besuchten gerade den Tempel, aber keiner schaute so freudlos wie ich. Auf den Tischen vor den einzelnen Altären stapelten sich die Opfergaben. Süßigkeiten, Orchideenblüten, duftendes Sandelholz.

»Die Opfe' müssen sta'k 'iechen, damit die Götte' sie beme'ken«, flüsterte Minna mir ins Ohr. Dann zeigte sie auf große goldene Öfen. Die Schalen, in denen das Sandelholz verbrannte, wurden von kleinen Figuren getragen. Ihre Kleidung war der von holländischen Kaufleuten nachempfunden. Da dies zeitweise eine holländische Kolonie gewesen war, mussten die einstigen Besatzer als Buße glühendes Metall stemmen.

Die nächsten Tage waren ein bisschen so, als wäre ich dreizehn Jahre alt und würde mit einer überfürsorglichen Mutter verreisen, die spürt, dass dies der letzte gemeinsame Urlaub ist. Sogar meine Unterwäsche wollte Minna in ihrer heimischen Waschmaschine reinigen. Obendrein legte sie eine veritable Sexbesessenheit an den Tag. Jeden Tag ließ sie den Fahrer bewusst langsam an Massagesalons der Altstadt Taipehs vorbeifahren. »Da d'in ist Massage. Ode' meh'«, pflegte sie jedes Mal zu sagen. Als der Fotograf und ich jedes Mal freundlich ablehnten, wurde sie am dritten Tag misstrauisch.

»In Taipeh sagen wi', wenn ein Mann ist imme' t'eu, dann stimmt mit ihm was nicht unten'um.« Danach griff sie zu ihrem Handy und arrangierte ein außerplanmäßiges Treffen mit einem Chi-Gong-Lehrer und seiner Trainingsgruppe. Dieser etwa sechzig Jahre alte Herr, der im Hauptberuf als Universitätsdozent arbeitete, so berichtete Minna auf dem Weg zum Treffpunkt, hätte neulich vor ihren und den Augen seiner Schüler ein 3000-Gramm-Gewicht mit einem Faden an seinen Penis gebunden, um es danach vom Boden hochzuheben.

»Nu' mit seine Konzent'ation und mit seine E'ektion!« Das Schauspiel hatte sie offenkundig begeistert. Seitdem nannten seine Schüler ihn »Miste' Steel«.

Mit diesem Vorwissen musste das Interview zu einer Katastrophe werden. Kaum waren wir am Treffpunkt in einem Innenstadtpark vorgefahren, verschanzten Thomas und ich uns vor der Chi-Gong-Gruppe in einem kleinen tempelähnlichen Unterstand. Flüsternd beschworen wir uns gegenseitig, die nächste halbe Stunde ohne pubertäres Gelächter hinter uns zu bringen. Solange das Training dauerte, klappte das auch leidlich. Jedenfalls dann, wenn Thomas nicht gerade mit seinem Kameraobjektiv direkt in Richtung Hose von Mister Steel zielte.

Als der nette ältere Mann dann vor mir stand, rang ich mir einige nichtssagende Fragen ab, von denen ich keine einzige mehr weiß. Ein bisschen war es so, als ob man mit einer Pornodarstellerin spricht und sich dabei bemüht, ihr nicht in den Ausschnitt zu glotzen. Ich flüchtete mich in ein starres Lächeln und verbot mir, den Blick tiefer als bis zum Kinn von Mr. Steel sinken zu lassen. Nach wenigen Minuten verabschiedete man uns unter tiefen Verbeugungen.

Im Auto spürten wir das ganze Ausmaß unserer Wut. Jeder von uns beiden war seit einem Jahrzehnt als Reporter auf der ganzen Welt unterwegs, und wir hatten es jetzt endgültig satt, uns rumkommandieren zu lassen. Aus dem Augenwinkel sah Thomas, dass ich so krampfhaft in einem Reiseführer blätterte, als ob ich seine Seiten einzeln ausreißen wollte. Er nickte mir zu und nahm ihn mir aus der Hand.

»Minna«, säuselte er. »Du hast lange nichts gegessen. Lass uns doch einfach an diesem Rao-He-Nachtmarkt raus. Dann kannst du Pause machen, und wir spazieren ein bisschen herum.«

Minna überlegte kurz. Ziemlich kurz. Mit der Aussicht auf

Essen konnte man sie ebenso ködern wie mit sexuellen Anspielungen oder schlüpfrigen Witzen. Sie gab dem Fahrer ein Signal. Kurz darauf hielt er an einem Tor, das quer über die Straße gebaut war und den Eingang des Marktes markierte. Der Rao-He-Markt. Sechsmal pro Woche von achtzehn Uhr bis Mitternacht geöffnet.

»Hie' in zwei Stunden. Abe' pumpflig sein!«

Thomas und ich verließen fluchtartig den Wagen. Nach ein paar Schritten blieb Thomas angewidert stehen. An einem der ersten Stände hinter dem Tor wurden Fischzungen und getrocknete Meeresfrüchte angeboten. Oder Quallen, frisch aus dem Wassereimer. Schlangen gab es auch, aber die konnte man hier nur für den nächsten Tag bestellen.

»Ich geh dann mal«, würgte Thomas hervor und verschwand im Gewimmel. Schon gestern war er grün geworden, als Minna uns eine regionale Spezialität vorsetzte: Nudelsuppe mit gekochter Rinderkniesehne. Weder die Krabben in Orangensauce noch der gezuckerte Schweinebauch, den sie dazu spendierte, hatten ein Lächeln auf seine Lippen zaubern können. Der Mann konnte einfach nichts ab!

Neben den Fischzungen befand sich ein Stand, der meine Aufmerksamkeit erregte: Hier wurden Kissen aller Art angeboten. Klassische Handarbeit der Region, Importware aus den USA und Europa. Aber auch eines, an dessen Schmalseite ein Katzengesicht aufgenäht war. An der Unterseite konnte man das ganze Kissen mit zwei Knöpfen so zusammenzurren, dass die vier Ecken wie plumpe niedliche Katzenbeine in alle vier Richtungen zeigten. So was konnte man eigentlich immer gebrauchen. Jedenfalls dann, wenn man wie meine Freundin Susann Plastikmadonnen aus aller Welt sammelte und über dem Bett das Ölporträt eines Pudels hängen hatte. Die Frage nach dem Souvenir für sie war damit also geklärt. Kaum hatte ich das Kissen in eine Plastiktüte gepackt und wollte mich wieder in die schlendernde Menge einfädeln, teilte sich wenige Meter vor mir der Strom der Passanten. Als ich näher kam, sah ich, dass die Menschen einem Wesen am Boden auswichen.

Beim ersten Anblick erschrak ich. Auf dem Pflaster bewegte sich etwas fort, das aussah wie ein grotesk großer Seestern. Oder eine Spinne, der man etliche Beine ausgerissen hat. Dann merkte ich: Es handelte sich um einen Mann, der sich, auf seinen Unterarmen abgestützt, voranzog. Sein rechtes Bein unterstützte diese Bewegung, indem es im rechten Winkel über den Boden rieb. Das linke Bein schleifte er einfach hinterher. Ab und zu zuckte es ein bisschen. Als ob es zu helfen versuchte, so gut es eben ging.

Wie viele Leute um mich herum wollte auch ich an dem Mann vorbeigehen, ohne ihn anzustarren. Eigentlich starrten auch nur die Touristen. Einige zückten sogar ihre Kameras oder Fotohandys. Auch für mich war die Versuchung, die aus diesem bizarren Szenario erwuchs, einfach zu groß. Ich blieb stehen.

Die Bewegungen des Mannes hatten etwas Kontrolliertes, Planvolles. Seine Gliedmaßen bewegten sich in der immer gleichen Reihenfolge. Als er sich auf den Bürgersteig vor mir hievte, sah ich, dass er für seine Lage zweckmäßig gekleidet war. Die Beine steckten in einer robusten, blau-grau gestreiften Baumwollhose. Das knopflose Hemd mit weitem Ausschnitt sah genau so robust aus wie die festen Schuhe. Unter Ellbogen und Oberschenkel waren zum Schutz Polster genäht. Auf dem Rücken trug er einen Rucksack. Alle Kleider waren gewaschen und bis auf einige Schleifspuren und Flecke unbeschädigt.

Als der Mann die Bordsteinkante überwunden hatte, fiel mir auf, dass etliche einheimisch aussehende Passanten ihn grüßten. Nicht etwa mitleidig, sondern wie einen Nachbarn, den man öfter mal im Viertel sieht. Auch der Obsthändler am Stand, den der Mann nun erreichte, grüßte ihn freundlich und nahm ihm den Rucksack ab. Auf Bestellung seines Kunden packte er ein paar Orangen und eine Melone ein. Die beiden plauderten ein bisschen, während der Händler den Rucksack wieder auf dem Rücken befestigte.

Noch immer stand ich ganz in der Nähe. Ein schrecklicher Gedanke stieg in mir auf: Der Mann da auf dem Boden – hatte er vielleicht dieselbe Krankheit wie ich? Nur weiter fortgeschritten oder mit einem anderen Verlauf? Und hatte dieser Mann sich vielleicht auch entschieden, sein Leben trotz der Krankheit so normal wie möglich zu führen? Nicht mit kleiner Rente hinter den Türen einer Heilanstalt zu verschwinden? Mit anderen Worten: Sah ich da unten am Boden vielleicht meine eigene Zukunft vor mir? Der Mann bemerkte, dass ich ihn anstarrte, und sah fragend zu mir hoch.

Ein paar Sekunden lang überlegte ich, ob ich grüßen sollte. Doch dazu war ich zu verwirrt. Ich drehte mich um und wollte so schnell wie möglich im Gewühl verschwinden. Dabei brachte mich der Bürgersteig, über den der Mann gerade gerobbt war, fast zu Fall. Nur weil zwei Passanten mich an den Schultern stützten, fiel ich nicht direkt neben meinen Leidensgenossen.

Wenn ich noch hätte rennen können – ich wäre gerannt. So stützte ich mich von Säule zu Säule entlang der Kolonnaden. Mehrere Leute hatten Glück, dass ich sie nicht einfach umrannte. Erst am beleuchteten Südtor des Marktes kam ich wieder einigermaßen zu mir. Neben einem Stand, an dem mit Kräutergelee und ebenfalls mit Fischzungen gehandelt wurde. Der Geruch war so schockierend, dass ich mitten im Schritt die Luft anhielt. Rund um den Stand knabberten Marktbesucher die eben gekauften Spezialitäten direkt aus zügig durchfettenden Papiertüten. Damit mir nicht schlecht wurde, drehte ich ihnen den Rücken zu und sah plötzlich einen Tempel vor mir.

Dunkelrot, übersät mit goldfarbenen Drachen, die aus der Fassade hervorzuschießen schienen wie die Schlangen aus dem Medusenhaupt. Sein Tor stand offen, der Eingang wurde von Fackeln beleuchtet. Der Tempel war der Göttin Machu geweiht, Schutzpatronin der Fischer. Spontan entschied ich, dass ein Reisereporter auch so was Ähnliches wie ein Fischer war. Immerhin fuhr ich auch manchmal über die Meere. Oder flog zumindest drüber. Ich hatte offenbar dringend spirituelle Hilfe nötig.

Der Innenraum war rot und roch nach Opferholz. Sandelholz, wenn meine Opferholzkenntnisse nicht trogen. Dafür, dass einige Meter entfernt das Markttreiben wuselte, war es hier eigentümlich ruhig. Und leer. Außer mir war auf den ersten Blick nur ein Mann in einem bodenlangen safranfarbenen Gewand zu sehen. Vermutlich ein Mönch dieses Tempels. Ein paarmal atmete ich tief aus. Ließ den Geruch und das beruhigende Dunkel wirken. Plötzlich spürte ich ein Zupfen am Jackenärmel. Und zuckte zusammen. Völlig lautlos war der Mönch zu mir getreten.

»Take these«, sagte er und hielt dabei zwei schwarze Kiesel hoch. Sie waren schon in meiner Hand, als ich merkte, dass es keine Steine, sondern schwarz lackiertes Holz war.

»Go over here«, wies er mir einen Platz in der Mitte des Tempels an. »Sprich ein kurzes Gebet. Dann wirf das Holz auf den Boden und denk an etwas, was du dir sehnlich wünschst.«

Beten. Tja. Manchmal in den letzten Jahrzehnten, wenn Verwandte beerdigt oder Freunde vermählt wurden, hatte ich mechanisch ein Vaterunser mitgesprochen. Aber sonst? Die leichten Hölzer fühlten sich plötzlich schwer an in der Hand. Dann kam mir ein Gedanke.

Ein Freund hatte mir empfohlen, ein kleines Gebet zu sprechen, wenn die MS sich besonders stark zeigte. Um die Gedanken zu beruhigen. Dann sollte ich mich irgendwo hinsetzen und mir selbst sagen: »Gott, gib mir die Gelassenheit / Dinge hinzunehmen, die ich nicht ändern kann / Den Mut / Dinge zu ändern, die ich ändern kann / Und die Weisheit / Das eine vom anderen zu unterscheiden.«

Hatte ich nie getan. Seit dem Konfirmandenunterricht hatte Gott bei mir nicht mehr viel zu melden gehabt. Aber jetzt konnte es nicht schaden. Sonst wäre der arme Mönch noch enttäuscht. Dreimal flüsterte ich die Zeilen und schüttelte dabei die Hand, als wären Würfel darin. Plötzlich war ein Wunsch in meinem Kopf. Meine Hand öffnete sich, und die Holzkiesel fielen zu Boden.

Wieder erschien der Mönch wie aus dem Nichts. Betrachtete die Kiesel. Sah zu mir auf.

»Du bist kein Buddhist, nicht wahr?«

»Nein.«

»Aber du bist ein ernsthafter Mann. Die Kiesel zeigen, dass eine höhere Macht in deinem Leben wirkt.«

Das wurde ja immer absurder hier. Was käme als Nächstes? Würde er eine Sammlung Plastikbuddhas zum Verkauf anbieten? Oder mir ein Brandzeichen verpassen?

Der Mönch stoppte vor einer einen Meter hohen Tonvase, die auf einem steinernen Podest stand. Sie war gefüllt mit Holzstäben, von denen man nur die obere Hälfte sah.

»Denk noch einmal an deinen Wunsch. Aber niemandem sagen. Dann wähl einen Stab und zieh ihn hervor.«

Wenn das hier eine Show war, dann war es eine wirklich gute. Nach einigen Momenten Konzentration reckte meine Hand sich wie von selbst nach vorn. Griff, ohne zu zögern, nach einem der Stäbe. Sie sahen alle gleich aus, doch in dieser Sekunde wusste ich genau, dass alle anderen Stäbe falsch waren. Beim Hervorziehen wurden Schriftzeichen sichtbar, die ans untere Ende gemalt waren.

Der Mönch zuckte zusammen, als er ihn sah.

»Das Königsorakel! Das habe ich in all meinen Jahren im Tempel noch nie gezogen.«

Mein Gesicht muss einem Fragezeichen recht ähnlich gesehen haben. Er fuchtelte aufgeregt mit den Händen.

»Machu ist mit dir. Alle Wünsche für dein Leben gehen in Erfüllung!«

Dann zog er mich weiter. Zu einem Tresen, der im hintersten, dunkelsten Teil des Tempels stand. Ein alter Mann wartete auf der anderen Seite vor einem mannshohen Schrank voller kleiner Schubladen.

»Bei guten Orakeln gibt es die Möglichkeit, eine kleine Spende zu geben.«

Dann verschwand er.

Darum war es also gegangen. Mit dem bisschen Hokuspokus hier finanzierten sie den Unterhalt des Tempels. Ein wenig Enttäuschung war in meiner Brust, als ich den Orakelstab und einen Schein auf den Tresen legte. Der alte Mann nahm dankend den Schein. Sah den Stab. Verbeugte sich kurz. Dann musste er ziemlich lange suchen, bis er die passende Schublade fand. Wahrscheinlich war er neu hier. Schließlich zog er einen Zettel aus dem Schrank hervor. Presste ihn gegen die Stirn und verbeugte sich schon wieder, als er ihn mir gab. Natürlich konnte ich nicht lesen, was darauf stand. Zur Sicherheit verbeugte ich mich auch kurz. Das sah der Alte aber nicht mehr, weil er den Stab zurück in die Vase steckte.

»No!« Die Stimme des Mönchs klang streng. Diesmal stand er neben zwei Jugendlichen. Vielleicht Schülern, vielleicht Studenten. Vielleicht aus Japan. Die Holzkiesel lagen zwischen den dreien auf dem Boden. Mit steifem Zeigefinger wies der Mönch auf den Boden. »Das Holz zeigt, dass Machu euch kein Orakel geben will.«

»Hören Sie, Herr.« Unter ruckartigen Verbeugungen zog der Junge sein Portemonnaie aus der Jackentasche. »Wir spenden auch etwas.«

»Nein. Ihr seid keine ernsthaften Menschen. Das zeigt das Holz.«

Grußlos ging ich an ihnen vorbei. Das Katzenkissen in der Hand, drückte ich mich an die nächste Kolonnadensäule. Was waren eigentlich die Wünsche ans Leben, die Machu mir erfüllen könnte? Als 13-jähriger Junge hatte ich mir immer gewünscht, einen Meter neunzig groß zu werden. Das hatte geklappt. Professioneller Autor in einer großen Stadt wollte ich sein. Auch das war eingetreten. Und die Blondine mit dem Pfund am rechten Fleck, mit der ich zusammen sein wollte? Ein Foto in meiner Brieftasche bewies, dass ich mir diesen Wunsch mit 30 Jahren erfüllt und seitdem nicht wieder aus der Hand gegeben hatte.

Immerhin konnte Machu ja noch den Wunsch erfüllen, den ich niemandem sagen durfte. Achselzuckend stieß ich mich von der Säule ab und humpelte in Richtung des Treffpunkts, der mit Minna ausgemacht war. Hätte ich mir damals mal Geld für ein anständiges Automatikauto und Gesundheit gewünscht. Aber so weit denken 13-Jährige einfach nicht.

Am dritten Tag verzichteten Thomas und ich am Abend auf Minnas Begleitung. Dazu bedurfte es allerdings einer Abschiedsszene, als wären wir Handwerksburschen, die ihr Elternhaus für eine dreijährige Wanderschaft verließen.

»Wa'um lasst ih' mich euch nicht helfen?«, fragte Minna mit piepsiger Stimme. Für einen Moment schien es sogar, als ob sie feuchte Augen hätte. Natürlich war das reine Manipulation. Natürlich machte sie das, weil sie in einem Staat wie

Taiwan über jede Stunde mit uns gegenüber ihren Vorgesetzten würde Rechenschaft ablegen müssen. Das Problem war nur: Wenn eine Frau mir gegenüber die Mitleidsmasche strickte, gab ich nur zu oft alle meine Prinzipien auf. Aber nicht Thomas.

»Minna, du machst heute frei, und wir sagen es nicht weiter«, entschied er mit fester Stimme. »Unsere Leser haben auch nicht alle eine Führerin. Die müssen doch wissen, wie man hier U-Bahn fährt oder einen Club findet.«

Das schien ihr einzuleuchten. Jedenfalls das mit dem freien Tag.

»Morgen früh sind wir auch wieder pumpflig«, versprach ich.

Kaum hatte Minna den Empfangsraum verlassen, suchten wir uns denjenigen, der die wirklich relevanten Empfehlungen geben konnte. Wie in jedem größeren Hotel auf der ganzen Welt gab es auch hier einen schwulen Mitarbeiter. Heute Abend stand der Mann, den wir suchten, erfreulicherweise am Tresen. Thomas zwinkerte, ich trug meine Brieftasche so unauffällig in der Hand, dass sie unübersehbar war. Nach ein paar Minuten war sie um einen kleinen Schein leichter. Aber wir hatten die Informationen für eine gelungene Nacht in der Stadt.

Den Empfehlungen des Bell Captains folgend, begannen wir im Songshan District. Hier sah es deutlich anders aus als in dem Taipeh, das Minna uns täglich zeigte. Die Straßen waren eng und vollgestopft mit Modeboutiquen und Spielhallen, die so lange geöffnet hatten, bis man in die Clubs gehen konnte.

Wer als Junge durch die Nacht cruiste, brauchte anscheinend in Taipeh genau drei Dinge. Ein Pfund Gel im Haar, eine Vespa unter dem Hintern und ein Mädchen mit gürtellangem Minikleid und flatternder Frisur auf dem Sozius. Viele dieser

Mädchen hatten wir bereits in Minnas Taipeh gesehen, aber da trugen sie streng geknotete Haare zu glasbausteindicken Brillen und Schuluniformen.

Das Restaurant »Ting Tai Fung« sollte der beste Ort sein, um sich in diesem Bezirk für eine ausufernde Nacht zu stärken. Spezialität des Hauses waren »Dumplings« – kleine runde Nudeltäschchen, die mit verschiedensten Füllungen in Körben serviert wurden. Sie zu essen war eine komplizierte Angelegenheit – jedenfalls beim ersten Mal. Man hob das Nudeltäschchen auf den Löffel. Gab mit den Stäbchen Ingwer dazu. Biss den Dumpling an der Spitze vorsichtig mit den Zähnen auf. Dann rollte die Füllung heraus, und erst dann durfte man ihn verzehren. Natürlich sah das bei mir blöd aus. Kaum hatte ich Thomas verboten, seine Kamera auch nur auszupacken, bevor ich mit dem Essen fertig war, sah ich plötzlich, dass von der anderen Seite des Raums das Objektiv einer Fernsehkamera auf mich gerichtet wurde. Als wir abwehrende Handbewegungen machten, lachte der Kameramann und wechselte das Objektiv. Um uns besser aufnehmen zu können. Dann standen zwei weitere Männer neben uns. Einer mit Scheinwerfer, einer mit Mikrofon. Das Team kam vom südkoreanischen Fernsehen. Auf der Suche nach einer Geschichte aus dem Nachtleben von Taipeh.

»May we ask you some questions?«, bat der mit dem Mikrofon.

Klar. Er fragte ein paar belanglose Dinge, wir antworteten nicht viel intelligenter. Immerhin bedankten sich die Koreaner mit einem Nightlife-Tipp für »Europeans like you«, bevor sie lachend und mit kleinen Verbeugungen wieder in der Menge verschwanden. Also machten wir uns nach dem Dessert – das aus süß gefüllten Dumplings bestand – auf den kurzen Weg zum Geheimtipp südkoreanischer Szenejournalisten. Für zwei Straßenecken brauchten wie nicht einmal ein

Taxi zu bestellen. Die Straßen hatten sich mittlerweile sowieso derart gefüllt, dass ich gar nicht stolpern konnte. Die beiden Male, die ich es trotzdem tat, streckten sich sofort fünf bis elf Hände lächelnder Passanten nach mir aus, um zu verhindern, dass ich fiel. So oft wie in dieser Viertelstunde habe ich mich noch nie in meinem Leben verbeugt.

Das »Carnegie's«, die aus südkoreanischer Sicht beste Nightlife-Adresse für Europäer in Taiwan, sah aus wie ein englischer Pub, in dem die Meisterfeier für Manchester United gerade böse aus dem Ruder lief. Das Personal hatte den Tresen als zusätzliche Tanzfläche freigegeben. Da nur junge Frauen mit tiefen Ausschnitten darauf herumsprangen, waren wir auf den ersten Blick durchaus angetan. Aber als der dritte ältere Herr an den Tresen trat und sich eine dieser Damen pflückte, indem er mit einem Schein vor ihrer Nase wedelte, wussten wir, dass das Tanzen auf dem Tresen wenig mit der pulsierenden Lebensfreude dieser Frauen zu tun hatte. Trotzdem schauten wir uns noch ein bisschen um. Im ganzen Laden lagen sich Menschen in den oft schon etwas faltigen Armen. Schlimme Gitarrensoli der 60er bis 80er untermalten das trunkene Glück.

Plötzlich rammte mir ein vierschrötiger Kerl seine Hand auf die Schulter. »Hi, ich bin Bob, der Manager«, grölte er. »Ihr seid doch die Kerle von der Presse? Weißt du, warum ich Bob heiße? Nach meiner Geburt hat mein Vater mir zwei B auf den Hintern gemalt und dann das Wort gelesen!« Einige Minuten lang hielten wir dem Bombardement dieses sympathischen Wirts stand. Als wir die ersten fragenden Blicke wechselten, wie wir heil aus dem Feuerwerk von Bobs Pointen herauskommen sollten, zeigte der mit einem wurstigen Zeigefinger auf den Tresen.

»Ich muss jetzt gehen. Die da mit den dicken Titten macht heute ihren ersten Tag. Die gehe ich jetzt erst mal ficken, bevor ich ihr sage, ob sie jeden Tag kommen darf. Soll ich euch noch jemanden vom Personal schicken?«

Och nö, dachten wir, und waren schon beim Ausgang. Wie hieß noch mal der nächste Tipp vom Bell Captain?

Fünf Minuten Taxifahrt später, im Kellerclub »Face«, sah das Nachtleben so aus, wie ich es mir in Taiwan vorgestellt hatte. Der Laden war brechend voll. Zwei DJs verließen ihr Pult und wühlten sich brüllend durchs Publikum, bis sie willkürlich eine junge Frau auswählten und auf eine kleine Bühne stießen. Dort begann sie sofort mit der Darbietung. Tanzte sie? Stellte sie pantomimisch die Lebensgeschichte von Konfuzius dar? Warf sie Schattenrisse der Meistermannschaft von Manchester United an die Wand? Ich wusste es nicht.

Nach einigen Minuten tat ich etwas, was ich mich schon seit Jahren nicht mehr getraut hatte: Ich ging auf die Tanzfläche. Einen halben Schritt vom Geländer entfernt stellte ich mich fest auf beide Beine und begann den Oberkörper rhythmisch zu bewegen. Ein Freund von mir, ein Perkussionist, hatte mir vor Jahren erklärt:

»Tanzen hat nichts damit zu tun, von einem Fuß auf den anderen zu stampfen. Hol die Bewegungen aus der Hüfte, dann sieht das lockerer aus, und du brauchst keine Angst haben zu stolpern.«

Das funktionierte noch immer. Sollte ich dennoch fallen, dann fiel ich gegen das Geländer. Plötzlich sprang eine leicht bekleidete Frau auf mich zu und schüttelte alles Mögliche. Gerade wollte ich mir etwas auf meinen Hüftschwung einbilden, da begann plötzlich am Rand der Tanzfläche eine Düse Schaum auszuspucken. Ich nickte der Frau zu und wackelte drei Schritte zurück von der Tanzfläche.

Plötzlich stand eine weitere Frau vor mir, die sich als Jenny vorstellte.

»Dein Fotograf hat mir gesagt, dass ihr da seid«, plapperte sie los.

»Unseren Stargast habe ich dir ja schon auf die Tanzfläche geschickt. Sie spielt in japanischen Erotikfilmen mit.«

Die Illusionen, die ich eine Minute lang wegen meines Tanzstils hatte, platzten schneller als die Schaumflocken beim Aufprall aufs Parkett. Immerhin warf mir die Schauspielerin eine Kusshand zu, bevor sie ihre Brüste woandershin schüttelte.

Am nächsten Tag hieß es wieder pumpflig sein. Minna wollte uns auf eine Geburtstagsfeier mitnehmen. Die von Konfuzius nämlich. Zwar war der Mann schon 479 vor Christus gestorben, und keiner wusste, an welchem Tag genau er 551 vor Christus geboren worden war – aber Taipeh ließ es sich nicht nehmen, einmal jährlich seinen größten Philosophen zu ehren. Wir feiern schließlich auch die Geburt von Jesus.

Für den Konfuziustempel stand also die Party des Jahres an. Für mich war es der Tag, an dem ich ahnte, dass ich bald eine Gehhilfe brauchen würde.

Schon beim Aufstehen hatte ich gemerkt, dass heute nicht mein Tag werden würde. Das bisschen Tanzen vom Abend zuvor hatte mein rechtes Knie anschwellen lassen. Und was viel unangenehmer war: Mein linkes Bein, auf das ich mich seit der Diagnose hauptsächlich verlassen musste, zeigte Symptome, die ich bislang noch nicht kannte. Auf einer nur dreistufigen Treppe, die von der Lobby zum Frühstücksbuffet führte, hatte ich am Morgen für eine Zehntelsekunde keinen Halt. Die Muskeln gaben einfach nach. Mit einer schnellen Bewegung griff ich ins Geländer und konnte gerade noch verhindern, in die Warmhalteplatte mit dem Rührei zu kippen. Niemand hatte diese kleine Bewegung bemerkt. Aber ich war verunsichert.

Besonders als es einige Zeit später noch einmal geschah. Mitten in der Lobby versagten die Muskeln im linken Knie wieder. Ungelenk beugte ich mich nach vorn und tat so, als müsste ich mir die Schnürsenkel binden. War das jetzt wirklich nur eine kleine Schwäche wegen des anstrengenden gestrigen Abends? Die Angst vor einem neuen Schub begann sich in meiner Brust breitzumachen. Ich war sogar froh, als Minna sich vor der Tür auf uns stürzte.

»Wa' schön geste'n Abend?«, forschte sie.

»Sicher nicht so schön wie bei dir«, grinste Thomas. »Wenn eine Frau wie du diese Stadt auf den Kopf stellt ...«

Minna gnickerte wie ein kleines Mädchen. Lange genug, dass ich auf den Rücksitz schlüpfen konnte, ohne dass meine Beine von ihr mit einem prüfenden Blick bedacht wurden.

Der Konfuziustempel hatte sich mächtig herausgeputzt. Rote und gelbe Bänder waren überall auf dem Gelände über die Zäune gehängt worden. Zum Teil als Schmuck, zum Teil als Absperrung. In den Innenhof vor dem Hauptgebäude durfte heute niemand. Für die kommende Inszenierung hatte man Fahnen an den Steinweg gesteckt.

»Gehe weg. Ze'emonie daue't eine Stunde. Wi' sehen uns beim Auto.« Mit diesen Worten verschwand Minna in der Menge. Ein knappes Kopfnicken später war auch Thomas weg. Es wurde Zeit, sich in Ruhe umzusehen.

Auf einem Podest stand eine Art Thron. Bei so viel Pomp störten nicht einmal die Hundertschaften Besucher, die sich auf den Veranden der Nebengebäude drängelten. Ihre Vorstellung von festlicher Kleidung orientierte sich deutlich mehr an einem Sangria-Eimer-Besäufnis auf Mallorca oder sonst einer Ferieninsel, als am Tribut für einen der berühmtesten Denker der Menschheitsgeschichte.

Dass Nordamerikaner bei solchen Anlässen zu Shorts greifen, dass Mitteleuropa nicht davor zurückschreckt, Sandalen mit grauen Socken zu kombinieren, dass Australien das weit geöffnete Hemd gern mit geöffneten Bierbüchsen kombiniert – alles war ebenso peinlich wie zu erwarten. Aber auch die Einheimischen und die Touristen aus dem asiatischen Ausland ließen sich nicht lumpen: Die scheinbar aktuelle Sommermode führte dazu, dass die Farben der Polohemden sich geradezu anschrien und dass insbesondere junge hübsche Frauen sich mit Kopfbedeckungen verunzierten, die in Deutschland selbst von Quartalssäufern außerhalb großer Sportarenen gemieden wurde. Unwillkürlich entfuhr mir ein Seufzer. Hoffentlich war Konfuzius nicht als Modeschöpfer wiedergeboren worden.

Um mich herum wurde gelacht und gebrüllt. Videokameras liefen, Fotoapparate klickten. Wäre jemand auf die Idee gekommen, Drucklufttröten zu verteilen und Eisverkäufer zu schicken, man hätte die Stimmung nicht von der Fankurve eines gut besuchten Fußball-Zweitligaspiels unterscheiden können. Kurz sah ich prüfend an mir hinab. Immerhin: Geschlossene Schuhe, eine saubere Hose, ein Langshirt in gedeckter Farbe. Das war weitaus festlicher als der Durchschnitt der Meute um mich herum. Zufrieden nickte ich mir selbst zu. Dann knickte mein linkes Bein wieder weg. Mit einem großen Schritt ließ ich mich gegen eine Säule fallen und umklammerte sie.

In diesem Moment erklang ein Gong. Aus den Türen, die sich auf dem obersten Treppenabsatz des Hauptgebäudes Richtung Innenhof öffneten, erschienen farbenfroh gekleidete Männer in gemessenem Schritt. Offenbar begann die Zeremonie. Vorsichtig ließ ich die Säule los. Diesmal trugen mich meine Muskeln. Außerdem wurde es Zeit, diese blöde Krankheit mal zu vergessen. Für die nächste Stunde würde ich mich weder von ihr noch von den unwürdig gewandeten Menschen um mich herum ablenken lassen. Immerhin war das hier ein Stück Kultur, das ich in meinem ganzen Leben vermutlich nicht wieder zu Gesicht bekommen würde. Vorsichtig ließ ich mich auf eine Stufe nieder, die auf den Innenhof führte.

»Get up, Sir!«

Eine strenge Stimme traf mich zwischen den Schulterblättern. Hinter mir stand ein Mann, den seine grüne Uniform als Sicherheitskraft auswies.

»Sorry?« Ich glaubte den Mann nicht verstanden zu haben.

»Stand up!«, beharrte er. »To honor Konfuzius.« Um ein Haar hätte er sogar aufgehört zu lächeln. Das konnte ich deutlich spüren.

Um mich herum verhöhnte die bloße Anwesenheit von Badelatschen und Chipstüten nicht nur Konfuzius, sondern jeden fühlenden Menschen mit auch nur Spurenelementen von Geschmack, und ich durfte nicht sitzen? Verstehen tat ich das nicht. Aber andererseits wollte ich mich hier auch nicht als deutscher Wichtigtuer mittleren Alters aufspielen. Eine Spezies, die ich schon immer und auf der ganzen Welt gehasst habe.

Also nickte ich. Zog mich an der Säule hoch. Suchte eine Kiste, die schräg im Schatten hinter einer anderen Säule stand. Ließ mich darauf nieder, während im Innenhof mittlerweile zwei Dutzend Männer in Kostümen umeinander liefen, miteinander redeten und andere festlich wirkende Dinge taten, von denen ich kein Wort verstand. Mein Hintern war noch nicht ganz auf dem Holz, da schnarrte es hinter mir:

»Get up, Sir. Please!«

Als ich diesmal aufstand, zeigte ich hilflos auf meine schwachen Beine. Der Wärter verstand nicht einmal, was ich von ihm wollte. Fluchend suchte ich nach dem nächsten Zaun. Drückte mein rechtes Knie dagegen. Stemmte meine Hände auf den oberen Querstreben, um meinen Beinen so viel Entlastung wie möglich zu bieten. Mittlerweile war der Innenhof voll mit Männern in drei verschiedenen Kostümen, die unverständliches Zeug miteinander verhandelten. Ob dieser Kerl da oben auf dem Thron das Geburtstagskind darstellte? Mein linkes Knie zuckte mehrfach.

Musste alles so verdammt lange dauern? Immerhin war der Kerl tot, seit knapp zweieinhalbtausend Jahren. Konnten die nicht einfach in die Luft schießen und dann nach Hause gehen wie andere Völker auch?

Irgendwann verschwanden die Mönche wieder durch Türen in die Gebäude. Dann war die Party vorbei. Als einer der Ersten machte ich mich auf den Weg zum Ausgang des Tempels. Als einer der Letzten erreichte ich ihn. Ungefähr eintausend Leute überholten mich, während ich mich am Zaun entlanghangelte. Sogar einige Rollstühle waren dabei.

Am nächsten Tag tat ich so, als wäre ich krank geworden, und blieb im Hotel. Am übernächsten Tag saß ich im Flugzeug nach Hause. Das linke Knie gab mittlerweile Ruhe. War das also wieder nur ein Taschenspielertrick der MS gewesen? Trotzdem brachte ich das ungute Gefühl mit zurück, dass ich mir etwas würde einfallen lassen müssen, damit diese Reise nicht die letzte war. Die letzte jedenfalls, die ich auf eigenen Beinen bewältigt hatte.

Kleine Probleme erhalten die Feindschaft

Zweieinhalb Jahre und mehrere große Reisen nach der MS-Diagnose, spürte ich die Krankheit bei jedem Schritt. Ich hatte mir angewöhnt, jeden Tag mit einem kurzen Gymnastikprogramm zu beginnen. Ich dehnte die Waden, machte einige Ausfallschritte und bemühte mich, auch mit ein paar anderen Übungen zu verhindern, dass die MS meine Schritte immer kürzer und unsicherer machte. Einen Teil dieser Übungen hatte mir eine Physiotherapeutin beigebracht, zu der ich einige Monate lang gegangen war. Doch irgendwann war es mir zu mühsam geworden, mir alle paar Wochen neue Überweisungen von meiner Orthopädin zu holen. Denn die hielt Traditionelle Chinesische Medizin für Scharlatanerie und versuchte jedes Mal, mich zum Interferonspritzen zu überreden. Bald hatte ich keine Lust mehr gehabt und die Physiotherapie auslaufen lassen.

Was ich nach wie vor tat, war, zwei- bis dreimal pro Woche ins Fitnessstudio zu gehen. Während ich mich an den Maschinen mühte und auf unsicheren Beinen von einer Trainingsstation zur nächsten gewankt war, hatte ich bemerkt, dass ein anderer Sportler mich beobachtete. Ein Mann Ende vierzig mit zurückgekämmtem Haar, dem man das jahrelange harte Training ansah. Nach einer Trainingsstunde kamen wir am Tresen ins Gespräch. Er stellte sich als Eberhard vor.

»Ich weiß, was du hast«, sagte er dann.

»Aha?«

»Du hast MS.«

»Stimmt«, sagte ich perplex.

»Ich auch«, sagte er und gab mir die Hand. »Hast du dich damit abgefunden, oder willst du was dagegen machen?«

Ich sah wohl noch immer nicht intelligenter aus, also setzte mich Eberhard ins Bild. Auch er hatte MS, seit fast dreißig Jahren schon, und bekämpfte sie mit eisernem Willen und harten Sport- und Ernährungsprogrammen. Spritzen oder sonstige Medikamente nahm er nicht. Andere Leute mit seiner Krankheitsgeschichte saßen im Rollstuhl. Er hatte nicht einmal einen Stock. Obwohl auch er regelmäßig stürzte und sogar schon Treppen hinabgefallen war. Sein Wille imponierte mir. Zweimal pro Woche waren wir ab sofort Trainingspartner.

»Erst mal machen wir Muskelaufbau« war seine erste Devise. »Damit du stark und schnell genug bist, die Arme unter den Körper zu bringen, bevor du mit dem Gesicht aufschlägst.«

Diese Einstellung imponierte mir. Jedenfalls mehr als diese seltsamen Verrenkungen, die ich bei der Physiotherapeutin hatte vollführen müssen. Über die Monate wurde Eberhard mein Mentor und mein Freund. Ich war wahrscheinlich zunächst sein Hobby. Durch seine Krankheit war er zum Invalidenrentner geworden, der seinen gelernten Beruf – Lehrer für Fitness, Gesundheit und Sportrehabilitation – nicht mehr ausüben konnte. Eberhard war auch derjenige, der mich überzeugte, mir einen Schwerbehindertenausweis zu beschaffen. Ein paar Wochen später hatte ich es schriftlich: Ich war zu sechzig Prozent erwerbsgemindert.

All diese Aspekte der Krankheit, all diese neuen Lebensumstände verunsicherten mich nur wenig. Auf eine klare Behinderung konnte ich reagieren. Jeden Tag konnte ich daran arbeiten, das Fortschreiten der Krankheit zu verlangsamen oder vielleicht sogar Terrain zurückzugewinnen.

Auch darauf, dass die Krankheit sich seelische Überforderungen zunutze machte, dass sie zuschlug, wann immer ich überarbeitet, mit meiner Freundin zerstritten oder sonstwie gestresst war, konnte ich mich einstellen und gegensteuern. Durch einen täglichen Mittagsschlaf beispielsweise. Durch frühzeitige klärende Gespräche mit den Leuten, die mich ärgerten. Oder durch Ausdünnen meines Terminplans, wenn meine Schritte schleppender wurden oder meine Hände zu prickeln begannen. Denn auch dadurch zeigte sich die Krankheit oft. Eberhard zum Beispiel musste schon seit Jahren Espressotassen mit beiden Händen halten und den Kugelschreiber mit beiden Händen fassen, wenn er unterschreiben wollte.

Aber was die Krankheit von mir wollte, war mir noch immer nicht klar. Sie hatte sich lange nicht mehr bei mir blicken lassen, so dass ich sie nicht fragen konnte. Wollte sie, dass ich nicht übermütig wurde? Aber sie konnte doch nicht verlangen, dass ich mich zu Hause einschloss und immer trauriger wurde? Das verstörte mich.

Und manchmal schlug die Krankheit völlig ohne Vorwarnung zu. Attackierte mich in Situationen, in denen ich sie einfach nicht auf der Rechnung hatte. An Muskelgruppen, die ansonsten tadellos funktionierten.

Es geschah beispielsweise in einer ganz normalen Arbeitsbesprechung. Eine Redakteurin, ein Koautor und ich redeten über ein Konzeptpapier. Mitten in diesem Gespräch stellte ich fest, dass ich nicht mehr schlucken konnte. Mein Mund war ein bisschen trocken von dem langen Reden, aber ansonsten fühlte sich alles ganz normal an. Nur dass ich einfach nicht mehr schlucken konnte. Ich hatte auch nicht das Gefühl, zu ersticken oder einen Schwindelanfall zu bekommen. Es wurde immer gespenstischer. Unter einem Vorwand verschwand ich aus dem Büro. Auf der Toilette füllte ich meinen Mund mit Wasser. Gewaltsam überwand ich den Widerstand.

Drückte den Schluck Wasser nach unten. Für diesen Tag war Ruhe. Aber am nächsten begann es erneut. Etwa zwei Wochen lang litt ich unter diesem seltsamen Phänomen, das komischerweise nie auftrat, wenn ich etwas aß. Oder in großen Schlucken trank. Nur der ganz normale Schluckreflex war gestört. Auch diese Unregelmäßigkeit wurde nach zehn Tagen schwächer und hörte bald ganz auf. Wie schon etliche vor ihr.

Eine Attacke der MS auf Muskelgruppen war unangenehm genug. Richtig gespenstisch aber konnte es werden, wenn sie Sinneswahrnehmungen manipulierte. So wie in einer Nacht ungefähr ein halbes Jahr nach der Sache mit dem Schlucken.

Als ich zu Hause in meinem Bett die Augen schloss – es war mitten in der Nacht, so gegen viertel nach eins – wurde es plötzlich hell. Erstaunt öffnete ich die Augen wieder. Im Zimmer sah es so aus, wie es um viertel nach eins eben aussieht. Dunkle Nacht, aufgelockert durch den Schein einiger Straßenlaternen, die sich durch die Vorhänge abzeichneten. Genug, dass man die Umrisse der Möbel erkennen konnte. Nichts Außergewöhnliches also. Schließlich lebte ich mitten in der Stadt. Wahrscheinlich war eben ein Auto mit besonders hellen Scheinwerfern durch meine Seitenstraße gefahren. Langsam glitt ich wieder in den Schlaf hinüber. Hinter den Lidern war es hell. Fast grell sogar. Ich sah eine weiße Wand. Es war, als würde sie von innen auf meine Lider projiziert. Eigentlich war es gar keine Wand. Sondern die Ecke eines niedrigen Kellerraums, wie ihn mein Großonkel gehabt hatte. Zwei Wände trafen aufeinander und hielten die Decke. Wände und Decke waren gemauert, grob mit Mörtel verputzt und mit einer dicken Schicht weißer Farbe bestrichen worden. Keine Ahnung, wie diese Vision hinter meine Lider kam. Dass mein Gehirn seltsame Dinge mit mir machte, wusste ich mittlerweile zur Genüge. Aber dass es Erinnerungen an einen längst vergessen geglaubten Kellerraum nutzte, um in meinem Kopf die Nacht zum Tag zu machen, fand ich wirklich bizarr.

Mit offenen Augen lag ich im Bett. So konnte ich nicht schlafen. Mit Blick auf eine weiße Wand aber auch nicht. Es musste eine Möglichkeit geben, diese kleine Entzündung zu überlisten, die sich da scheinbar in meinem Kopf gebildet hatte. Nach einiger Zeit kam mir ein Gedanke.

Wieder schloss ich die Augen. Da ich den Ort kannte, an den die MS mich geführt hatte, wusste ich auch, wie er damals beleuchtet worden war. Mit geschlossenen Augen drehte ich mich langsam von der Ecke weg. Tatsächlich. Da sah ich sie! Die an die Wand geschraubte Baustellenlampe, die mein Großonkel jedes Jahr wieder entfernen wollte, es aber nie tat. Hingegen wusste ich jetzt genau, was zu tun war.

»Lampe«, sprach ich sie an, bestimmt, aber freundlich. »Es ist zu hell. So kann man nicht schlafen. Also, ausschalten.«

Sie reagierte nicht. Hinter meinen Lidern war es so hell wie vorher.

»Gut. Wie ist es mit dimmen? Dann müssen wir keinen Streit bekommen.«

Wenn jemand anders erzählen würde, dass er so mit einer Lampe sprach, die es nur in seinem Kopf gab, würde ich einen Besuch beim Psychiater dringend empfehlen. Nun war es aber so, dass die MS mich manchmal eine Viertelstunde brauchen ließ, auch nur waagerecht im Bett liegen zu können. Mich Hundescheiße riechen ließ, wo keine war. Und meine Beine regelmäßig zur Befehlsverweigerung anstachelte. Es gab also wichtigere Fragen als die, ob ich völlig bescheuert geworden war. Außerdem war das Licht noch immer an.

»Lampe! Wenn ich nicht schlafen kann, ist das doch für dich auch nicht gut. Immerhin wohnst du in meinem Kopf.«

Etwas Besseres als die alte Masche, mit der ich die MS jedes Mal zu überreden versuchte, fiel mir leider nicht ein. Immerhin war es gleich halb zwei. Tatsächlich schien die Lampe aber ihr Licht ein wenig zu dimmen.

»Brav. Noch ein bisschen mehr vielleicht?«

Es wurde eine zähe, lange Verhandlung. Gegen zwei Uhr war es hinter meinen Lidern fast so dunkel wie im Zimmer. Der Schlaf griff schon nach mir, als das Licht noch einmal heller wurde.

»Lass den Scheiß! Ich will jetzt schlafen!«, rief ich die Krankheit rüde zur Ordnung.

Sie tat, was ich wollte. Das merkte ich mir. Wenn manchmal das Licht hinter den Lidern auf mich wartet, brülle ich sie bis heute sofort an. Das wirkt komischerweise. Schon immer gab es kleine Kriegsschauplätze zwischen der MS und mir, bei der sie sich zurückzog, wenn ich sie anschrie. Oder gar brutal wurde.

Einer davon war nächtliches Jucken. Oft, wenn ich mich ins Bett legte, begann es plötzlich an den zwei, drei halb tauben Stellen meiner Haut gleichzeitig zu jucken. Sie waren klein, höchstens halb so groß wie meine Handfläche, an der Brust, auf dem Rücken und am Arm. In den ersten Monaten hatte ich mich Minuten oder gar Viertelstunden lang gewälzt und überall gekratzt. Obwohl das nur sehr wenig nutzen konnte. Regelmäßig war es dadurch zu Streitereien mit meiner Freundin gekommen, die das Gezappel neben sich einfach nicht mehr ertrug. Das Gejucke einfach auszuhalten hatte sich auch nicht als Lösung bewährt. Dann hörte es nicht auf.

Die Lösung kam eines Nachts. Es juckte so mörderisch und so lange, dass ich aus dem Bett floh. So saß ich im Badezimmer auf dem Klodeckel.

Da es sich nicht um eine dieser magischen Nächte handelte, saß die MS nicht neben mir. Unmöglich, mit ihr zu verhandeln oder vernünftig zu reden. Das Kribbeln war so hartnäckig, dass ich Wuttränen in den Augen hatte. Und plötzlich verzweifelt mit der flachen Hand auf die juckenden Stellen patschte. Hart. Zehnmal, zwanzigmal. Einige Stellen waren noch am nächsten Tag blaurot. Da hörte die Haut auf, mich zu plagen. Vorsichtig legte ich mich zurück ins Bett. Als die rechte Armbeuge warm wurde, begann sie wieder zu kribbeln. Leicht schlug ich mit der Linken hinein. Sofort wurde es wieder weniger. Genug jedenfalls, um einschlafen zu können. Auch hier gewann ich in den kommenden Wochen die erstaunliche Erkenntnis: Um den Juckreiz erträglich zu machen, musste ich nur einmal kurz auf die befallene Stelle klopfen und dazu böse grunzen. Sofort wurde es erträglicher. Offenbar war es mir gelungen, einige Krankheitssymptome zu erziehen wie Pawlows Hund.

Ein anderes Krankheitssymptom, das am besten auf blanke Gewalt reagiert, ist das ungeregelte Muskelzucken. Von Beginn an tauchte dieser Effekt regelmäßig in meinem rechten Bein auf, das unter dem ersten Krankheitsschub am meisten gelitten hatte. Die Innenseite des Schenkels kribbelte ein wenig. Aber nicht so wie beim Jucken. Eher so, als ob schwacher Strom hindurchfloss. Manchmal griff das Gefühl auch auf die Muskeln oberhalb des Knies über. Dann zuckte mein Bein. Irgendwie spastisch. Irgendwie beängstigend, weil ich es kommen spürte, manchmal bis auf wenige Sekunden genau, aber dennoch gegen diese seltsame Eruption nichts tun konnte.

»Überlegen Sie sich doch mal, wen sie damit treten wollen«, empfahl mir meine Ärztin in Zehlendorf.

Tatsächlich kam ich zu Antworten, wenn ich mir genau diese Frage stellte, sobald das Zucken einsetzte. Am häufigsten zuckte ich vor dem Fernseher. Jedenfalls in dieser Penetranz. Saß ich im Gespräch, wenn mein Bein unter dem Tisch zuckte, wechselte ich das Thema. Oder verschwand kurz mal auf die Toilette. Das reichte meistens, um es aufhören zu lassen. Aber vor dem Fernseher? Da war es keine Seltenheit, dass ich eine Viertelstunde und länger kleine Löcher in die Luft trat. Wenn ich ehrlich war, gefiel mir in den meisten Fällen das Programm nicht. Oder ich saß schon zu lange vor der Kiste, fand aber die Kraft nicht, etwas anderes zu tun.

Das Problem bei der Sache war, dass mein Bein und mein Kopf manchmal zu unterschiedlichen Geschmacksurteilen kamen. Oder dass ich einen Film unbedingt zu Ende sehen wollte, obwohl ich mich phasenweise fast dabei totlangweilte. Auch hier war eines Tages der Moment gekommen, wo ich Gewalt anwandte.

»Hör endlich auf«, fuhr ich mein Bein an, als es gerade wieder nach vorn gezuckt war. Es hörte nicht. Im Gegenteil: Ich spürte, wie der Strom durch den Schenkel pulsierte. Es führte sich auf wie ein kleines Kind im Trotzalter, das sich auf den Boden legt und brüllt, bis es einen Lutscher bekommt. Da schlug ich zu. Mit gedrehter Faust direkt auf den Innenschenkel. Der oberste Knöchel meines kleinen Fingers knallte auf das Fleisch. Es tat wirklich gemein weh. Scheinbar war meine Wut größer als gedacht. Jedenfalls hörte das Zucken auf. Wie komme ich dazu, mich selbst auf diese Weise zu misshandeln? Als Kind war ich nie geschlagen worden. Dass die Gewaltlösung bei mir selbst funktioniert, gibt mir bis heute zu denken.

Eine Frage, die ich mir nur äußerst ungern stelle, ist diese: Warum schlage ich mich eigentlich? Warum pöble ich mich immer wieder an und lebe im Zorn mit mir? Die MS ist meine Krankheit, das bekommt sie oft genug zu hören. Und der Körper, den ich schlage, um sie zu treffen, ist meiner. Der Schmerz ist meiner. Warum hasse ich mich so sehr, dass ich mir immer wieder Gewalt antue? Für meine Krankheit kann ich doch nichts.

Manchmal versuche ich es ohne Gewalt. Dann zucke ich. Dann kitzelt es. Dann muss ich manchmal sogar den Fernseher abschalten. Dann wird es unangenehm. Würde ich es nur einmal lange genug aushalten – vielleicht läge eine Wahrheit hinter all diesen Unannehmlichkeiten. Vielleicht könnte ich eine ganz neue Sichtweise auf meine Krankheit gewinnen. Noch immer ist schreien, fluchen und zuschlagen leider einfacher. Vielleicht ändert sich das irgendwann. Ich hoffe es für mich und für das trotzige Bein. Es ist ein langer Weg, und die MS schenkt mir keinen Schritt. So viel habe ich inzwischen verstanden.

Der Fall Island

Ich brauchte beide Hände, um die Beifahrertür zu öffnen. Von außen drückte böiger, dreizehn Grad kühler Wind dagegen. Dunkle Wolken flogen über uns hinweg. Ein typischer Julitag im Inneren von Island. Dann hatten Thomas und ich uns aus der Blechhülle befreit und standen neben dem Auto. Um uns herum ein Parkplatz mit ungefähr hundert Stellplätzen. Jetzt waren zwei davon besetzt. Die bucklige Piste, über die wir gekommen waren, hatte die Stoßdämpfer unseres Wagens vor eine ordentliche Aufgabe gestellt. Schlaglöcher und kleine Felsen übersäten die Fahrspur, links und rechts daneben bestand der Boden aus grauem feinem Lavasand, dem man ansah, dass die Zeit höchstpersönlich ihn zermahlen hatte.

Am gegenüberliegenden Ende des Parkplatzes begann ein weiterer Weg, der durch eine Schranke und zwei massive Metallpoller vor Autos geschützt wurde. Er verschwand zunächst hinter einer kleinen Anhöhe, um sich dann über eine steinige Ebene und einen Hügel hinaufzuschlängeln.

Hinter der Gipfelkante lag unser Ziel: Der Dettifoss, Europas größter Wasserfall.

Auf der Ebene konnten wir ein Paar erkennen, um das ein großer weißer Hund herumsprang. Wahrscheinlich die Besitzer des anderen Wagens auf dem Parkplatz. Der Hund schien fröhlich zu bellen. Hören konnten wir das nicht. Der Wind pfiff in unseren Ohren. Darin war noch ein anderes Geräusch, das wir erst langsam wahrnahmen. Es klang wie das Grollen eines riesigen Urzeittiers, das schlechte Laune hatte. Und zwar seit mindestens zwei Millionen Jahren. So begrüßt der Dettifoss also seine Gäste.

Der Fotograf und ich sahen uns an. Vor uns lag ein Weg von knapp einem Kilometer durch Lavasand. Eine Viertelstunde Gepäckmarsch für ihn. Vielleicht zu weit für mich. Ich nickte ihm zu, und er brach mit seiner Kameratasche auf.

Es wurde Zeit für den ersten Einsatz von Lewis und Clark. So entschied ich, als ich den Kofferraum öffnete. Darin waren zwei Nordic-Walking-Stöcke, die ich für diese Reise angeschafft hatte. Nur so zur Sicherheit. Weil es im Inneren von Island nicht zu jeder Sehenswürdigkeit eine Straße gibt. Und ich in den Wochen zuvor zweimal übel gestürzt war. Ich konnte sie nach der Reise immer noch zurückgeben, sagte ich mir. Als Garantiefall oder so. Und hatte mir bis eben auch fast geglaubt.

Der wirkliche Grund war ein anderer gewesen. Einige Tage vor der Abreise hatte Eberhard mich ein besonders hartes Training machen lassen. Danach kam ich kaum noch die Treppe von der Trainingsfläche zur Straße hinunter. Die ersten Meter schaffte ich, indem ich mich an den Fassaden abstützte. Doch dann musste ich die erste Straße überqueren. Einen Meter von der Fassade entfernt torkelte ich. Um nicht zu stürzen, blieb ich einfach stehen. Plötzlich hatte ich eine Hand unter meinem linken Unterarm gespürt.

»Ich helfe ihnen mal eben.«

Eine kleine, ungefähr siebzig Jahre alte Dame hatte sich bei mir eingehakt. Bevor ich auch nur den Mund zum Protestieren öffnen konnte, hatte mich die Frau schon resolut über die Bürgersteigkante geführt. Den Rest ließ ich einfach geschehen.

»Schönen Tag noch. Und gute Besserung!«, grüßte sie auf der anderen Straßenseite noch. Am liebsten wäre ich im Boden versunken. Doch wenige Tage später kaufte ich mir in einem Sportgeschäft Lewis und Clark.

Den Stöcken die Namen der beiden amerikanischen Entdecker zu geben, die 1806 den Landweg von St. Louis bis zum Pazifik erkundet hatten, war mir angemessen erschienen. Während Thomas hinter der Anhöhe verschwand, stemmte ich die Stöcke in den Sand. Links Lewis, rechts Clark. Dann atmete ich tief ein und pustete die Luft entschlossen aus.

»Links-rechts-links-rechts-links-rechts«, begann es in meinem Kopf zu flüstern. In den letzten Monaten, seit das Gehen für mich kein automatischer Vorgang mehr war, sondern jeder einzelne Schritt eine bewusste Entscheidung verlangte, lief dieses innere Metronom bei jedem Weg in mir mit.

Solange es regelmäßig tickte, war eigentlich alles in Ordnung. Sicher, schon nach kurzer Zeit wurden meine Schritte schwerer, und wenn ich mich zum Ausruhen auf einen Felsen setzte, sah ich von meinem rechten Schuh keine einzelnen Fußspuren, sondern nur noch eine Art Schleifspur mit kurzen Unterbrechungen. Nach der Rast ging es für eine Weile wieder weiter.

Irgendwann wurde es sogar möglich, neben dem dauernden »links-rechts« andere Sachen zu denken. »O Gott, wie weit ist es denn noch!« zum Beispiel. Oder: »Warum rennt der Arsch da vorne bloß so?!« Oder: »Wenn ich wieder zu Hause bin, muss ich gleich am ersten Tag die Krankenversicherung überweisen, sonst gibt es echt Ärger!«

Gefährlich wurde es, wenn sich das Metronom verstellte. Wenn ich »links« dachte, während ich den rechten Fuß vorstellte. Dann fädelte ich mit dem linken Fuß hinter dem rechten ein. Oder musste mich plötzlich mit aller Kraft auf die Stöcke stemmen, um nicht zu stürzen. Nur weil unerwartet ein Hund um einen Felsen rannte und fröhlich bellte.

So wie jetzt gerade. Mit einer plumpen Drehung setzte ich mich auf einen kantigen Stein. Ohne hinzufallen immerhin. Dem fröhlichen Tier folgte das Paar, das wir vom Parkplatz aus gesehen hatten. Deutlich schlechter gelaunt als ihr Haustier.

»Oh, can we help you?«, fragt der Mann nach kurzem Blick auf meine verkrampfte Sitzposition. Die Steinkante schmerzte an meinem Hintern. Der Akzent meines Landsmanns schmerzte in den Ohren.

»Nein, danke. Ich brauche nur eine Pause. Ist es noch weit?«

»Hundert Meter vielleicht noch bis zur Kante. Danach weiß ich nicht. Frodo wollte einfach nicht drüber. War ihm wohl zu laut.«

Tatsächlich schrien wir uns an. Wie stark das Grollen des Dettifoss mittlerweile geworden war, hatte ich wegen des Metronoms gar nicht bemerkt.

Ich brüllte dem Paar einen Abschiedsgruß entgegen und stützte mich wieder auf Lewis und Clark. Hinter dem Felsen wurde der Weg noch einmal schmaler und steiniger. Der Staub, den mir der Wind unablässig ins Gesicht drosch, wurde feuchter. Immer häufiger flogen Tropfen oder Gischtflocken über die Hügelkante. Mehrmals zwangen mich wechselnde Windstöße fast zu Boden. Einmal musste ich aufs linke Knie und landete auf einem Kiesel. Was mich zu üblen Flüchen gegen den Dettifoss veranlasste. Haben Wasserfälle eigentlich eine Mutter?

Ans Aufgeben dachte ich nicht. So kurz vor dem Ziel? Unter keinen Umständen! Die Felsen am Wegrand waren groß genug, um als zusätzliche Stützen zu dienen. Noch ein bisschen schimpfen, noch ein wenig das eigene Schicksal beklagen – dann stand ich oben auf der Kante.

Dahinter war es so laut wie in einem durchschnittlichen Höllenschlund. Hier stürzte der größte Wasserfall Europas in die Tiefe. Grau. Gischtig. Gewaltig. Hundert Meter breit. Fünfundvierzig Meter tief. Gespeist nicht von einer Quelle, sondern durch die Gletscher auf den Bergen der Insel. Ich stand bewegungslos. Dieser Anblick war die Plackerei der letzten Stunde wert gewesen. Jedenfalls bis zu dem Moment, als das nächste Problem auftauchte. Unten am Wasserfall stand Thomas in einem Nebel aus Gischt. »Komm her!«, bedeutete mir seine Geste. Ich schaute auf den Weg, der zu ihm hinunterführte. Noch nie hatte ich einen Hund so gut verstehen können. Ein steiler Abhang mit ungefähr zweihundert Stufen, die sich in wilden Kurven hinabschlängelten. Einige aus Stein, andere aus Holz. Keine so groß wie die davor oder danach. Mal lagen sie fünf Zentimeter über der nächsten, mal vierzig. Alle klatschnass und rutschig, bedeckt vom Staub der Ebene, den das Wasser des Dettifoss in Schlick verwandelt hatte.

An der linken Seite der Treppe verlief ein brüchiges Seil, befestigt an mürben Pfosten, die in ihren Felsverankerungen vor sich hin rosteten.

Am schlimmsten sahen die ersten fünfzehn Stufen aus. Sie führten direkt auf einen kleinen Felsüberhang. Dort musste man einen großen Schritt über eine Spalte nehmen, um wieder die Treppe zu erreichen, die erst dann ein bisschen flacher wurde.

Ich winkte in Richtung des Fotografen ab. Dessen Gesten wurden fordernder. Plötzlich war ein Gedanke da: »Was solls? Irgendwann sterben wir alle mal.« Ich gab ein Signal nach unten, dass ich mich auf den Weg machen würde.

Lewis und Clark konnte ich hier oben nicht gebrauchen. Also schleuderte ich sie über die Spalte hinweg auf das flachere Stück der Treppe. Dann konzentrierte ich mich. Stellte das innere Metronom ab. Bei dem Weg, der nun begann, konnte es mir auch nicht helfen. Ich ließ den Steinvorsprung los, an den ich mich instinktiv festgeklammert hatte. Es waren ja höchstens zweihundert Stufen. Und die erste hatte ich schon fast geschafft.

Das Seil und die Pfosten konnte ich als Sicherung meines Weges vergessen. In den letzten Jahren hatte ich mir angewöhnt, gegen jedes Geländer oder sonstige Gehhilfe zu drücken und probeweise daran zu wackeln, bevor ich sie benutzte. Die hier war so marode, dass ich sie mit einem kurzen Ruck hätte herausreißen können. Also gab es nur eine Möglichkeit – ich setzte mich auf den Hintern mitten auf den nassen, matschigen Stein. Stemmte mich mit den Händen ein bisschen nach oben. Hakte meinen linken Fuß hinten gegen meine rechte Ferse. Schob, bis meine Füße auf der übernächsten Stufe landeten. Dann wühlte ich meinen Hintern auf die Stufe davor hinunter. So arbeitete ich mich den ersten Treppenabsatz hinunter. Stück für Stück, die Beine immer zwei Stufen unterhalb des übrigen Körpers.

Als der kleine Felsüberhang kam, drehte ich mich mit dem Bauch zu derjenigen Seite, an der die Spalte am Abhang endete. Der Weg über die Spalte wurde dadurch kürzer, und ich musste nicht nach unten sehen – eine Klappe, zwei Fliegen.

Nach einigen weiteren Metern erreichte ich Lewis und Clark. Da die Treppe mittlerweile flacher und die Windstöße hier unten nicht mehr so arg waren, riskierte ich es, mich an meinen Stöcken aufzurichten. Nach etwa einer Minute stand ich. Nahm Lewis und Clark in die rechte Hand. Griff mit der Linken ins Seil, das hier unten weniger vom Wetter ramponiert war als oben auf der Kuppe. Ein kurzer Blick nach unten lehrte mich, dass Thomas mittlerweile seine Arbeit eingestellt hatte und mir bei meinem Abstieg zusah. So flach, dass ich hätte winken können, war das Gelände nicht. Aber ein energisches Nicken war schon möglich. Ich stemmte beide Stöcke auf die Stufe unter mir. Beim ersten Versuch fiel ich beinahe, blieb aber stehen. Danach begann es besser zu werden.

Wenige Minuten später lagen die Stufen hinter mir.

Thomas zog mich ein Stück aus der Gischt. Bis zu einem Felsen am Ufer, der relativ windgeschützt war.

»Du stellst dich jetzt hier hin«, befahl er. »Stütz dich auf einen Stock und sieh direkt in die Kamera. Keine Show!«

Das Foto zeigte er mir erst Monate später. Mein Gesicht und meine Körperhaltung sehen darauf aus wie aus der Zeit gerutscht. Ein Bergsteiger des 19. oder frühen 20. Jahrhunderts, der, mit unzureichender Ausrüstung und grimmigem Mut bewaffnet, einen Gipfel erklommen hat.

»Es war so viel Energie in dem Tal. Auf der einen Seite die Wassermassen und auf der anderen Seite du, wie du dich den Abhang runterkämpfst.« Thomas schien das peinlich zu sein, als er mir das Foto zeigte.

Unten am Wasserfall, nachdem wir einige Minuten lang den Dettifoss bestaunt hatten, hatte er etwas anderes gesagt. Mit dem Stativ zeigte er auf die Treppe.

»Die meisten Abenteurer sterben übrigens auf dem Rückweg. Wusstest du das?«

Der Weg zurück dauerte eine Stunde. Als ich am Parkplatz ankam, hatte Thomas den Wagen schon so weit wie möglich an die Barriere gefahren und den Kofferraum geöffnet.

»Für heute bist du genug gewandert«. Mit diesen Worten nahm er mir Lewis und Clark ab.

»Stress!«, sagte die Frau im Radio immer wieder. »Mmhmmh«, antwortete der Moderator. »Stress!«, beharrte die Frau. Eigentlich sagte sie noch viel mehr, aber »Stress!« war das einzige Wort, das ich verstehen konnte. Seit meinem Abenteuer am Dettifoss war eine Nacht vergangen, die Island weniger als zwei Stunden Dunkelheit gebracht hatte. Wir fuhren auf der Rundstraße 1, die an der Küste entlang um ganz Island führt, durch den Norden des Landes. Ortschaften waren hier selten. Seydhisfjördhur hatte die letzte geheißen. Mit gut 700 Einwohnern schon fast eine Großstadt in diesem Teil der Welt.

Auch hier war die Landschaft gewaltig. Nicht so bedrohlich wie am Wasserfall, aber kaum weniger imponierend. In jahrtausendelanger Arbeit hatte die Grönlandsee Fjorde in die Küste gearbeitet, so dass sie aussah wie Gottes erste Laubsägearbeit als Vorschulkind. Mal führte die schmale zweispurige Rundstraße oben an der Felskante entlang, wo zwischen uns und dem Dutzende Meter tiefer gelegenen Meer oft genug nicht einmal eine Leitplanke wachte. Manchmal ging es hinab aufs flache Land, das das Meer zwischen den Fjordspitzen angeschwemmt hatte. Wenn überhaupt, dann führte die Straße in den Dörfern für wenige hundert Meter geradeaus. Zehn Kilometer Luftlinie bedeuteten hier fünfzig Kilometer Fahrt auf der Straße. Mindestens.

»Stress!«, sagte die Frau im Radio schon wieder. Und dann noch ganz viele andere Sachen. »Mmh-mmh«, antwortete der Moderator. In diesem Stil sprachen sie seit den letzten Nachrichten, und mittlerweile gab es keinen Grund mehr anzunehmen, dass sie nicht bis zu den nächsten Nachrichten so weitermachen würden. Nach drei Stunden Fahrt hatte Thomas mittlerweile unseren Wagen, einen viertürigen Automatikgeländewagen mit imponierend großem Kofferraum, von der Straße gefahren und ein Stück übers Vorland rumpeln lassen. Mittagspause. Dazu passend, wühlte sich die blasse nordische Sonne durch die Wolken. Ein kleiner Schwarm Haubentaucher fühlte sich durch unseren Wagen gestört und stieg in die Luft. Es war ein Gefühl, als parkte man mitten in einer Postkarte.

»Warum ist die arme Frau eigentlich so aufgeregt?«, fragte ich Thomas, während wir die Stullen auspackten.

»Ist die gar nicht«, sagte er. »Hier gibt es alle fünfzig Kilometer einen anderen Privatsender. Die Farmerfrauen sitzen

Am Dettifoss, Island

den ganzen Tag allein zu Hause rum, und um die Langeweile zu vertreiben, rufen sie beim Radio an. Das ist billig für den Sender, und wenn ein Moderator hier fünf Jahre lang arbeitet, kennt er die meisten Hörer sowieso persönlich.«

Das leuchtete ein.

»Nach dem Essen kannst du mal fahren«, sagte Thomas beiläufig.

»Mmh«, antwortete ich und versuchte dabei so zu klingen wie der Moderator. Dabei sprang meine Pulsfrequenz gerade um dreißig Schläge pro Minute nach oben. Vorsichtig geschätzt.

Irgendwo in meinem Reisegepäck steckte ein Führerschein. Den hatte ich vor ungefähr zweieinhalb Jahrzehnten gemacht. 32 Fahrstunden und zwei Prüfungen dafür gebraucht, obwohl es in meinem damaligen Wohnort – dem 6000-Einwohner-Moloch Otterndorf/Niederelbe – nur eine einzige Ampel und zwei Einbahnstraßen gab. Einige Monate durfte ich den Zweitwagen meiner Mutter benutzen. Für das, was alle 18-Jährigen tun. Samstags in die Disco fahren und danach vor der Tür der Freundin so lange knutschen, bis die Scheiben von innen beschlagen sind. Außerdem konnte ich mich noch an eine Fahrt im dritten Semester erinnern, bei der ich irgendwo in Spanien oder Frankreich auf ein Auto vor mir aufgefahren war. Zum Glück so leicht, dass kein Blechschaden entstand, so dass der andere Fahrer und ich es bei einem erleichterten Lachen beließen und unserer Wege fuhren.

Das waren meine Erfahrungen als Autofahrer. Jahre vor der Diagnose. Ich hatte Thomas immer wieder während unserer Reisen pflichtschuldig angeboten, dass er auch mal mir das Lenkrad überlassen könnte. Aber gleichzeitig so viele kleine Geschichten über meine Unerfahrenheit fallen lassen, dass es mir völlig unmöglich erschien, er könnte diesen Vorschlag jemals annehmen. Selbst dass er sich vor einiger Zeit bei einer Reise durch die USA zu mir gebeugt hatte, einen schleimigen Fahrlehrer parodierte und mir nebenbei die Automatikgangschaltung erklärte, nahm ich nicht ernst. Und vergaß die Gangschaltung sofort wieder. Und nun das! Mit einer raschen Bewegung schaltete ich das Radio ab. Das Wort »Stress!« wollte ich nicht mehr hören.

Freundlicherweise fuhr er mich noch über das holprige Grün an den Straßenrand. Die Schaltung erklärte er auch noch mal. Vorwärts. Rückwärts. Parken. Alles mit einem Hebel zur Rechten einzustellen. Den linken Fuß auf einem kleinen Plateau einfach abstellen. Bremse und Gas mit dem rechten Fuß bedienen. Eine Kupplung gab es ja Gott sei Dank nicht.

Dann holte ich tief Luft. Drehte den Schlüssel. Schob den Hebel von »Parken« auf »Vorwärts«. Gab Gas. Der Motor röhrte ein bisschen unwillig, aber tatsächlich explodierte der Wagen nicht und rollte auch nicht in den Straßengraben, sondern fuhr einfach vorwärts. Im Grunde genommen wie damals. Nur dass ich mit Thomas nicht knutschen wollte.

Nachdem der Wagen drei Minuten und fünf leichte Kurven später noch immer nicht explodiert war, fasste ich Mut. Nahm die verkrampfte linke Hand vom Steuer und schüttelte sie kurz aus. Sogar zu sprechen begann ich Teufelskerl. Jedenfalls wenn man bereit ist, Laute wie »Mmh-mmh« oder ein gezischtes »Geht doch« als Sprechen zu bezeichnen. Die Umgebung war auf meiner Seite. Die Kurven wurden immer weicher, die Landschaft blieb flach. Da die Sonne mittlerweile den Himmel frei geputzt hatte, konnte ich einen Kilometer und weiter sehen. Leider entdeckte ich dort einen Lastwagen, der deutlich langsamer fuhr als ich. Vor Schreck wollte ich auf freier Strecke bremsen. Dabei bemerkte ich ein Problem, das ich damals auf dem Weg zum Knutschen noch nicht hatte. Um mit dem rechten Fuß vom Gas- aufs Bremspedal zu gelangen, musste ich das Bein anheben. Genau das konnte ich aber kaum noch. Mit einiger Anstrengung schaffte ich es dennoch, meinen rechten Fuß vom Gaspedal zu wuchten. Automatisch aktivierte sich die Motorbremse, und wir wurden langsamer.

»Warum bremst du denn?«, fragte Thomas.

»Tu mir den Gefallen und halt kurz die Schnauze!« Jetzt gelangen mir sogar schon vollständige Sätze. Mit der rechten Hand griff ich unter mein Bein und hob es auf das Gaspedal. Drückte mit dem Fuß. Wie zu erwarten, fuhr der Wagen schneller. Dann hob ich das Bein auf die Bremse. Drückte. Der Wagen verlor so ruckartig an Tempo, dass Kollege Linkel Schwierigkeiten hatte, seine Coladose zu balancieren, ohne dass ihm ein Schwall Limo ins Gesicht flog.

»Hör mal auf mit dem Mist!« Jetzt klang er schon deutlich ärgerlicher.

»It's for your own protection.« Etwas angestrengt versuchte ich, wie Tommy Lee Jones in »Men in Black« zu klingen.

Mehrfach wiederholte ich das Manöver, bis ich meine Reaktionszeiten auf unter eine Sekunde gebracht hatte, ohne nach unten schauen zu müssen. Thomas fragte nicht mehr nach dem Grund. Dann gab ich Gas. Kurz musterte ich mich im Innenspiegel. Mein Gesicht sah aus wie das eines Mannes, der bereit ist, in seinen Stiefeln zu sterben.

Bald tauchte der LKW wieder vor uns auf. Auf einer langen Strecke ohne Gegenverkehr. Wenn ich jetzt alles richtig machte, musste ich vielleicht doch nicht sterben.

»Ruhig bleiben. Blinken«, sagte Thomas neben mir. Durch das plötzliche Blutrauschen in meinen Ohren konnte ich ihn kaum hören. Aber ich blinkte. Wechselte die Spur und gab mehr Gas. Schob mich an dem LKW vorbei. Dann wechselte ich zurück. Wuchtete das Bein vom Pedal, ohne nach unten zu schauen, und ließ einige Zeit lang die Motorbremse arbeiten. Hob das Bein aufs Gaspedal. Gab etwas Druck und brachte den Wagen wieder auf Normaltempo.

»Na, war doch gar nicht so schwer.« Ein kleines Grinsen tummelte sich in der Stimme meines Beifahrers.

»Doch«, war meine Antwort. Plötzlich durchfuhr mich Jagdinstinkt, und ich suchte die Straße nach dem nächsten LKW ab. »Aber ich mache es gleich noch mal!«

Die Jagd blieb erfolglos, bis wir bei der nächsten Raststätte haltmachten. Eine Cola und einen Hamburger mit Pommes frites später fühlte ich mich bereit für den Rückwärtsgang. Mein Kollege hingegen schien gar nichts mehr zu fühlen. Er befand sich in einer Art Schockstarre. Unsere Reise fand nämlich wenige Wochen vor dem Zeitpunkt statt, an dem die schwere Wirtschaftskrise von 2007 auch Island erreichte. Die isländische Krone stand in schwindelerregenden Höhen und ließ das Burgermenü umgerechnet 16,50 Euro kosten.

Als er fertig gekaut hatte, setzte ich mich wie selbstverständlich ans Steuer. Startete den Motor. Rammte den Rückwärtsgang rein. Mit einem hässlichen Geräusch sprang der Wagen meterweit rückwärts und bedrohte das Leben einiger Pflanzentöpfe, die vor dem Schaufenster der Raststätte standen.

»Hey!«, protestierte der Kollege. Immerhin hatte sich seine Schockstarre wieder gelöst. Ich fand die Bremse und den Vorwärtsgang in derselben Sekunde, was einerseits zu weiteren lautstarken Protesten des Motors führte, den Wagen aber andererseits wieder in Richtung Straße herumwarf. Eine halbe Stunde lang ließ Thomas mich schweigend weiterfahren. Sogar zwei LKWs überholte ich noch. Dann tat er so, als drückte ihn die Blase. Ich vertrat mir die Beine, bis er wieder hinter einem Felsen am Straßenrand erschien. Diesmal war er schneller als ich am Steuer. Und ließ sich nicht mehr vertreiben, bis wir drei Tage später Reykjavik erreichten.

Ans Steuer eines Autos habe ich mich seitdem nicht mehr gesetzt. Aber ich habe herausgefunden, dass es für Menschen wie mich spezialisierte Fahrschulen gibt. Wenn es die Kasse jemals hergeben sollte, werde ich mich für das Fahren in auf Handbetrieb umgerüsteten Autos umschulen lassen.

Nachts auf dem Flur

Der Schmerz war furchtbar. Sein Zentrum lag zwischen zwei Rippen, rechts hinten in meinem Rücken. Als ob jemand ein Messer dort hineingerammt hätte. Oder einen Schraubenzieher. Einen plumpen großen Schraubenzieher, glühend und mit schartiger Spitze. Ich hockte im Dunkeln. Auf Knien und Ellbogen, das Gesicht in den Teppich vor mir gepresst.

Die Wellen des Schmerzes liefen durch den gesamten Oberkörper. So selten wie möglich atmete ich, kurz und ruckartig. Trotzdem musste ich jedes Mal fast schreien. Behutsam bog ich meine Hand nach hinten. Als ich die schmerzende Stelle vorsichtig berührte, stellte ich fest: Kein Blut. Es schien auch nichts gebrochen zu sein. Immerhin. Aber der Schmerz dauerte jetzt schon Minuten, ohne an Wucht zu verlieren.

Mitten in der Nacht war ich aufgestanden, um ein bisschen durch die Wohnung zu stromern und in der Küche ein Glas Wasser zu trinken. Danach wollte ich in mein Bürozimmer gehen und eventuell ein bisschen arbeiten. Oder auch nur einige E-Mails an Freunde schreiben. Zwar betrug der Zeitunterschied zu Island nur zwei Stunden, aber auch das sorgte für einige wenige unruhige Nächte. Das Licht hatte ich nicht eingeschaltet. Immerhin war es mein Schlafzimmer und dahinter mein Flur, und ich hatte mich tausendmal problemlos an seinen Wänden entlanggetastet. Es war ein langer, enger Flur. Aber ich kannte ihn und seine Hindernisse. Dennoch hatte ich den Halt verloren. Wild mit den Armen in der Luft gerudert und den Sturz doch nicht verhindern können. Mit voller Wucht und dem Rücken zuerst war ich gegen eine Regalecke gefallen. Gleichzeitig dachte ich:

»Was soll das denn?« und »Hoffentlich ist nichts kaputtgegangen!« Dann war der Schmerz gekommen.

Vorsichtig versuchte ich aufzustehen. Es war unmöglich. Erst langsam konnte ich wieder etwas tiefer atmen. Mit der Stirn auf dem Teppich musste ich auf einmal an zwei Freunde denken. Als meine Krankheit noch jung gewesen war, als der erste Schub gerade abklang und ich trotz allem die nächste Reise plante, da hatten sie gesagt: »Gib doch auf. Hat doch keinen Sinn mehr.«

Jetzt, hier am Boden meiner dunklen Wohnung zusammengekrümmt, hätte ich gern aufgegeben. Probeweise flüsterte ich sogar:

»Hallo, Welt. Ich gebe auf. Knud Kohr gibt hier und offiziell auf.«

Nichts passierte. Wie ging das eigentlich, aufgeben? Musste ich einfach nur lange genug hier liegen bleiben? Bis irgendwann Leute kämen, um mich abzuholen? Nach dem Ende meines Studiums war ich mal abgeholt worden. Damals hatte ich Probleme mit Alkohol gehabt, mit Panikschüben und war auch sonst nicht ganz Herr meines Verstandes gewesen. Freunde hatten mich gefunden. Nicht auf dem Boden gekrümmt, sondern schwer betrunken auf meinem Sofa. Sie hatten mit irgendjemandem telefoniert. Dann waren Leute gekommen, um mich abzuholen. Nachdem sie mir eine Spritze in den Arm verpasst hatten, war mir alles egal geworden.

Eine Woche lang lag ich dann auf einer psychiatrischen Krisenstation. Mit sieben Frauen auf einem Flur, in einem hellen Einzelzimmer. Hatte Medikamente bekommen und Besuch, dreimal am Tag zu essen und hatte ins klinikeigene Schwimmbad gedurft, sooft ich wollte. Weil ich der einzige

Mann war, hatte sich die Hälfte der von Krisen geschüttelten Frauen in mich verliebt. Bei einer von ihnen war ich nach der Entlassung auf der Geburtstagsfeier gewesen, mit einer anderen hatte ich geknutscht, eine dritte verbrachte mehrere Nächte mit mir. Eigentlich war es gar nicht so schlecht, wenn man abgeholt wurde, dachte ich auf dem Flur.

Ich war allein in der Wohnung. Susann war für ein paar Tage beruflich unterwegs. Ich trug nur mein Schlafshirt, und langsam wurde mir kalt.

Wieder versuchte ich mich aufzurichten. Ich ignorierte den Schmerz. Stemmte eine Hand gegen die nächste Wand. Bekam mit der anderen die Regalecke zu fassen, gegen die ich gerade gestürzt war. Mit einer ungelenken Bewegung kam ich irgendwie auf mein linkes Knie. Als ich die Hand vom Regal an die Wand verschieben wollte, lag ich plötzlich wieder auf dem Boden. Um Kraft für einen weiteren Versuch zu sammeln, atmete ich, so tief ich konnte.

Ein weiteres Mal versuchte ich aufzustehen. Diesmal erhob ich mich auf die Knie. Presste die Linke wieder gegen die Wand. Die Rechte gegen die andere Wand. Kam wieder aufs linke Knie. Weil ich mich mit den Armen zwischen den Wänden eingeklemmt hatte wie eine Gardinenstange, schwankte ich zwar gewaltig, fiel aber nicht wieder. Auch dann nicht, als ich mit dem rechten Bein einen kleinen Ausfallschritt wagte und mich zwischen den Wänden nach oben drückte. Der Schmerz tobte an so vielen Stellen in meinem Körper, dass ich zu hoffen begann, dass vielleicht wenigstens ein Einbrecher in der Wohnung war, um mir zu helfen. Oder zumindest jemanden mit einer Spritze rufen könnte.

Dann wagte ich die letzten Meter zum Badezimmer. Mit der rechten Hand abstoßen, den linken Fuß vorschieben. Linke Hand abstoßen, rechten Fuß vorschieben. Nach etwa drei Minuten und 25 Schritten hatte ich mein Ziel erreicht.

Als ich mir im Badezimmer die Hände wusch, merkte ich, dass meine Krankheit mich wieder besuchte. Ich konnte sie immer noch nicht sehen, und ich konnte sie immer noch nicht hören, aber es war nicht einmal nötig, das Licht anzumachen oder mich umzudrehen. Sie saß auf dem Badewannenrand, das war klar.

»Fein ist das nicht, sich reinzuschleichen, während andere Leute pinkeln«, tadelte ich.

Keine Antwort. Die MS war älter geworden, größer und stärker. Aber reden tat sie immer noch nicht. Manchmal stellte ich sie mir als Frau vor. Ein Kerl würde als Gegner anders vorgehen. Der würde eine zünftige Prügelei suchen, und wenn er besiegt war, den Schwanz einziehen und sich verkrümeln. Blinddarmentzündung, Beinbruch, Herzinfarkt, das waren klassische Kerle. Mann gegen Mann, Faust auf Faust, keine Revanche.

Sich hingegen jeden Tag eine neue List einfallen zu lassen, einen heute nicht richtig laufen zu lassen, morgen taube Hautflecken zu erzeugen und einem übermorgen die Hände prickeln zu lassen, das schienen mir eher weibliche Listen zu sein. Jedenfalls war meine Krankheit da und verzichtete wieder einmal darauf, zu sagen, was sie eigentlich wollte. Deshalb brach ich das Schweigen.

»Sehr guter Angriff eben«, murmelte ich. »Unerwartet, hinterrücks, mitten in der Nacht. Der Rücken wird bestimmt wochenlang wehtun. Und dass du mich daran erinnert hast, wie schön es in der Krisenstation mit den Frauen war – geradezu teuflisch!«

Sie schwieg.

»Aber zu einem braven Kranken, der fleißig Medikamente spritzt und alle paar Monate in der Röhre verschwindet, macht mich das noch lange nicht. Vergiss es einfach.«

Auch darauf ging sie nicht ein. Ihr Schweigen klang sogar

deutlich verstockter als zuvor. Es wurde Zeit, grundsätzlicher zu werden.

»Mach dir mal eins klar: Du bist meine Krankheit und wohnst in meinem Körper. Klar kannst du mir das Leben schwer machen. Mich drangsalieren und mir Schmerzen zufügen, jeden einzelnen Schritt zur Qual machen. Aber ohne mich bist du erledigt. Wenn dieser Körper hier stirbt, dann stirbst du auch. Wenn du mich killen willst, dann komm und mach es. Lass mich zu Tode stürzen oder so was. Wir sind im Badezimmer. Der Boden ist rutschig, jede Ecke ist mit harten Fliesen beklebt, und ich drehe dir den Rücken zu. Begeh einfach Selbstmord. Dann haben wir es beide hinter uns!«

Es war nicht einmal nötig, mich umzudrehen. Die Krankheit war verschwunden. Ich kramte zwei Schmerztabletten aus dem Regal und schluckte sie. Diesmal ging ich in der Mitte des Flurs, ohne die Wände auch nur zu berühren. Auf halbem Weg bog ich nach rechts ab in mein Bürozimmer. Nachdem ich das Licht angeschaltet hatte, setzte ich mich und wartete darauf, dass der Schmerz geringer wurde. Dabei sah ich mir meine Weltkarte an. Auf der linken Seite, von Kanada bis Afrika, steckten eine ganze Menge Nadeln. Im Ostteil der Welt waren noch entschieden zu wenig. Das würde sich ändern, beschloss ich. Sosehr die MS sich auch einmischte. Die nächste Reise, die ich vorzubereiten hatte, führte mich allerdings wieder in die USA. Doch diesmal nicht in Wüste und Hitze. Ganz im Gegenteil.

USA: Vierzig Grad minus

Susann und ich waren schon krank, als wir in San Francisco aus dem Flugzeug stiegen. Wir hatten zwei Wochen in San Francisco eingeplant. Von kurz vor Weihnachten bis knapp ins neue Jahr. Über Beziehungen beschafften wir uns eine Tauschwohnung. Eventuell sollte das hier sogar ein Probelauf werden, um für längere Zeit in diese Stadt überzusiedeln.

»Könntest du dir vorstellen, mal für drei Monate nach San Francisco zu gehen, um dort zu schreiben?«, hatte Susann gefragt.

»Warum nicht?«, hatte ich geantwortet. San Francisco hatte mir schon auf früheren Reisen gefallen. Und Träume soll man verwirklichen.

In den nächsten Tagen verspielte San Francisco allerdings den guten Ruf, den die Stadt bei uns hatte. Sie war die Hölle. Derjenige, dem es gerade ein bisschen besser ging, schleppte sich morgens pflichtschuldig aus dem Bett und spazierte zum nächsten 7eleven-Markt, um uns mit Sandwiches und Medikamenten zu versorgen. Dann klappten wir wieder zusammen und beklagten unser Schicksal. Oder gaben uns gegenseitig die Schuld dafür, dass es uns schlecht ging.

Fieber ist ohnehin schlecht, wenn man MS hat. Hier erreichte es Höhen, die mich in geisteskranke Zustände führten. An die schlimmste Nacht kann ich mich nur noch verschwommen erinnern. Irgendwann lag ich auf dem Flur und versuchte, ins Badezimmer zu kriechen. Obwohl meine Hose nach unten gerutscht war und sich fest um die Knöchel gewickelt hatte. Selbst ein Entfesselungskünstler hätte so sein Ziel nicht erreicht. Dennoch versuchte ich es, bis ich auf dem Bauch lag und Susann mich befreite.

Zwei Tage später wich die Krankheit langsam zurück. Weit genug jedenfalls, damit wir morgens mehr Tabletten in uns stopfen konnten, als medizinisch zu vertreten war, um dann gemeinsam für ein paar Stunden durch die Stadt zu wanken. Ob wir Hand in Hand gingen oder ob Susann und ich uns gemeinsam auf meinen Stock stützten – manchmal konnte ich es nicht sagen. Aber immerhin: Trotz allem entdeckten wir ein paar Stückchen der Stadt. Und wir verbrachten den Heiligabend nicht auf dem Krankenlager. Sondern im ehemaligen Zentrum der Hippiebewegung.

»Hey, kauft meine Zeitung!« In der Haight Street stand ein Mann um die sechzig in speckiger Jeansjacke an der Wand und pries ein Straßenblättchen an. »Sie ist auf Recyclingpapier gedruckt! Wenn ihr sie kauft, laufen bald wieder Bären und Biber durch den Golden Gate Park! Seid ihr Veganer? Ist mir egal, ihr bekommt trotzdem ein Drittel Rabatt!« In der Haight Street begann vor über vierzig Jahren die Hippiebewegung, die Susann und ich als Kinder der Achtziger schon immer verachtet hatten. Um den Mann herum roch es süßlich, und angesichts seiner verwaschenen Aussprache bekam man ungewollt Zweifel an der Unschädlichkeit von Marihuana. Zumindest wenn man es länger als drei Jahrzehnte täglich nahm.

Wenige Häuser entfernt hatte jemand – vielleicht ein schwuler Christ? – ein Plakat in sein Fenster gehängt: »It's a sin to say God hates gay!« stand darauf.

Die Haight Street wirkte wie ein Freilichtmuseum. Zwar hatten hier ein paar Rudimente der Hippiekultur überlebt. Das »Red Victorian Inn« zum Beispiel, betrieben von der 83-jährigen Künstlerin Sami Sunchild. Bei ihr hingen nicht nur ihre Kunstwerke zum Verkauf an den Wänden. Zwischen den normalen Cafétischen standen auch die sogenannten »Conversation Tables«, an die man sich nur setzen sollte, wenn man bereit war, mit anderen Gästen Gespräche zu Fragen des Lebens zu führen, die auf einer speisekartenähnlichen Liste verzeichnet waren. Diese Tische blieben meistens leer. Nur ab und zu traute sich eine Gruppe Touristen heran, die groß genug war, alle verfügbaren Plätze gleichzeitig zu besetzen.

Schräg gegenüber lag der »Booksmith«, eine Buchhandlung, die auch von dem Ruhm lebte, Schauplatz von Allen Ginsbergs letzter Lesung gewesen zu sein. Ansonsten musste man aber bis in die Esoterikecke schlendern, um Unterschiede zu Hugendubel zu erkennen.

In einer Nebenstraße gab es noch immer eine Klinik, in der Einwohner des Viertels kostenlos behandelt wurden. Und an der Ecke Haight und Masonic Street herrschte dichter Andrang im »Goodwill-Shop«, einer Art amerikanischer Version von »Humana«.

Vor allem aber war die Haight Street voll mit Touristen. Meistens waren es Halbwüchsige, die alle aussahen, als kämen sie aus Kleinstädten des Mittelwestens und wollten hier für einige Stunden mal richtig die Sau rauslassen. Von Zeit zu Zeit bekam man sogar eine Bierdose zu sehen, die nicht in einer Papiertüte versteckt wurde.

Es schien, als seien die Ideale von Freiheit, Liebe, Drogen und dem Recht auf viertelstündige Gitarrensoli, die einst die Haight Street beherrschten, mittlerweile vollständig vom kulturellen Mainstream überrannt und zu ihrem eigenen diffusen Zitat geworden. Ein Zitat, das im Wesentlichen aus Batikhemden und Zitrusöl in den Schaufenstern bestand. Wer näher hinschaute, stellte fest: Selbst diese Dinge waren mittlerweile mehrheitlich irgendwo in Asien hergestellt.

Dann ließ die Wirkung unserer Tabletten langsam nach. Trotzdem kamen wir uns wie Sieger vor, als wir zu Hause vor dem Fernseher saßen. Susann unter einer Decke vor dem

Heizkörper, ich in langen Unterhosen und zwei Pullovern auf einem Sessel.

Als es uns beiden endlich wieder besser ging, holten wir in der restlichen Zeit so viel Tourismusprogramm nach, wie wir nur eben konnten. Danach war uns die Stadt leidlich bekannt. Doch eine Chance, uns in sie verliebt zu machen, bekam sie nicht. Dafür war ihr Empfang zu ruppig gewesen. An unserem letzten Abend machten wir einen Spaziergang durchs Castro, das Schwulenviertel von San Francisco. Das Viertel war proppenvoll. Neben uns zog es einige Passanten in die »Twin Peaks Bar«, die einst der erste schwule Club im Castro war. Im Vorüberschlendern sahen wir: Im noch immer nobel aussehenden Laden saßen vorrangig reifere Herren mit melancholischem Gesichtsausdruck. Wir hatten Hunger und ließen uns an die nächste Straßenecke treiben. Ein Diner namens »Orphan Andy's« hatte eine Speisekarte an der Scheibe kleben, und die Leute dahinter sahen deutlich jünger aus als im Twin Peaks. Genug Gründe, die kalte Nacht hinter sich zu lassen. Der Laden war proppenvoll, nur ganz am Eingang, wo bei jedem Türöffnen die Zugluft hineinströmte, war noch ein Tisch zu haben. Nebenan versuchte ein kahl rasierter, schwarz gekleideter Galerist einen Kunden von seiner neuesten Entdeckung zu überzeugen.

Die Burger bei Andy waren teuer. Der Kuchen schauderhaft und in Sprühsahne erstickt. Das Eis servierte man hier halb geschmolzen in Suppentellern. Aber die Kellner waren durchtrainiert, gut gelaunt und gaben sich kokett. Also war die Stimmung super. Gleich begann die Silvesternacht in San Francisco. Morgen Abend würden Susann und ich uns ins Flugzeug setzen, um Thomas in Denver zu treffen. Grippe hin oder her: Wir hatten die USA bei fünfzig Grad plus erlebt. Jetzt wollten wir das andere Extrem. Und dafür war ein bisschen kalter Wind in San Francisco längst nicht genug.

Thomas wartete mit dem Auto schon am Flughafen in Denver. Bereits dort spürten wir, warum die Stadt »Mile high City« genannt wurde: Anfang Januar würden meine langen Unterhosen, die ich bislang nur gebraucht hatte, um mit meiner abebbenden Erkältung vor dem Fernseher zu sitzen, bitter nötig sein. Gegen Abend erreichten wir Gunnison in den Rocky Mountains. In fast dreitausend Metern Höhe übernahm uns Jane, eine grauhaarige Frau in den 50ern. Auf den ersten Blick ein echtes Naturkind, in praktischem Schuhwerk und Lederweste. Auf den zweiten Blick sahen wir die penibel überkronten Zähne. Das Braun der Haut, das zu gleichmäßig war, um nicht aus dem Solarium zu stammen. Tatsächlich erzählte uns Jane, dass sie bis vor wenigen Jahren in Orlando/Florida als PR-Frau für den Disney-Konzern gearbeitet hatte. Auf ihre Art und Weise war Jane eine typische amerikanische Fremdenführerin: Wo immer sie eingesetzt wurde, würde sie sich wie ein Chamäleon den Gegebenheiten anpassen, um ihren Kunden das Gefühl von Authentizität zu vermitteln. Ich hätte darauf gewettet, dass sie sich in den Bars von Manhattan genauso professionell bewegen würde wie hier oder in den Swamps von Louisiana. Ob sie sich persönlich wohlfühlte, spielte dabei keine Rolle. Vielleicht wusste sie es selbst nicht genau.

Am nächsten Morgen wirbelten dicke Schneeflocken durch die Luft. Aber ein Cowboy kennt kein Schlottern, und so wollten wir trotzdem ausreiten. Die Pferde warteten an der »Fantasy Ranch«, ein paar hundert Höhenmeter über Crested Butte gelegen. So hatte es Jane uns gesagt. »Vielleicht kann man ja einfach in der Ranch einen Tee trinken«, hoffte ich, als wir sie mit einer anderen Frau am Wegrand stehen sahen. Neben einem Verschlag mit einer Pferdekoppel. Ein Ranchgebäude war allerdings nicht zu sehen.

»Das ist Liz«, rief Jane, als wir zögerlich ausstiegen. »Ihr gehört die Fantasy Ranch. Die ist immer da, wo sie sich mit ihren Kunden trifft!«

Aha. Mehr als éine Tasse Fantasietee war hier also nicht zu erwarten.

Kollege Linkel, begeisterter Reiter, eilte im Dauerlauf zu den Pferden. Ich bemühte mich um Tapferkeit. Dass ich bislang nur zweimal im Sattel eines Ponys gesessen hatte, hatte ich verschwiegen. Liz fing meinen Blick auf. Neben das bravste, dickste Pferd stellte sie eine dreistufige Leiter. »Das ist Dallas. Ein Trailpferd. Auch wenn du gar nichts machst, trottet es immer an letzter Stelle den anderen hinterher. Wie ein Autopilot.«

Doch so todesmutig ich mir auch den Hut ins Gesicht zog, sooft sie mir auch auf den Rücken von Dallas helfen wollte – ich konnte mich einfach nicht das letzte Stück in den Sattel schwingen. Nach einigen Versuchen erlöste mich Susann.

»Dann reite ich einfach«, sagte sie. Ich versuchte gar nicht erst zu protestieren. Als Susann mit den anderen im Wald verschwand, blieb ich mit einem unangenehmen Gefühl in der Brust zurück. Schuldig fühlte ich mich, weil statt meiner nun Susann durch den Schnee musste. Wütend war ich auch auf meine Krankheit. Und irgendwo dazwischen steckte etwas, was ich das »katholische Gefühl« nenne. Das fragt mich immer, ob ich vielleicht Schuld habe an meiner Krankheit? Ob alles anders sein könnte, wenn ich als Student nicht so viel gesoffen hätte? Wenn ich jeden Tag meine Übungen machen würde? All die Tabletten schluckte, die mir von den Ärzten empfohlen worden sind? Wenn ich überhaupt ein besserer Mensch wäre?

Natürlich war das Blödsinn, und ich wusste es auch. Aber wenn ich manchmal nachts wach lag oder wenn ich wie jetzt gerade darauf wartete, dass meine Freundin am Waldrand erschien, die meinetwegen auf einem Pferd sitzen und sich vollschneien lassen musste, dann konnte mir das katholische Gefühl eine wirklich miese Zeit bereiten.

Nachdem ich eine Stunde lang auf den Wald gestarrt hatte, sah ich sie. Der Trail war zu Ende. Kaum hatte ich gemerkt, dass die Sonne den Schnee schon längst vom Himmel gebrannt hatte. Die Reiter erreichten gut gelaunt die Koppel. Susann war nicht vom Pferd gestürzt. Sie wollte nur schleunigst in ein Café, um sich aufzuwärmen.

Jane hatte noch andere Pläne. Sie verfrachtete uns in ihren Geländewagen und fuhr weiter in die Berge. Der nächste Pass war über 12000 Fuß hoch. 3600 Meter also. Allmählich wurde uns von der Höhe ein bisschen schwindlig. Auf einem dünn bewaldeten Hochplateau, das wir nach einiger Zeit erreichten, führte die Piste an einem Holzschild vorbei. »Welcome to Tin Cup. This is God's country. Please don't drive through it like hell« war darauf zu lesen. Dahinter standen einige verfallene Holzhütten. Manche hatten Vorgärten und Gardinen vor den Fenstern. Das kleine Hochgebirgsörtchen wurde noch bewohnt, obwohl es im Winter von der Außenwelt abgeschnitten ist.

»Tin Cup war mal ein gesetzloser Ort«, berichtete Jane. »Im 19. Jahrhundert versuchte man hier einen Sheriff zu etablieren. Aber die ersten fünf wurden erschossen. Der sechste starb an einer Krankheit. Und der siebte floh, als er hörte, dass auch er getötet werden sollte. Seitdem gibt es hier keinen Sheriff mehr.«

Sie fuhr bis zu einem alten Friedhof. Der bestand in Tin Cup aus vier Hügeln und ist bis heute in Betrieb. Einer ist für die Katholiken. Zwei weitere für Protestanten und Juden. Der vierte heißt »Boot Hill«. Hier lagen alle begraben, die nie über ihre Religion gesprochen hatten. Oder die nach ihrer Ankunft zu schnell im Duell starben.

Neben einem verfallenen Grab quietschte ein Baum im

leichten Wind. »Die Leute sagen, dass hier ein Cowboy liegt, der jeden Tag seines Lebens im Saloon war«, erzählte uns Jane mit ernster Miene. »Deswegen quietscht der Baum über ihm wie eine Saloontür, damit er in alle Ewigkeit sein Lieblingsgeräusch hört.«

»Ehrlich?« Wir waren beeindruckt.

»Nö«, lachte Jane. »Hab ich selbst erfunden. Ist aber eine schöne Geschichte, oder?«

Graue Schemen rasten an mir vorbei. Die nächste Kurve traf ich nur durch Zufall. Wenn wir geglaubt hatten, der Winter in den Bergen von Colorado sei hart: Hier und jetzt, in Ely/Minnesota an der kanadischen Grenze wurden wir eines Besseren belehrt. Nancy auf dem Schneemobil vor mir konnte ich schon seit Minuten nicht mehr sehen. Nicht optimal, wenn man mit 65 Stundenkilometern und bei vierzig Grad minus durch einen verschneiten Wald raste. Um wieder etwas

Schneemobiltour bei 40 Grad minus, Minnesota (der Autor ist der 2. v. l.)

erkennen zu können, musste ich mein vereistes Visier ein Stück hochklappen. Der Fahrtwind prügelte in mein Gesicht. Über den Windchill-Effekt dachte ich lieber nicht nach.

Auf dem Schneemobil vor mir hob Nancy die Hand. Am Wegrand lagen hart gefrorene Fellbüschel. »Rehe. Das, was die Wölfe von ihnen übrig gelassen haben«, rief Nancy. Über einen zugefrorenen See führte sie uns zurück zur Lodge. Als sie ihren beheizbaren Helm absetzte und mein völlig vereistes Visier sah, lachte sie noch einmal schallend. Dann klopfte sie mir auf die Schulter. »Brave man!« Mein Antwortgrinsen geriet etwas schief. Die Kälte hatte mein Gesicht taub gemacht.

»Lasst uns ein bisschen zusammen heulen«, schlug Jesse vor.

Wir trafen sie im Wolf Center am Rande von Ely, wenige Stunden nachdem Nancy uns wieder an der Ely Lodge abgesetzt hatte. Im Center, einem modernen, erst vor wenigen Jahren eröffneten Gebäude, wurde über Wölfe geforscht und informiert. Etwa viertausend von ihnen sollte es im Nordosten von Minnesota geben. Das Wolf Center verfügte sogar über ein eigenes Rudel. Sechs Wölfe wurden auf einem eingezäunten Stück Wald unter naturnahen Bedingungen gehalten. Zum Gebäude hin endete das Areal an einer Plexiglasscheibe. Dahinter standen wir. Manchmal schlurfte ein Wolf heran. Ohne diese Scheibe hätten wir ihn streicheln können. Ohne diese Scheibe wären wir wahrscheinlich zehn Sekunden später tot gewesen.

Jesse hatte mittlerweile ein Laptop aufgebaut und spielte uns einige Aufnahmen von Wolfsgeheul vor. Die 26-Jährige kam aus Michigan und war Lehrerin für Naturwissenschaften in New York und Chicago, bis sie ihr Herz an Ely und die Wölfe verlor.

»Dieses Geheul ist das Wichtigste im Wald. Es bedeutet

einfach ›Wir sind hier‹. Oder, wenn es etwas aggressiver klingt, ›Wir haben Beute, lasst uns in Ruhe‹«, erklärte Jesse.

Dann fing sie selbst an zu heulen. Kehlig. Viel lauter, als man es ihrer zarten Gestalt zugetraut hätte. Wir räusperten uns und versuchten einzufallen. Immerhin gelang es Thomas und Susann, fast so laut zu jaulen wie Jesse, während ich wie ein neugeborener Welpe klang, der kläglich nach Milch winselte. Trotzdem schien Jesse nach ein paar Versuchen zufrieden zu sein.

»Gut, dann lasst uns in den Wald fahren.«

Draußen wurde es gerade dunkel. Nach einigen Meilen hielt Jesse an und schaltete den Motor ab. Mit einer Kopfbewegung bedeutete sie uns auszusteigen. Mich hielt sie allerdings gleich an der Wagentür auf.

»Bleib lieber hier stehen, Knud. Und lass die Tür angelehnt. Falls ein Wolf kommt, haben wir nur wenige Sekunden Zeit, in den Wagen zu klettern.«

Wieder einmal musste ich also einen Schritt zurücktreten, während die anderen ihren Spaß hatten. Manchmal war ich es wirklich leid. Andererseits hatte ich auch keine Lust auf einen schnellen Tod durch Kehlbiss. Also nickte ich brav. Die anderen gingen von der Straße in den Wald, der sie hier schon wenige Meter von der Fahrbahn entfernt verschluckte. Nur noch der Klang ihres Atems und das Knirschen ihrer Schritte waren zu hören. Dann begann Jesse zu heulen. Susann und Thomas fielen ein. Auch ich bemühte mich zu helfen, damit ich mir nicht völlig überflüssig vorkam. Und klang dabei immerhin wie ein satter Welpe. Doch Antwort kam keine. Kopfschüttelnd kam Jesse aus dem Dickicht. Wir fuhren weiter und versuchten es an einer anderen Stelle. Wieder nichts. Zunächst.

Doch dann hörten wir ein weit entferntes Heulen. Aus vier, vielleicht sechs Kehlen. Versuchte tatsächlich ein anderes Ru-

Der mit dem Wolf spricht

del mit uns Kontakt aufzunehmen? War das der Ruf der Wildnis? Jesse lauschte kurz und begann zu lachen.

»Das sind keine Wölfe. Das sind auch Menschen.«

Als es am nächsten Abend dunkel wurde, fuhr ein Van am Eingang der Lodge vor. Matthew Schmitt saß am Steuer. Der Lebensgefährte von Jesse, der je nach Jahreszeit als Jäger, Angler oder Koch arbeitete. Und der selbst klirrendste Kälte einfach an sich abprallen ließ. Während wir ohne Mütze und lange Unterhosen kaum noch das Bett verließen, trug er nicht einmal Handschuhe. Und das bei 38 Grad unter null.

»Wie kommt es, dass mir bei diesen Temperaturen die Hände abfrieren und dir nicht?«, wollte ich wissen.

»Ach.« Er blies ein bisschen Luft durch die Nasenflügel aus. »Ich finde, das mit der Kälte ist in erster Linie eine Frage der inneren Einstellung.«

»Matthew, hast du da etwa gerade gesagt: Hey, Deutscher, stell dich nicht an wie eine Pussy?«

Matthew entschloss sich zu einem kurzen fröhlichen Gelächter. Und gab Gas.

Nach kurzer Fahrt entlang der Waldstücke, in denen wir gestern vergeblich nach Wölfen geheult hatten, erreichten wir den Lake Vermilion.

Die Eisdecke auf dem See war übersät mit kleinen Holzhütten, in denen die Eisfischer ihrem Hobby nachgingen. Es sah malerisch aus. Schön. Und lebensfeindlich. Mittlerweile konnte man hinter den Atemwolken kaum noch die Gesichter der anderen erkennen. Die Fische, die Matthew bereits am Morgen gefangen hatte, lagen noch neben der Hütte. So hart gefroren, dass man mühelos jemanden damit erschlagen konnte.

Matthew öffnete seine Hütte. Vier Löcher waren in das ein Meter dicke Eis gebohrt, vor jedem stand ein Campingstuhl. Dazu ein kleiner Tisch in der Ecke. Und ein Elektroheizgerät, das er anschaltete. Von der Decke hingen zwei Angelschnüre. Mit bloßer Hand griff er in die Löcher und hob das dünne Eis heraus, das sich seit dem Morgen gebildet hatte. Matthew hängte Köder an die Haken und ließ sie in die Löcher gleiten. Während er das tat, entdeckte ich in einem Eimer unter dem Tisch ein Blatt Spielkarten.

»Triffst du dich etwa auch zum Spielen hier bei dieser Saukälte?!«

»So kalt ist das gar nicht. Wirst du bald sehen. Und ein bisschen Krach machen kann man während des Angelns auch. Durch das dicke Eis hören uns die Fische nicht. Außerdem will man doch auch seinen Spaß haben hier draußen.«

Er kam einen Schritt auf mich zu und grinste wie ein 13-Jähriger.

»Bevor ich Jesse kennen lernte, habe ich auch manchmal einem Girl meine Hütte gezeigt. Die aus der Stadt halten dich ja schon für einen Helden, bloß weil du sie mit dem Auto übers Eis fährst.«

»Achtung, jetzt wird es kompliziert!«, wandte er sich wieder uns allen zu. »Wenn was anbeißt, einfach mit der Hand die Schnur blockieren und den Fisch rausziehen.« Dann ging er mit Thomas hinaus und ließ Susann und mich in der Hütte sitzen.

Gut. Passen wir eben auf. Das Heizgerät ließ unsere Atemwolken dünner werden und dann verschwinden. Richtig gemütlich wurde es hier. Irgendwie …

»Hey! Nicht schlafen!« Matthew klopfte mir auf die Schulter. Ich zuckte zusammen. Auch Susann öffnete verschreckt die Augen. Das Thermometer in der Ecke zeigte acht Grad plus. So eine Hitze waren wir einfach nicht mehr gewöhnt.

Der nächste Morgen brachte immer noch sonnige stahlblaue Kälte. Nachdem wir den Tag über gefahren waren, studierte

Susann zusehends hektischer die Straßenkarte. Thomas blickte immer wieder verkrampft auf die Tanknadel, die durch den roten Bereich zitterte. Seit über zwanzig Meilen hatten wir keine menschliche Behausung mehr gesehen, und draußen dunkelte es rapide. Kein guter Zustand bei diesem Klima. Denn dass wir in einem Auto saßen, bot nur eine trügerische Sicherheit. Sobald der Tank leer gefahren war, fiel auch die Heizung aus, und dann war man allein mit diesen mörderischen Temperaturen. Gerade als sich diese Überlegung in meinem Bauch zu einem drückenden Klumpen formte, seufzte Susann erleichtert auf. »An der nächsten Kreuzung rechts. In fünfzehn Meilen kommt das Red-Lake-Reservat. Da gibt es ein Casino.«

Casinos waren zuverlässige Anlaufstationen in Gegenden wie diesen. Wenn der weiße Mann den Indianern Reservate zugewiesen, ihnen alles genommen und überdies noch ihren sozialen Zusammenhalt zerstört hatte, dann bekamen sie im Gegenzug das Recht, ein Casino zu eröffnen und rund um die Uhr Alkohol auszuschenken. Im Grunde sind die Casinos die Glasperlen unserer Zeit. Am besten für uns war: Wo Casinos waren, da gab es immer billige Zimmer. Schließlich sollten die Leute bleiben, aber genug Geld zum Spielen in der Tasche behalten. Normalerweise.

Das Casino in Red Lake war ein Blechcontainer, in dem vielleicht hundert Spielautomaten standen. An drei von ihnen wurde gespielt. Am Eingang hing ein schlecht kopierter Zettel, auf dem nach einer vermissten Frau gesucht wurde. »A Hotel? In Red Lake?« Die circa zweieinhalb Zentner schwere Indianerin, die an der Tür Wache stand, lachte freudlos.

Immerhin war eine Tankstelle neben dem Casino. Und ein Supermarkt, in dem es aussah wie in Bratislava 1982. Die nur halb gefüllten Regale trugen ausschließlich No-Name-Produkte. Markenware gab es nur bei den Schokoriegeln. Auch hier hing ein kopierter Zettel im Eingang. Er bot der Jugend der Gegend Lehrstunden bei einer ehemaligen Profi-Wrestlerin an. Nebenan stand ein altersschwacher Flipper, um den sich einige Exemplare der hiesigen Jugend versammelt hatten. Die Jungs trugen schon mit vierzehn Bauchansätze, wie sie nur einseitige, billige, fette Ernährung hervorbringen konnte. Zwei stumpf blickende Mädchen lehnten an der Wand und starrten die Jungs beim Spiel an. Hier sah niemand so aus, als ob eine strahlende Zukunft auf ihn wartete.

Nach einer halben Stunde in Red Lake gaben wir wieder Gas und hofften, dass wir nie mehr zurückkehren würden. Die nächsten beiden Tage kamen wir in einer überheizten Edel-Lodge unter, die uns von einer Agentur spendiert wurde. Nach Tagen bei dreißig bis vierzig Grad minus verließen wir unser Häuschen nur noch im äußersten Notfall.

Post von Hiromi

Lieber Knud,
heute schreibe ich etwas über meinen Alltag.

In jeder Woche kommen über zwanzig Leute zu mir.

Zehn Helper genannte Frauen. Sie kommen abwechselnd von Montag bis Freitag von 7.30 bis 9 und von 17 bis 18.30 Uhr. Sie helfen mir beim Essen, Umziehen, Zähneputzen und waschen mir mit nassen Tüchern das Gesicht.

Von 9 bis 17 Uhr ist die Haushaltshelferin da. Sie kocht, putzt, wäscht und hilft mir beim Essen.

Weil ich selbständig nicht viel machen kann, muss jemand immer zu Hause sein, um mir zu helfen aufzustehen, um mich ins Bett zu legen usw.

Zweimal pro Woche kommen jeweils drei Leute vom Mobilen Dienst, um mich zu baden. Sie bringen eine Badewanne in mein Zimmer, heben mich hinein und waschen mich.

Einmal pro Woche kommen der Arzt und zwei Krankenschwestern.

Alle zwei Wochen kommt der Zahnarzt, um meine Zähne gründlich zu putzen.

Viermal pro Woche kommen die Physiotherapeuten. Die Physiotherapie ist für mich wie eine Folter. Meine Hände und Schultern tun mir ständig weh. Wenn ich meinen Körper bewege, tun sie mir noch mehr weh. Es tut mir auch sehr weh, meine Hände und Schultern zu bewegen, aber ich muss sie bewegen, sonst werden die Muskeln immer steifer. Dieser Tage kann ich meine Hände nicht ganz heben, daher kann ich zum Beispiel meinen Kopf nicht anfassen. Mein rechter Arm lässt sich nicht ganz biegen.

Mein ganzer Körper ist stark eingeschnürt. Ich übe zwar, mit Hilfe der Physiotherapeuten zu laufen, aber während ich laufe, wird mein Körper noch stärker eingeschnürt.

Ich lese gern. Ich möchte sehr gern Bücher schreiben.

Wenn es mir wieder besser geht, möchte ich wieder nach Deutschland fliegen.

Ich freue mich sehr, Dich und meine alten Freunde irgendwann zu treffen.

Alles, alles Gute!

Hiromi

Wie hatte mein Tag ausgesehen, bis ich am späten Vormittag Hiromis Brief aus dem Kasten holte? Schlecht gelaunt, das auf jeden Fall. Obwohl die Sonne durch den Vorhang aufs Bett schien. Wie so oft begann ich den Tag damit, dass ich in mir nach Sorgen suchte. Das tat ich schon mein ganzes Leben lang so gewohnheitsmäßig, dass es mir lange gar nicht bewusst war. Dass ich es seit einiger Zeit merkte, half leider nicht, es mir abzugewöhnen. Geldsorgen gingen immer, um den Tag richtig mies starten zu lassen. Wie nur die Telefonrechnung bezahlen? Die nächste Lebensmittellieferung? Die nächste Miete oder die überübernächste? Bestimmt verlor ich auch gerade einen Freund, der mir Geld geliehen hatte. Obwohl der die Schuld nie anmahnte und dreimal so viel verdiente wie ich.

Mein Gymnastikprogramm brachte ich luschig hinter mich. War nicht gestern alles viel besser und geschmeidiger gegangen? Zur Sicherheit machte ich mir noch ein paar Sorgen über die schleichende Verschlimmerung meiner MS.

Als Nächstes widerte mich der Abwasch an, der von gestern Abend in der Küche stand und den ich großzügig angekündigt hatte zu erledigen, als meine Freundin gerade damit anfangen wollte. Dann setzte ich eine italienische Kaffeekanne auf, in die ein sechzehnfacher Espresso passte. Ohne einen Bissen zu essen, setzte ich mich mit einer randvollen Tasse, in der sich alle sechzehn Espressi mit zwei Suppenlöffeln Zucker tummelten, vor den Computer. Zunächst nervte es mich, dass er so lange zum Hochfahren brauchte. Dann wirkte das Koffein. Oder waren das Herzrhythmusstörungen, die in meiner Brust rumpelten?

Nach ein paar Atemübungen gingen die Herzängste vorbei. Dafür kam die schlechte Laune wieder. Laut meinem Terminkalender hatte ich nachher drei Telefonate zu führen, von denen mindestens zwei mir keinen Spaß bringen würden. Einen kurzen Text musste ich schreiben, damit ich ihn morgen Vormittag überarbeiten und an die Redaktion schicken konnte. Und für einen Freund ein Konzept durchsehen, auf das ich keine Lust hatte. Großartig!

Ich surfte durchs Netz und las Dinge, die mich nicht interessierten. Bis ich im Hausflur die Postbotin hörte. Vielleicht würde sie ja etwas bringen, was meine Laune verbesserte? Ohne große Hoffnung humpelte ich die 24 Stufen nach unten. Und fand Hiromis Brief.

Ich las ihn zweimal. Dann fiel mir auf, dass immer noch die Sonne schien. Dass die Zeit gekommen war, zu der ich meine Freundin wecken wollte. Dass ich einfach ins Zimmer nebenan gehen konnte, um das zu tun. Selbst an einem sehr schlechten Tag würde ich mich zwar an einer Wand abstützen müssen. Aber ich konnte auf eigenen Beinen dorthin kommen. War ich eigentlich komplett wahnsinnig, so schlechte Laune zu haben?!

Vorsichtig küsste ich Susann wach. Dann nahm ich meinen Stock und ging nach draußen, zum Kirchplatz, den ich von meinem Schlafzimmer aus sehen konnte. Vor dem ersten Café blieb ich stehen. Schaute durch die Tür.

»Bringst du mir ein Croissant und einen kleinen Kakao raus«, bat ich den Mann am Tresen durch die geöffnete Tür. Das hatte ich schon oft getan.

»Klar«, lächelte er breit zurück. Das hatte er schon oft getan.

Kurz darauf stand das Gewünschte vor mir.

»Der freut sich, weil seine Mannschaft gestern gewonnen hat«, dachte ich. Plötzlich merkte ich, dass ich in Gedanken mit Hiromi sprach, die neuntausend Kilometer von hier in ihrem Bett lag. Ich würde ihr so gern sagen, wie mein Tag heute aussah. Dass sich meine Stimmung wegen ihres Briefs geändert hatte. Vorher war der Tag so grundlos grau gewesen, und jetzt wurde er wegen ihrer Zeilen genauso grundlos immer heller und strahlender. Die Anrufe und die Texte mussten warten, entschied ich. Ich stellte mir mein Leben als Film vor und wandte mich im Off an Hiromi.

»Das hier ist ein Laden, in dem ich gar nicht so oft bin. Vielleicht einmal pro Woche, eher seltener«, erklärte ich Hiromi. »Eigentlich nur, wenn ich ein Croissant essen möchte. Die sind hier besser als in den anderen Geschäften rund um den Platz.«

Als ich mit dem Kakao fertig war, führte ich Hiromi um die Ecke. Zu einem Deli, in dem ich fast jeden Tag saß. Dort plauderte ich mit dem Wirt und stellte sie als meine Brieffreundin vor. Danach brachte ich sie zum Restaurant gegenüber meiner Wohnung, wo wir mit Handschlag begrüßt wurden.

Es war schon Nachmittag, als ich mich von Hiromi verabschiedete und wieder nach Hause ging.

Allzu schwer war es nicht, die Telefonate per E-Mail auf den nächsten Tag zu verschieben. Um den Artikel zu schreiben, würde ich morgen einfach früh aufstehen. Und der Freund würde ein Freund von mir bleiben, auch wenn ich ihm das Konzept ein paar Tage später korrigierte.

Der Abend hatte schon begonnen, da merkte ich, dass ich Hiromi noch etwas zeigen wollte.

»Ich geh noch mal raus. Nach Paris«, sagte ich zu meiner Freundin. »Magst du nachher nachkommen?«

»Ist heute Wandertag?«, fragte sie verwundert.

»So was Ähnliches.«

Unser Paris lag auf der Rückseite des Kirchplatzes. Entlang einer breiten autofreien Kopfsteinpflasterstraße waren ein paar Bänke aufgestellt. Es gab Geschäfte, in denen Blasinstrumente verkauft wurden, alte CDs und bunte indische Tücher. Typische Nebenstraßengeschäfte eben. Wenn am Abend die Sonne durch die Bäume schien, warfen sie intensive Lichtmuster auf das Pflaster. Susann hatte angefangen, den Platz deshalb Paris zu nennen.

»Weil ich noch nie in Paris war, habe ich nicht protestiert«, erklärte ich Hiromi.

Durch die Kirchenfenster hörten wir Gesang. Der Gemeindechor probte gerade. Ein paar Fledermäuse wurden davon aus dem Dachgebälk aufgescheucht. Dann kam Susann um die Kirche.

»Sag mal, sind das Fledermäuse da oben?«, fragte sie, als sie sich neben mich setzte.

»Ja. Du musst aber keine Angst haben. Wenn sie uns zu nahe kommen, beiße ich ihnen in den Hals.«

Sie lachte. Da erst merkte ich, dass Hiromi sich wortlos verabschiedet hatte. Diskret war meine Brieffreundin also auch noch.

An diesem Abend, als wir das Licht schon gelöscht hatten, drehte ich mich zu Susann. Seit ich täglich Gymnastik trieb, gelang mir das wieder, ohne dass ich mich mit wildem Schwung aus der Schulter herumwerfen musste. Ich winkelte das linke Bein an, hob mit der rechten Hand das rechte daneben. Dann ließ ich mich einfach zur Seite rollen. Ich legte meine Arme um sie.

»Wassn?«, murmelte sie.

»Weiterschlafen.«

Dann spürte ich es. Eine warme Welle von ihrem Bauch durch meine linke Hand. Sie wärmte meine Brust, strömte durch meinen rechten Arm und floss von meinem Körper durch die Fingerspitzen zu ihrem Knie.

»Liebe durchfloss mich.« Solche Formulierungen waren immer Grund genug für mich gewesen, ein Buch in die Ecke zu schmeißen.

Aber genau das passierte wohl gerade. Ich war so unglaublich, so unbeschreiblich froh, dass ich auch nach sechs Jahren MS immer noch in der Lage war, mich zu Susann drehen und sie mit beiden Händen greifen zu können. Und selbst wenn heute Nacht, meinetwegen gerade jetzt, eine neue Entzündung sich in meinem Hirn bilden sollte, die machte, dass auch ich morgen Krämpfe in den Händen hatte, meine Beine nicht mehr bewegen konnte und womöglich auch noch blind wurde – jetzt war ich hier. So lange schon krank und immer noch bei ihr. Ich wollte ewig so liegen bleiben. Immer ihr leises Schnorcheln hören und nie mehr einschlafen.

Das war so ziemlich der letzte Gedanke, den ich vor dem Einschlafen hatte. Es war gut, dass ich einschlief. Denn bald sollte ich auf eine Reise gehen, die mir zeigte, dass mir die seltsamsten Dinge nicht am anderen Ende der Welt, sondern auch eine gute Autostunde von meiner Wohnung entfernt geschehen konnten.

Unglaubliches in der Uckermark

»Betet eigentlich jemand für Sie?« Gräfin von Arnim schaute mich fragend an. Zusammen saßen wir auf Campingstühlen im parkähnlichen Garten ihres Gutshofs, ein paar Dutzend Kilometer nordöstlich von Berlin.

»Keine Ahnung. Wahrscheinlich nicht.« Diese Frage hatte ich mir noch nicht gestellt.

»Sie müssen es nur sagen, dann bekommen Sie ein Gebet«, sagte die Gräfin freundlich. Ich überlegte kurz. Diese Frage passte zu einem Treffen, das schon in den ersten Minuten äußerst merkwürdig verlief. Mein Fotograf und ich recherchierten gerade eine Geschichte über die Uckermark. Er war schon eine Woche zuvor in Berlin gelandet, um mit mir anlässlich des zwanzigsten Jahrestages des Mauerfalls ein Porträt meiner Stadt zu machen. Irgendwie war mir die Idee gekommen, auch ein Porträt der nahe liegenden Uckermark anzubieten, des Junkerlands vor Berlins Toren, das sich gerade zum Martha's Vineyard für Künstler und Chefredakteure entwickelte und außerdem noch Heimat der Kanzlerin war. Nach einigen Telefonaten biss das Magazin einer ausländischen Fluglinie an, deren Redakteurin ich erzählt hatte, dass in dieser Gegend so wenige Menschen leben, dass sie von der UNESCO als »unbesiedelt« geführt wird. Dass es dort Schlösser gäbe und dass in den letzten Jahren vereinzelt wieder Wölfe in der Gegend gesichtet worden waren. Obwohl all das faktisch stimmte, hatte ich bei der ganzen Reise das Gefühl, eine nette Auftraggeberin zu betrügen.

Da dieser Landstrich nur eine Autostunde von Berlin entfernt lag, hatte ich Susann zu einem Kurzurlaub mitgenommen.

Eine Reisereportage besteht natürlich nicht nur aus Junkerschlössern und Geschichten über Wölfe. Ich brauchte Interviewpartner. Schon in der Vorbereitung hatte ich immer wieder von einer »Apfelgräfin« gelesen, die seit einigen Jahren besonders guten Apfelsaft in der Uckermark produzieren sollte. Tatsächlich standen auf der Speisekarte des Schlosshotels, das uns Quartier gab, gleich zwei Sorten: »Apfelsaft« und »Daisy-Saft«. Außerdem sollte sie zu dem Geschlecht der von Arnims gehören.

Die Gräfin hatte uns mit Kaffee und Kuchen empfangen. Dass ein Mitglied des Adels Kuchen aus dem Supermarkt von der Alufolie servierte, hatte mich von Beginn an für sie eingenommen. Das Gespräch lief also wie von selbst. Dann stellte sie die Frage nach dem Gebet.

Mittlerweile war ich fertig mit Überlegen.

»Gut. Ich nehme eins. Wenn Sie so freundlich sind«, sagte ich. In den letzten Jahren habe ich schon deutlich beklopptere Sachen gemacht, dachte ich.

»Gut, ich hole meinen Mann«. Sie stand auf. »Es ist besser, wenn ein Mann für einen Mann betet.«

Jetzt wurde ich doch etwas unsicher. Die Sache hier schien sich auszuwachsen. Aber wohin? Meine Hand zuckte unbestimmt in Susanns Richtung. Die verstand.

»Wir machen einen kleinen Spaziergang.« Entschieden zog sie Thomas am Ärmel fort.

Die Gräfin kam mit ihrem Mann zurück, einem schlanken Mann von vielleicht vierzig Jahren, mit Streifenhemd und einer Brille, die er gleich zur Begrüßung absetzte.

»Hallo. Ich bin Michael. Daisy kennst du ja schon. Es ist besser, wenn man sich duzt, wenn man für jemanden betet.«

Dann stellte er ein paar Fragen zu mir und der Krankheit,

die ich gehorsam beantwortete. Nicht nur, dass ich nichts verschwieg, was er wissen wollte. Ich kam nicht mal auf den Gedanken, dass ich etwas verschweigen könnte. Entweder die Gräfin, die jetzt Daisy hieß, hatte mir etwas in den Kaffee geschüttet. Was ich bezweifelte. Immerhin hatten wir alle aus derselben Kanne getrunken. Oder Graf Michael hatte ein wirklich einnehmendes Wesen.

Dann setzte sich Daisy mit ihrem Stuhl ein Stück weit zurück. Genau so weit, dass sie mein Knie berühren konnte, wenn sie sich nach vorn beugte. Michael setzte sich auf einen Stuhl direkt neben meinen. Wenn er mich ansah, waren unsere Gesichter ungefähr dreißig Zentimeter voneinander entfernt.

»Bist du bereit?«, fragte er.

»Ja«, nickte ich. Und war erstaunt, wie heiser meine Stimme klang. Und dass ich in mir wirklich Bereitschaft spürte. Für was auch immer.

Daisy und Michael wechselten einen kurzen Blick. Dann nickte er, und die beiden begannen zu beten. Sprachen sie das Vaterunser? Oder ein anderes Gebet? Aber warum sagten sie einige Zeilen auf Englisch? Und die Sätze, die ich kaum verstand, die teils nach Babysprache und teils nach Mittelhochdeutsch klangen – das war wohl dieses »in Zungen sprechen«, von dem ich schon so oft gehört hatte, unter dem ich mir aber nie etwas vorstellen konnte? Oder bildete ich mir nur ein, dass sie das Vaterunser sprachen? Weil die Szenerie so unwirklich war und das das einzige Gebet war, das ich zumindest teilweise mitflüstern konnte?

Dann schwiegen die beiden für einige Sekunden. Michael schaute mir in die Augen. Legte eine Hand auf meine Schulter, die andere auf mein Knie. Daisy's Hand spürte ich auf dem anderen.

»Vaddergott«, sagte er. Oder etwas ganz anderes, das so

ähnlich klang. An die nächsten zehn Minuten habe ich nur noch verschwommene Erinnerungen. Wenn ich richtig verstand, wandte Michael sich in seinem seltsamen Sprachgemisch an die Krankheit. Im Namen von Jesus Christus sprach er ihr jede Macht über meinen Körper ab. Befahl ihr, nicht nur aus meinem Beinheber, sondern aus meinem gesamten Körper zu verschwinden. Befahl jeder Zelle volle Gesundheit und Leistungsfähigkeit. Ich ließ ihn sprechen und wurde immer ruhiger. Dies hier war nicht der Moment für Skepsis und Zweifel. In den ersten Minuten registrierte ich Verwunderung darüber, dass ich weder Angst noch Befremden in mir spürte. Dann hörte auch die Verwunderung auf, und ich gab mich seinem seltsamen Kauderwelsch hin. Erst Tage später kam mir die Ahnung, dass ich hier wohl am eigenen Leib gespürt hatte, wie man unter einen religiösen Bann gerät. Oder war das tatsächlich die Kraft ihres Gottes, den Michael und Daisy um Hilfe für mich baten?

Zum Schluss sprach Michael kaum noch. Aber er sah mich mit einem Blick an, den ich noch heute spüren kann. An dem ich mich manchmal immer noch festhalte, wenn ich auf einem Platz oder in einer Menschenmenge stehe und es nichts zu greifen gibt.

»Jetzt mach etwas, was du nicht mehr konntest!«, forderte er plötzlich energisch.

So eine Aufforderung hatte ich noch nie gehört. Trotzdem wusste ich sofort, was zu tun war. Ruckartig versuchte ich mein in Sitzposition angewinkeltes rechtes Bein zu heben. Das konnte ich schon seit mindestens einem Jahr nicht mehr. Aber nun gelang es. Zehnmal, zwanzigmal hob ich es wenige Zentimeter und ließ es auf das Gras stampfen.

Dann war es vorbei. Das Aufstehen fiel mir noch schwerer als gewöhnlich, wenn ich so lange gesessen hatte. Mit einer Hand am Stock und einer Hand an der Hauswand kam ich bis zur Vorderseite des Hauses, wo wenige Meter entfernt der Wagen stand. »Verstört« war wohl das richtige Wort für meinen Zustand. Zum Abschied empfahl Michael mir, Jesus in mein Leben zu lassen. Denn der würde auf mich warten und sich in Sehnsucht nach mir verzehren. Ich hörte es kaum. Daisy war ins Haus geeilt und hielt mir einige Pamphlete und eine Gideon-Bibel unter die Nase, wie ich sie in den Nachttischschubladen amerikanischer Hotels schon oft links liegen gelassen hatte. Auch hier lehnte ich sie ab, nahm aber die Pamphlete.

Ich stieg ins Auto auf dem kleinen Parkplatz, der aus festgestampfter und mit Granulat bestreuter Erde bestand. Starrte durch die Windschutzscheibe. Was war da gerade eben mit mir geschehen? Auf jeden Fall war es anstrengend gewesen, das merkte ich nun auch. Links von mir befand sich ein halb verfallenes Seitengebäude des Hofs. Die tiefen Fahrspuren im Gras, die bis zum Tor führten, wiesen darauf hin, dass es noch benutzt wurde. Aber repariert hatte es garantiert seit Jahrzehnten niemand mehr. Lange schaute ich es an. Das ungeschnittene Gras drum herum. Die halb getrockneten Pfützen, die von einem Regenguss stammten. In den Boden gerammte Pflastersteine, die vielleicht mal einen Weg gebildet hatten, aber jetzt nur noch aussahen wie die zerbröckelte Ruine eines Weges. Kann ein Weg zur Ruine werden? Offenbar war ich noch immer nicht wieder ganz in der Realität angekommen. Meine rechte Hand öffnete die Wagentür. Dass ich ausstieg und meinen Stock im Wageninneren zurückließ, nahm ich eher zur Kenntnis, als dass ich es entschied.

»Nur bis zum Rand des Parkplatzes. Die fünf Meter zurück kannst du notfalls kriechen.«

Das war der erste Gedanke, den ich in meinem Kopf fand. Dann waren die fünf Meter geschafft. Mein rechter Fuß tastete sich auf den Grasrand. Den linken Fuß zog ich nach und stellte ihn daneben. Dazu breitete ich meine Arme aus wie jemand, der über ein Seil balanciert.

»Jetzt bist du eigentlich näher am Haus als am Wagen.« Ein neuer Gedanke kam mir, als ich den linken Fuß zum dritten oder vierten Mal über das Gras nachgezogen hatte. Probeweise stellte ich ihn sogar fünf Zentimeter vor den rechten. Kurz musste ich mit beiden Armen wild rudern, stürzte aber nicht. Also machte ich weiter. Schritt für Schritt, durchs Gras und an Pfützen entlang, durch Spurrillen, über Pflastersteine und an einem kleinen Sandhaufen vorbei. Je weniger ich dachte, desto besser kam ich voran. Doch sobald ich dachte, dass ich umso besser vorankam, je weniger ich dachte, musste ich mit den Armen um mich schlagen, damit ich nicht kippte.

Es dauerte fünf oder zehn Minuten, bis ich auf der anderen Seite des Hauses stand. Ich konnte weiterhin in der Nähe der Hauswand entlanggehen. Oder ich könnte mich auf eine echte Mutprobe einlassen: Zwanzig Meter entfernt verlief die kleine Straße, die auf den Hof und den Parkplatz führte. Unterwegs dahin saßen meine Freundin und der Fotograf auf einem Felsen. Sie waren in ein Gespräch vertieft, so dass sie mich noch nicht bemerkt hatten. Entschlossen schlurfte ich auf die Straße zu. Bemerkte auf der Höhe des Felsens ihre erstaunten Blicke. Brachte aber meine Konzentration nicht dadurch in Gefahr, dass ich sie ansprach.

Auf der Straße wurde es leichter. Noch ein paar Minuten und ich erreichte den Wagen. Kletterte hinein und starrte schon wieder durch die Windschutzscheibe. Was war da eigentlich eben passiert? Das waren bestimmt 150 Meter über unwegsames Gelände gewesen, und so etwas hatte ich seit mindestens einem Jahr nicht mehr geschafft.

Meine Gedanken waren noch nicht wieder geordnet, als Daisy auf den Wagen zukam.

»Du bist ja immer noch hier!«, sagte sie erstaunt.

»Die anderen reden noch. Ich wollte sie nicht unterbrechen.«

Dann erzählte ich, was eben passiert war. Daisy sagte nichts, lief aber eilig und mit großen Augen auf den Hof zu. Eine Minute später kam sie mit Michael zurück. Der sah mich wieder mit seinen dunklen Augen an. Als er sprach, klang seine Stimme fast feierlich.

»Daisy und ich haben drei Heilungen erlebt. Vielleicht ist dies hier die vierte. Schreib uns doch bitte, wie es mit dir weitergeht.«

In den nächsten Tagen versuchte ich mehrfach, ohne Stock zu gehen. Leider wurde ich wieder wackliger, so dass ich ihn trotzdem ständig bei mir führte und mich bald wieder ganz auf ihn verließ. Wieder in Berlin, las ich die Pamphlete, die Michael und Daisy mir mitgegeben hatten. Verstand, dass es sich bei ihnen um charismatische Christen handelte. Leute, die im Gottesdienst ab und zu aufstehen und laut »Halleluja!« rufen. Das wäre mir noch egal gewesen. »Wenns schön macht«, hatte Else Kling mal in ihrem Werbespot für Müller Milch formuliert, und das war eine der wenigen philosophischen Doktrinen, denen ich weitgehend folgte.

In den Pamphleten stand allerdings auch, dass der Mann das Oberhaupt der Familie ist, nur er Heilung im Namen von Jesus erbitten kann und Frau und Kinder sich unterordnen müssen. Das wiederum waren philosophische Doktrinen, denen ich mich weder unterwerfen kann noch mag. Einiges davon schrieb ich in meine Dankesmail an Daisy und Michael.

Was in dieser halben Stunde in der Uckermark mit mir geschehen ist, weiß ich bis heute nicht. Aber manchmal, wenn es mir besonders schlecht geht, blättere ich in den Pamphleten einige Stellen auf, von denen ich weiß, dass sie mich zum Weinen bringen. Hinterher ist mir leichter. In manchen Nächten, wenn es rund um meine Wohnung in Berlin ganz ruhig geworden ist, habe ich mich auch schon mal aufgemacht, um ohne Stock einige Schritte auf dem Asphalt zu gehen. So, dass ich mich nirgends mehr festhalten kann, aber nur wenige Meter zu einem Auto oder einer Wand kriechen müsste. Das dauerte immer nur wenige Minuten. Besonders weit fort traute ich mich nicht. Irgendwann hörte ich damit jedoch auf, ohne dass ich sagen könnte, warum. Vielleicht ist die Krankheit unmerklich meine Heimat geworden, und ich scheue mich, sie zu verlassen? Gefallen bin ich bei meinen nächtlichen Ausflügen nie.

Gespräch beim Training

– So. Jetzt entspann dich noch mal. Spür den Boden unter dem ganzen Körper. Kopf, Schultern, Hintern, Schenkel, Waden, Fersen. Noch mal ausatmen. Alles klar?

– *Ja.*

Eberhard und ich trainierten noch immer zusammen. Allerdings nicht mehr im Fitnessstudio. Nach einem knappen Jahr an den Trainingsmaschinen hatte er mir gesagt, dass ich nun genug Kraft hätte. Gelegentliche Übungen mit kleinen Hanteln zu Hause sollten reichen, das Niveau zu halten. Wir waren übereingekommen, dass er mein Personal Trainer wurde. Alle zwei Wochen besuchte er mich in meiner Wohnung. Wir tranken Kaffee, dann schaute er sich an, ob ich die Hausaufgaben gemacht hatte, die ich von ihm bekam, und wie mein allgemeiner Fitnesszustand war. Außerdem kam er immer wieder mit neuen Ideen. Nicht alle gefielen mir.

– Gut. Und jetzt: Rechtes Bein anziehen. Linkes Bein anziehen und drüber verschränken. Als ob du im Sitzen die Beine übereinanderschlägst. Hände hinter den Kopf. Verschränken. Schultern und unteren Rücken gegen den Boden drücken. Atmen nicht ver-ges-sen.

– *Okay.*

– Tut weh, nicht? Pumpst ja schon wie ein Marienkäfer. So. Aufstehen. Halt dich nur an meinem Arm fest. Nur an meinem Arm. Stabil stehen. Gut.

– *Und jetzt?*

– Setz dich erst mal hin. Das sieht gar nicht so schlecht aus. Ich kann schon sehen, dass du trainiert hast.

– *Hab ich auch. Sechsmal die Woche. Immer die ganze Viertelstunde.*

– Sehr gut. Aber laufen tust du immer noch total scheiße. Pass auf, ich hab mir was ausgedacht. Du hast doch einen Schwerbehindertenausweis.

– *Weißt du doch.*

– Damit gehst du zum Arzt und lässt die einen Rollator verschreiben.

– *Einen Rollator? Bist du besoffen oder was, Eberhard?*

– Jetzt hör mal zu. An dem Ding kannst du gut Schritte trainieren. Deine Wohnung ist doch groß genug. Da stellst du dich dahinter und dann immer schön im Zimmer auf und ab. Irgendwann gewöhnt sich das rechte Bein daran, und du schiebst es nicht mehr so an der Seite vorbei.

– *Und wie lange dauert das, bis ich den an schlechten Tagen mit raus auf die Straße nehme?*

– Wär das so schlecht? Und außerdem: Du hast doch hier kein anständiges Trainingsgerät in der Wohnung. Den Rollator kriegst du umsonst.

– *Pass auf, Eberhard: Wenn du in dieser Wohnung noch einmal das Wort »Rollator« in den Mund nimmst, dann bist du sofort deinen Job als schlechtestbezahlter Personal Trainer Berlins los. Ich kriech lieber draußen rum, als mich hinter so ein Ding zu stellen!*

Rundreisen im Rollstuhl

Zum ersten Mal im Rollstuhl saß ich fast auf den Tag genau fünf Jahre nach der Diagnose.

Und zwar auf dem Frankfurter Flughafen. Die Reise, die an diesem Tag begann, sollte gut drei Wochen lang durch Südostasien führen, den Mekong entlang von China bis Vietnam. Tatsächlich würde ich es schaffen, für einige Nadeln auf der Ostseite meiner Weltkarte zu sorgen.

Während der Organisationsphase waren der Agentur die Kosten zu hoch geworden, so dass sie die Anschlussflüge von und nach Berlin strich. Also hatte ich mir eine Bahnfahrkarte gekauft. Voller Angst verließ ich am Morgen meine Wohnung. Während ich mich von Susann verabschiedete, biss ich mir so stark wie möglich auf die Zähne. Draußen, als ich den Kiefer locker ließ, klackerten sie aufeinander, als wären um mich herum 23 Grad minus und nicht 23 Grad plus.

Wie immer am Anfang einer Reise waren meine Beine wie aus Beton. Vom Taxi zum Bahnsteig brauchte ich eine Viertelstunde. Bei jedem Schritt hämmerte ich die Stockspitze vor mir auf den Boden des Berliner Hauptbahnhofs, als wollte ich Löcher hineinstechen. Mit ähnlichem Aufwand arbeiteten sich Bergsteiger die Eigernordwand hoch. Immerhin erreichte ich das Hochplateau, das sich »Bahnsteig 8« nannte. Ein netter Mitreisender griff mich an der Zugtür am Ellbogen und zog mich mitsamt meinem Koffer in den Wagen hinein.

Nur noch in Frankfurt umsteigen, den Fotografen treffen – dann bist du nicht mehr allein, machte ich mir Mut.

Heute würde ich meinen dritten Münchner Fotografen

treffen – Frank. Bei den vorbereitenden Telefonaten hatte ich ihm vorsichtig klargemacht, auf was er sich einließ. Kein Problem, sagte Frank. Er hätte selbst einen Fall chronischer Krankheit in der Familie. Nach dem Auflegen fühlte ich mich für einige Zeit gut. Bereitete mich vor, so gut es ging. Sah mir die Anreise auf Karten im Internet an. Verdreifachte alle Umsteigezeiten. Druckte Skizzen der wichtigsten Knotenpunkte aus und stopfte sie in die Innentasche meiner Jacke.

Aber es gab noch etwas anderes zu tun. Die Diagnose der MS lag mittlerweile fünf Jahre zurück. Meine Familie, alle meine Freunde und auch viele der Redaktionen, mit denen ich zusammenarbeitete, hatte ich längst in Kenntnis gesetzt. Nur vor denjenigen, die es eigentlich am meisten betraf, hatte ich geschwiegen. Keines der Reisemagazine wusste Bescheid. Thomas hielt dicht, Peter hatte sich beruflich vor einiger Zeit umorientiert, die Redaktionen saßen in München und in der Schweiz. Ich telefonierte oft mit ihnen, aber wir sahen uns fast nie. Wenn Redakteure nach Berlin kamen, etwa zur Internationalen Tourismusbörse im Spätwinter, dachte ich mir Termine aus, wegen derer ich sie leider, leider dieses Jahr nicht treffen konnte. Aber im nächsten Jahr bestimmt!

Peter von »abenteuer & reisen« (der zufälligerweise ebenso hieß wie der Münchner Fotograf), der mir die meisten Aufträge gab, hatte ich schon mehrfach ins Gesicht gelogen, als ich ihn trotzdem traf. In den ersten Jahren, als ich noch nicht am Stock ging, begegneten wir uns zweimal. Beide Male erklärte ich mein Humpeln damit, dass ich am Vortag bei einem ganz besonders harten Training im Studio eine kleine Verletzung davongetragen hätte.

»Ja«, hatte Peter gesagt. »Sport müsste ich auch mal wieder treiben.«

Es war höchste Zeit, dass ich meinen Auftraggebern die

Wahrheit erzählte. Ich wollte Frank nicht in die Verlegenheit bringen, meine Krankheit verschweigen zu müssen.

Zwei Tage vor meiner Abreise rief ich Peter in München an.

»Hallo«, sagte ich mit belegter Stimme, als er abhob. »Ich muss was sagen.«

Dann sagte ich es ihm. Danach schwieg er. Räusperte sich.

»Das tut mir so leid«, sagte er dann. »Jetzt kennt man sich schon eine halbe Ewigkeit und weiß so gut wie nichts übereinander. Schaffst du die Reise?«

»Klar«, beruhigte ich ihn.

»Dann ist ja gut.« Was hätte er auch anderes sagen sollen? Immerhin informierte ich ihn erst zwei Tage vor der Abreise. In der Zeit hätte er es nicht einmal geschafft, die nötigen Umbuchungen und Visa für einen Ersatzmann zusammenzubekommen. Ich hatte ihn gelinkt. Dennoch fühlte ich mich besser, als ich auflegte. Nach dieser Reise informierte ich auch die anderen Redaktionen. Niemand beendete die Zusammenarbeit mit mir. Im Gegenteil, alle suchten nach Reisen, die für mich zu bewältigen waren. Zugreisen, Schiffsreisen, Autotouren.

Aber zunächst einmal musste ich es durch Südostasien schaffen. Auf dem Weg nach Frankfurt spürte ich die Lüge, die ich mir selbst aufgetischt hatte. Und die Panik, die in mir aufstieg. Nicht nur vor dem langen Weg, vor den Treppen oder davor, mich an jedem einzelnen Tag vor meinen Reisgefährten zu blamieren. Wieder einmal fürchtete ich mich davor, einen Schub zu bekommen. Einen schweren Schub, der mich lähmen könnte. Oder mir das Augenlicht raubte.

Es war komplett irre, mitten im Sommer nach Südostasien aufzubrechen, wo Temperaturen von über dreißig Grad und eine Luftfeuchtigkeit von über neunzig Prozent herrschten.

Diese Kombination würde die MS jubeln lassen. Feuchte Hitze war Gift für meinen Körper. Nicht nur wegen der Krankheit, sondern auch, weil ich ein kühler rothaariger Norddeutscher war. Und was Franks Erfahrung mit chronischen Krankheiten anging? Je näher der Zug Frankfurt kam, desto sicherer war ich mir: Bei dem Familienmitglied meines Fotografen handelte es sich vermutlich um einen Schwippschwager zweiten Grades, den er dreimal in seinem Leben gesehen hatte. Oder um eine zuckerkranke Tante. Um einen gelähmten Opa, den sie in ein billiges Pflegeheim abgeschoben hatten! Je näher der Zug Frankfurt kam, desto öfter fragte ich mich, warum ich mich auf diese Reise eingelassen hatte.

Der Zug rollte in den Bahnhof unter dem Frankfurter Flughafen ein. Nachdem ich hinausgestolpert war, stellte ich fest: Die ausgedruckte Skizze in meiner Jackentasche konnte ich vergessen. Der Fahrstuhl, vor dem ich stand, war außer Betrieb. Die Rolltreppe am anderen Ende des Bahnsteigs ebenso. Dazu hatte man sie noch mit einem Klebeband abgesperrt. Also zurück über den gesamten Bahnsteig. Dort war der Fahrstuhl intakt. Bis ich ihn fand, hatte ich mindestens zweihundert Meter verspielt. Mit einem Rollkoffer im Schlepptau, der Gepäck für dreieinhalb Wochen enthielt.

Zwei Geschäftsmänner sahen mich, wie ich auf der Transfer-Ebene durch die hydraulische Tür taumelte und mich an einer Wand abstützte.

»Sind Sie krank?«, sagte einer.

»Sollen wir einen Arzt holen?«, fragte der zweite.

»Bist du Knud?«

Die dritte Stimme hörte sich am entspanntesten an. Frank war ungefähr zehn Zentimeter kleiner als ich, hatte lockiges braunes Haar und lächelte freundlich.

»Das kann ich jetzt wohl nicht mehr abstreiten«, gestand ich.

»Mhmm.« Ein paar Zweifel standen in seinen braunen Augen, als er meine Tasche auf seinen Gepäckwagen wuchtete, während ich bei der Begrüßung mit den Armen nach Gleichgewicht ruderte.

»Lass dir doch helfen«, schlug er vor.

Gute Idee. Vielleicht würde ja jemand mein Handgepäck tragen.

»Special Service?«, fragte die Angestellte am Abfertigungsschalter. Dann ging alles sehr schnell.

Drei Minuten später saß ich in einem Faltrollstuhl, meine Tasche auf dem Schoß. Ich fühlte mich furchtbar. So behindert war ich doch gar nicht! Alle 500 Meter brauchte ich eine Bank, dazwischen taumelte ich wie ein Betrunkener, aber sonst? Doch wenn ich versuchte aufzustehen, drückte mich der Mann hinter mir sanft zurück.

»Lassen Sie mal. Ich mach das schon.« Ein bisschen behindert geht nicht auf einem Flughafen. Das lernte ich in diesen Minuten ein für allemal. Entweder man schaffte die Wege allein, oder man bekam das volle Programm. Für die Betreuung des Egos sind die Helfer nämlich nicht zuständig.

Der Mann hinter mir schob mich an die Spitze jeder Warteschlange. Niemand protestierte. Frank fand schnell Gefallen an der unerwarteten Beschleunigung. Warf mir seine Tasche auch noch auf den Schoß.

Zehn Minuten vor den anderen Mitreisenden fanden wir uns am Einstieg wieder.

»Also, ich finde deine Krankheit super«, grinste Frank.

Im Flugzeug, als wir gegessen hatten und uns in unseren bequemen Business-Class-Sesseln für die Nacht ausstreckten, hob Frank sein Rotweinglas und prostete in meine Richtung.

»Wie wir das in den nächsten drei Wochen alles schaffen sollen, habe ich keine Ahnung. Aber der Anfang war schon mal gut.«

Zehn Stunden später, beim Zwischenstopp in Bangkok, rollte zusätzlich zu dem Bus für die übrigen Passagiere ein Van auf das nächtliche Rollfeld. Trotz meiner Proteste stützten mich der Fahrer und ein Kollege, bis ich die hintere Sitzbank erreicht hatte. Da gab ich es auf, mich zu wehren. Und versuchte stattdessen so auszusehen, als wäre ich James Bond und hätte mir auf einer heiklen Mission ein Knie verdreht. Das Ego reist schließlich mit.

Im Terminal schob mich jemand zu einem Lift, vor dem schon drei andere Rollstühle warteten. Der Aufzug war voll verglast und führte direkt hinunter in die Mitte des glitzernden Inlandsterminals. In nächste Nähe zur Einkaufspassage. Den Lift als Präsentierteller zu bezeichnen war untertrieben. Es war ein vertikaler Catwalk für den Special Service. Der tapfere Kranke im Rollstuhl. Supergefühl. Gott sei Dank hatte mich der lange Flug so ermüdet, dass es mir fast egal war.

In den nächsten Tagen irritierte mich vor allem, dass an jedem Flughafen – auch bei einer mittlerweile ganz anderen Linie auf Inlandsflügen in Laos und Kambodscha – stets ein freundlich lächelnder Mensch mit Rollstuhl am Check-in bereitstand, den ich geflissentlich übersah. Dass jeweils der erste Sitzplatz am Eingang von den Stewardessen für mich reserviert wurde. Entweder, ich machte wirklich einen beklagenswerten Gesamteindruck. Oder die Kunde über meinen Zustand flog mir um die halbe Welt voraus.

Binnen Tagen begann ich zu verweichlichen. Als mir in China ein stämmiger Angestellter mein Handgepäck entriss und bei der Gelegenheit gleich mit einem mobilen Gerät die Pupille scannte, war mir das fast schon nicht mehr zärtlich genug.

Seit dieser Reise habe ich auf großen Flughäfen und bei knappen Zeitplänen immer mal wieder den Special Service genutzt. Unangenehm ist es nach wie vor, auf Brusthöhe der anderen durch die Menschenmenge geschoben zu werden. Aber bequem ist es auch. Und man wird Gast in einer seltsamen Welt, die kaum ein anderer Reisender zu sehen bekommt. Sie besteht fast ausschließlich aus Seiten- und Geheimgängen, von denen jeder Flughafen durchzogen ist. Hier kommt man wesentlich schneller voran als auf den dicht bevölkerten normalen Wegen.

In Minneapolis rollte mich eine Angestellte in einen Keller. Hier wurde ich an einer Schleuse untersucht, durch den das Flughafenpersonal den Airport betrat. Man tastete mich direkt neben einem Pausenraum ab. Der Verantwortliche legte extra seine Wurstschnitte beiseite.

In Chicago durfte ich mich Stunden vor dem Abflug an Buffet und Internetzugang in der Business-Lounge laben. Hinein kam ich aber erst, nachdem ich der freundlichen Angestellten einen Fragebogen ausgefüllt hatte, in dem ich Auskunft über meine Zufriedenheit mit dem Service gab, denn dies war die Bewertungsgrundlage dafür, wie viele Schichten sie zugewiesen bekam. Wenn ich sie richtig verstanden habe.

Bei der Einreise in Taipeh wurden die Kontrollen akribisch ausgeführt. Was zur Folge hatte, dass meine Mitreisenden eine halbe Stunde länger warten mussten. Für mich wurde nebenan extra ein Schalter eröffnet. Das Gefühl, ein Betrüger zu sein, sitzt immer neben mir im Rollstuhl. Besonders wenn ich am Ziel zwischen den anderen Fluggästen aufstehe und langsam zu meinem Platz spaziere.

Südostasien – Ein Seil ins nächste Leben

Buddha ließ sich nicht stören. Nicht von dem Arbeiter, der gerade über seine rechte Wade balancierte. Erst recht nicht von dem Mann, der auf einem Gerüst vor seiner Brust stand und ihm den Hals putzte. Im Lotussitz und mit verschränkten Händen meditierte er nach Thailand hinein. Ein paar Meter von seinen Füßen entfernt stand inmitten eines kleinen Touristenmarkts ein leuchtend buntes Elefantentor, auf dem man sich fotografieren lassen konnte. Ganz in der Nähe floss der Mekong. Auf der anderen Flussseite lag Laos. Wenige hundert Meter flussaufwärts begann Myanmar. Die Buddhastatue steht im »Goldenen Dreieck«, jener Grenzregion in Südostasien, die noch vor wenigen Jahren vor allem für ihre Drogenproduktion berüchtigt war. Heute war sie eine boomende Reisedestination geworden. Die Reisenden sind es auch, die das Geld ins Land bringen. Mohnanbau wird in Thailand mittlerweile drastisch bestraft.

In diesem Juli gehörten auch Fotograf Frank und ich zu den Reisenden, die sich von China aus mit dem Schnellboot der Stadt Chiang Saen näherten, in der auch der Goldene Buddha stand. Am Morgen waren wir im chinesischen Guanlei an Bord gegangen. Elf Stunden und 380 Kilometer später erreichten wir unser heutiges Ziel. Chiang Saen sollte der Ausgangspunkt für eine dreiwöchige Reise auf dem Mekong sein, die uns durch Thailand und Laos bis in Kambodschas Hauptstadt Phnom Penh führen würde.

Für die meisten Mitreisenden war es ein höchst unterhaltsamer Tag gewesen. Kaum einer von ihnen harrte im Innenraum aus, der etwa so groß wie ein Reisebus war. Einer nach dem anderen war über eine Treppe aufs kleine Achterdeck gestiegen. Und hatte gestrahlt, wenn er sich zurück an seinen Platz setzte. Mit bis zu fünfzig Kilometern pro Stunde eilte das Schiff den Fluss entlang, der durch die Regenzeit mächtig und breit geworden war. Von Zeit zu Zeit konnte ich leise Rufe von draußen hören, wenn der Kapitän besonders geschickt und waghalsig um einen der aus dem Wasser aufragenden Felsen manövrierte. Diese Fahrt schien ein einziges großes Abenteuer zu sein. Wenn auch nicht für mich. Ich war schon am Hafen von Guanlei störend aufgefallen.

Noch beim Einchecken hatte ich mich bemüht, weit vorn in der Schlange zu stehen. Formal brachten wir hier die Grenzkontrolle zwischen China und Thailand hinter uns. Erst am Ende der Fahrt würden wir tatsächlich dort einreisen, aber bis dahin machte das Boot keine Zwischenstopps. Also drängelte ich mich vor, so gut es ging. Immerhin wusste ich nicht, wie weit es vom Zollhaus zum Boot war.

Ziemlich weit, musste ich Minuten später feststellen. Vor allem ging es eine lange steinerne Brücke hinab und dann einen mindestens zweihundert Meter langen Kai entlang. Schon auf dem zweiten Treppenabsatz war ich weit hinter die anderen zurückgefallen. Auch Frank war Dutzende Schritte voraus. Wie alle Fotografen wurde er hektisch, wenn es darum ging, sein teures Gerät an den bestmöglichen Platz im Gepäckraum zu befördern. Als ich gerade anfangen wollte, mir Sorgen zu machen, ob das Schiff ohne mich ablegen würde, spürte ich eine Hand auf meiner Schulter.

»Can I help you?«

»Oh, yes please!« Selten war mir eine Antwort aus so tiefem Herzen gekommen.

Der Nachzügler, der mich von hinten ansprach, war ungefähr Mitte dreißig, hatte kurz rasierte rötliche Haare, einen ebensolchen Bart und ein lustiges Lachen.

»My name is Jeff«, stellte er sich vor und ging eine Stufe und später einen Schritt vor mir, damit ich mich auf seiner Schulter abstützen konnte.

Die kurze Viertelstunde, die Jeff und ich miteinander verbrachten, war typisch für meine Reisebekanntschaften. Als wir das Schiff erreichten, wussten wir mehr voneinander, als andere in stundenlangen Gesprächen oder gar jahrelangen Freundschaften von uns erfahren hätten. Am Fuß der Gangway hatte Jeff genaue Kenntnisse über meine Behinderung, meinen Beruf und meine Herkunft. Und auch ich wusste eine Menge über ihn. Jeff war Australier. Bei einer Reise vor fünf Jahren hatte er sich in Myanmar verliebt, und zwar gleich zweimal: In das Land und in eine Einheimische. Um bleiben zu können, wurde er kurzerhand Englischlehrer. Vor einiger Zeit waren aber alle Tourismus- und Arbeitsvisa abgelaufen, die er in Myanmar bekommen konnte. Und auch seine Freundin hatte ihm die Aufenthaltsgenehmigung in ihrem Herzen aufgekündigt. Es gab also viele Gründe, warum Jeff wieder auf Reisen war. Zunächst wollte er es in Thailand versuchen. Wenn es da nicht klappte, wollte er weiter nach Kambodscha. Denn da hatte er vor einiger Zeit Leute kennen gelernt, die …

»Your ticket please, Sir!«

Am Fuß der Gangway streckte uns ein Matrose fordernd die Hand entgegen. Folgsam kramten wir unsere Fahrkarten hervor. Vom Achterdeck winkte mir Frank etwas angespannt zu.

»Gleich hätte ich einen Suchtrupp nach dir losgeschickt.«

Noch einmal klopfte ich Jeff auf die Schulter.

»Thank you, Jeff. See you later!«

»Sure«, sagte er und klopfte zurück.

Elf Stunden später, beim Auschecken, winkte ich ihm noch

einmal von ferne zu. Hoffentlich ist er gut in Kambodscha angekommen. Oder zurück in Australien.

Kurze Zeit später hatte ich als Letzter mein Gepäck im Stauraum platziert. Das Boot setzte sich in Bewegung. Der Kollege Fotograf tummelte sich bereits auf dem Achterdeck, so dass der Platz neben mir verwaist war. Wenn ich mich nach vorn beugte und an den Brüsten der Frau am Fenster vorbeischaute, konnte ich durch das kleine, tief liegende Fenster erkennen, dass wir abgelegt hatten. Viel mehr allerdings nicht. Nach wenigen Minuten drehte sich die Frau in meine Richtung und hob genervt die Augenbrauen. Gut, eventuell hatte ich nicht die ganze Zeit konzentriert an ihren Brüsten vorbeigesehen. Aber immerhin musste man mir zugute halten, dass ich bereits seit etlichen Minuten auf See war und die Sitten da schon mal etwas verrohen können. Ich beschloss, das Achterdeck aufzusuchen.

An der Treppe stellte sich mir eine Angestellte entgegen:

»Sorry, Mister, too full outside.«

Das leuchtete ein. Auf so ein kleines Deck sollte man nicht zu viele Menschen lassen, schon gar nicht bei dem Tempo des Bootes. Eine Viertelstunde später kamen einige Mitreisende wieder unter Deck. Am Fuß der Treppe empfing mich die Angestellte erneut:

»Sorry, still too full.«

Gut. Beim dritten Mal versuchte ich mich klüger anzustellen. Eine Dreiergruppe stand auf, um nach oben zu gehen. Ich mischte mich dazwischen. Sie stellte sich erneut vor mich. Diesmal schüttelte sie nur noch den Kopf. Als ich auf die anderen wies, die sie anstandslos passieren ließ, drehte sie sich einfach um. Da begriff ich: Wahrscheinlich hatte man mich bei meinem Weg an Bord beobachtet. Jemand hatte daraufhin entschieden, dass ich zum teuren und komplizierten Versicherungsfall werden könnte, wenn ich von Deck fiel. Achselzuckend ging ich zurück auf meinen Sitz. Komischerweise verärgerte mich die Situation nicht. In den nächsten drei Wochen würde ich genug von diesem Fluss da draußen sehen. Eigentlich wollte ich auch nur der Chronistenpflicht wegen in den Fahrtwind gehen. Außerdem begannen einige ältere Frauen zu singen. Wir lächelten uns an. Das hier passte zu der ganzen etwas ungeordnet organisierten Reise. Weil zunächst Thomas mein Fotograf sein sollte, bis der absagen musste, weil plötzlich ein anderer Kollege übernehmen sollte, bis Frank als Ersatzmann einsprang, hatte der Terminplan laufend umgestellt werden müssen. Ständig hatten wir in den letzten drei Wochen neue Reisepläne zugemailt bekommen.

Das Wiegen des Bootes, die Monotonie des Frauengesangs ließen mich in einen Halbschlaf gleiten, in dem Szenen der vergangenen Woche an mir vorbeizogen.

Wenige Tage zuvor waren wir von Bangkok aus nach Pakse im Süden von Laos geflogen. Der Äquator war von dort aus nicht mehr allzu weit, was bedeutete, dass die Sonne gegen sieben Uhr abends rasch vom Himmel hinter den Horizont fiel. Kollege Heuer und ich versuchten ins Bett zu fallen. Tatsächlich gelang es mir, in dieser Nacht rasch einzuschlafen. Und zwar gleich sechsmal. Als der Wecker klingelte, wusste ich ziemlich lange nicht, auf welchem Kontinent er das tat und wo ich lag.

Unser Führer, der mit dem weltweit üblichen Touristengruppen-Van vor der Tür wartete, hieß My. Er holte uns zu einer zweitägigen Tour ins Umland ab. Es wurden zwei Tage, auf denen ich mich so überfordert und fehl am Platz fühlte wie selten zuvor. Aber es wurden auch die unterhaltsamsten Tage, die ich seit Jahren gehabt hatte.

Die Begrüßung des kleinen stabilen Mannes fiel kurz und leise aus. Offenbar verstand er sein Geschäft und wusste, dass man nach Zeitumstellung und Klimaschock nichts so wenig gebrauchen kann wie übertrieben gute Laune. Mys Fahrer hieß Ly. Auch das ein Vorteil, wenn man sein Gehirn noch nicht mit komplizierten Informationen füttern musste. Ly steuerte zunächst auf den Mekong zu, in den bei Pakse ein Seitenarm mündete. Gelblich braun wälzten sich die beiden Flüsse ineinander. Auch wenn heute die Sonne milchig und trüb am Himmel hing, hatte doch vor zwei Wochen die Regenzeit begonnen und die Flüsse auf mehrere hundert Meter Breite anschwellen lassen.

Unser nächstes Ziel war ein Dorf am Mekong, wo wir über den Fluss setzen wollten. Die Fähre war schon da. Sie bestand aus einem Motorblock mit Kiel. Darauf waren ein paar schwere alte Bohlen und ein Unterstand für die Besatzung befestigt. Die bestand aus drei Jungs, die zusammen etwa so alt waren wie der Motor.

»Wollen wir da wirklich rauf?«, murmelte Frank. Der Mekong war in der letzten Stunde entlang der Straße kontinuierlich breiter geworden. Wie viel Wasser mussten wir überqueren? Sechshundert Meter? Einen ganzen Kilometer? Sollten wir fliehen?

Zu spät. Ly hatte uns bereits auf die knarrenden Bohlen gefahren. Zwei Frauen kamen mit Töpfen an Bord und versuchten, ihre selbst gekochte Nudelsuppe zu verkaufen. Noch eine halbe Stunde lang blieb die Fähre vertäut. Sie legte immer erst dann ab, wenn genug Fahrgäste da waren. Bei den wenigen Fahrzeugen auf den Straßen konnte das schon einige Zeit dauern.

»Wisst ihr, was Laos PDR heißt?«, fragte My.

»Public Democratic Republic?«, kramte ich mein Reiseführerwissen hervor.

»Nein. Please Don't Rush.«

Als ob dieser fade Witz magische Kräfte gehabt hätte, rollten binnen der nächsten fünf Minuten gleich zwei Wagen auf die Fähre. Gerade als der Kapitän den Motor anwarf und ich mir überlegte, ob ich mich eventuell von einer Panikattacke übermannen lassen sollte, fiel mein Blick auf ein Boot, das gerade neben unserer Fähre anlegte. Es transportierte mehrere Menschen und drei Fahrräder, die aus der Gegenrichtung übergesetzt hatten. »Boot« war allerdings ein höchst euphemistischer Begriff für dieses Gefährt. Es sah eher aus wie ein Floß, das sich Schiffbrüchige aus angeschwemmten Brettern zusammenbinden. Wenn dieses Ding den Fluss überqueren konnte, dann würden wir es mit unserem Luxusliner doch wohl auch schaffen! Wilde Entschlossenheit durchfuhr mich. Probehalber löste ich sogar die linke Hand von dem Brett, an dem ich mich festklammerte. Und tatsächlich: Eine Viertelstunde nach dem Ablegen erreichten wir das andere Ufer, ohne dass wir auch nur ein einziges Mal nasse Füße bekommen hatten.

Nach kurzer Fahrt steuerte Ly den Wagen auf eine umzäunte Wiese neben einem Farmgebäude. In der Mitte der Wiese stand ein Holzturm von etwa vier Metern Höhe. Auf der einen Seite konnte man per Leiter hinaufsteigen. Die Querstreben lagen beruhigend dicht nebeneinander. Auf der anderen Seite des Turms stand ein Elefant. Im Nacken des Tiers saß ein Treiber, der uns mit lässiger Geste grüßte. Hinter ihm befand sich ein Tragekorb für zwei Personen, den man dem Tier aufgeschnallt hatte. Ich begann zu ahnen, wie gleich wieder mehrere Männer an mir herumreißen würden.

»Das ist Mök«, sagte My und zeigte auf den Elefanten.

»Hallo, Mök«, grüßte ich. »Gleich werde ich furchtbar ungeschickt auf dir rumtrampeln.«

Mök zeigte keine Reaktion. Er schien ein ziemlich cooler Typ zu sein. Hoffentlich war er Schlimmeres gewöhnt als mich.

Aus irgendwelchen Gründen wollten My, Ly und der Treiber, dass Frank sich zuerst in den Sitzkorb schwang und ich mich dann darüberwuchtete. Also schob mich My die Leiter nach oben, obwohl ich das auch allein geschafft hätte. Frank und der Treiber zogen mich irgendwie über Franks Beine hinweg auf die gegenüberliegende Seite des Tieres, wo am Boden schon Ly stand und mit ausgebreiteten Armen wie ein Torwart beim Elfmeter dazu bereit war, meinen Sturz zu mildern.

Es dauerte fünf Minuten. Und es war kein Spaß. Mein rechtes Bein fühlte sich an wie Holz, nur dass es zusätzlich noch spastisch krampfte. Wir alle schrien. Wir alle lachten. Dann saß ich auf Möks Nacken. Alle applaudierten. Nur Mök schien genervt. Vermutlich hatte er einen Schlag zu viel gegen den Kopf bekommen.

»Hmmm!«, summte der Treiber und rammte die bloßen Fersen mehrfach in die Schultern des Tieres. Unwillig schlingerte Mök von der Farm und trottete einen Dschungelpfad entlang. Dann hatte er keine Lust mehr, mit drei Männern auf seinem Rücken durch den Dschungel zu stampfen. Immer wieder versuchte er, in Richtung Farm umzudrehen. Kollege Heuer und ich begannen uns an den Rändern des Sitzkorbes festzuklammern, weil Mök hartnäckig mit seinem Treiber um die Richtung kämpfte. Konnte man eigentlich auf dem Rücken eines Tieres seekrank werden?

Dann reichte es dem Treiber. Er griff zu einem Eisenhaken und stach Mök dessen Spitze in den Augenwinkel, um ihn in die gewünschte Richtung zu zwingen. Der Elefant schwenkte unwillig den Rüssel über seine Schulter und schnaubte kräftig aus. Danach waren wir zwar auf Kurs, aber auch vom Scheitel bis zum Brustbein voll mit Elefantenschnodder. Und heilfroh, nach einer Stunde von My und Ly auf der Farm mit Erfrischungstüchern und Wasserflaschen empfangen zu werden.

My sah allerdings ein wenig unglücklich aus, als er neben mir zum Wagen ging. Im Gegensatz zu mir wusste er nämlich, dass wir nun zu einem Ort fahren würden, wo es für mich noch beschwerlicher sein sollte als auf dem Rücken eines Elefanten.

Der Tempel namens Wat Phu Champasak ist eines der wichtigsten Heiligtümer entlang des Mekong. Buddha selbst hatte ihn besucht und aus nicht nachvollziehbaren Gründen so heftig gegen eine Wand getreten, dass man bis heute seinen Fußabdruck sehen konnte.

Nicht so gut war, dass man einen halben Kilometer über eine holprige, mit hohem Gras bestandene und mit Gräben durchzogene Ebene musste, um von der Straße aus den Eingang zu erreichen. Noch schlechter war, dass dieser Eingang aus einer halb verfallenen Treppe bestand, die sich Hunderte von Stufen einen bewaldeten Hügel hinauf erstreckte, so dass man von unten nicht einmal die Tempelgebäude sehen konnte.

Und geradezu katastrophal wurde die Lage, wenn man selbst als staatlich bezahlter Reiseführer arbeitete und einen Journalisten dabei hatte, der ohne Hilfe kaum aus einer Badewanne aufstehen konnte.

My und Ly gaben ihr Letztes. Außerhalb meiner Hörweite sprachen sie mit dem Wächter, der an der Straße das Tor zu einer kleinen Straße bewachte. Wechselte dabei sogar bedrucktes Papier den Besitzer?

»You're VIP«, lächelte My, als er zu mir zurückkam. Das bedeutete immerhin, dass wir bis zu einem halb verfallenen Gebäude am Fuß der Treppe fahren durften. Als ich ausstieg, damit Ly den Wagen zurück an die Straße fahren konnte, merkte ich sofort, dass nicht einmal die Sonderbehandlung reichte. Das Gras war zu hoch und der Weg so steil, dass ich nicht einmal an die unterste Stufe der Treppe kam. Frank hob die Achseln.

»Ich geh dann mal. Kannst dir ja im Hotel die Bilder auf dem Laptop ansehen.«

My räusperte sich. Natürlich musste er bei mir bleiben. Um ihn nicht zu beschämen, stellte ich so viele Fragen wie möglich zu dem Gebäude vor uns. Stolperte sogar auf die maroden Mauern zu und klopfte mit Kennermiene dagegen. Wir wussten beide nichts mehr zu sagen. Eine Malariamücke schwirrte um meinen Kopf und macht angeekelt kehrt, als sie die Spezialsonnencreme auf meiner Haut registrierte. Dann war es wieder still.

»Bist du eigentlich verheiratet?«, hörte ich mich fragen. Die Fragen gingen mir so langsam aus.

»Ich darf nicht heiraten.«

»Aha?«

»Ich bin das jüngste Kind.«

Scheinbar sah ich noch immer nicht wesentlich intelligenter aus.

»Das jüngste Kind darf bei uns keine eigene Familie haben, sondern muss sich um seine Eltern kümmern. Meine drei Brüder und meine Schwester sind alle verheiratet und haben Kinder. Aber ich darf erst eine Familie gründen, wenn meine Mutter tot ist.«

Was sollte man darauf antworten? Ich wechselte auf die Kumpelschiene und zwinkerte ihm kennerhaft zu.

»Aber eine Freundin wirst du schon haben, oder?«

Er zuckte mit den Achseln.

»Manchmal. Aber das dauert nie lange. Welche Frau will schon einen Mann, der sie nicht heiraten kann? Und die Frauen, die so einen wollen, die will ich nicht.«

Er klang deprimiert. Ich sah mich nicht in der Lage, ihn zu trösten. Hilfesuchend schaute ich die Treppe hinauf. Aber von Frank war nichts zu sehen. Immer waren sie hektisch und rannten rum, diese Fotografen. Aber wenn man sie mal wirklich brauchte, ließen sie sich Zeit. My lächelte so melancholisch, dass ich einen weiteren Themenwechsel versuchte.

»Naja, dafür hängen deine Geschwister mit ihren Kindern immer zu Hause rum. Und du reist durch die Gegend. Hat doch auch was, oder?«

Das Lächeln auf Mys Gesicht war so traurig, dass ich vorsichtshalber die Nackenmuskeln anspannte.

»Weiter als hierher komme ich eigentlich nie. Gut, so ein oder zwei Mal im Jahr in die Hauptstadt. Dann wollen meine Vorgesetzten uns Führer aus dem Süden sehen. Das ist meistens nicht besonders schön, weil es heißt, dass wir nach ihrer Meinung Fehler gemacht haben.«

Offenbar schien ich mich mitten auf einem Minenfeld zu befinden. Aus meinem Mund kam erst mal gar nichts mehr. Dafür begann My zu erzählen. Eigentlich hatte er schon als Kind die ganze Welt sehen wollen. Und deshalb so lange gequengelt, bis seine Eltern ihn Englisch lernen ließen. Hier in Laos war das gleichbedeutend mit einem Beruf. Nicht viele Laoten konnten Fremdsprachen. Weil aber die Zahl der Touristen jedes Jahr stieg, konnte jeder, der sich auch nur einigermaßen auf Englisch verständlich machen konnte, sofort in der Tourismusindustrie anfangen. Wer Spanisch, Deutsch oder Französisch sprach, wurde für Landesverhältnisse sogar wohlhabend. Nachdem er genug gelernt hatte, konnte My immerhin Menschen aus der ganzen Welt durch seine Heimat führen. Aber je mehr er davon traf, desto größer wurde seine Sehnsucht. Ganze Nächte verbrachte er vor dem Computer in den Büroräumen der Agentur in Pakse, bei der er angestellt war. Mittlerweile kannte er Heidelberg, Honolulu und Hanoi mindestens genauso gut wie diesen Tempel hier. Er würde nur nie dorthin kommen.

»Selbst wenn meine Mutter tot ist, kann ich mir das nicht

Vor dem Eingang ins »Jenseits«, Vientiane, Laos

leisten. Mann, ich war noch nicht mal in Thailand. Dahin kann man fast den Fluss hoch schwimmen!«

Auch nach Kambodscha hatte My es noch nicht geschafft. Obwohl er mindestens zweimal jede Woche Touristen an den Wasserfall führte, der den südlichen Nachbarstaat von Laos trennte.

Meine Krankheit wurde plötzlich ganz klein. Durch das Gras vor mir kam ich noch immer nur unter größten Schwierigkeiten, weil meine Beine sich nicht heben ließen. Aber morgen würde ich im Flugzeug nach China sitzen, und wenn ich es nicht zu Fuß betreten könnte, würde mich jemand tragen. An den Beinen dieses kleinen Mannes vor mir hingen ganz andere Gewichte. Familientradition an dem einen, die Armut seines Landes an dem anderen. Wenn ich nicht gewusst hätte, dass es gegen die Sitten seines Landes war, hätte ich ihm tröstend auf die Schulter geklopft. Stattdessen zückte ich eine Visitenkarte und gab sie ihm.

»Falls es irgendwann doch mal klappt mit Deutschland: Hier ist meine Karte, My.«

Er nahm sie, dankte und schaute sie sich so lange an, wie man es in Asien tat. Dann verschwand sie in seiner Hemdtasche. Benutzen würde er sie ohnehin nie. Antworten musste er auch nicht. Mittlerweile war Frank auf dem Treppenabsatz erschienen, den wir von hier aus gerade noch sehen konnten. Und wie es an Reisetagen wie diesem nun einmal war – zehn Minuten später saß ich auf dem Rücksitz des Van. Auf dem Weg zum nächsten Ziel.

Am Ufer wartete bereits ein altes, vielleicht sechs Meter langes Holzboot mit Sonnendach und Außenbootmotor auf uns. Dass der Mann am Steuer, der uns heute durch Engpässe und an Felsen vorbeimanövrieren sollte, ungefähr siebzehn Jahre alt war, schockierte mich nicht mehr. Vermutlich lag die Pensionsgrenze für Kapitäne in Laos bei zwanzig Jahren.

In die steigende Sonne hinein tuckerten wir den Strom entlang. Wasserbüffel schauten träge auf, badende Kinder winkten uns zu. Laos wie aus dem Prospekt teurer Reiseanbieter eben. Auch hier machte Armut schöne Bilder.

»Die Hälfte der Inseln tauchen nur während der Trockenzeit überhaupt aus dem Wasser auf«, erklärte My uns.

»Warum ragen zwischen den Häusern eigentlich so viele Rohre ins Wasser?«, wollte ich von ihm wissen. »Pumpen die Leute ihr Abwasser direkt in den Fluss?«

Keine gute Frage scheinbar. My verzog das Gesicht.

»Das sind eigentlich Bewässerungssysteme, die mit Motoren betrieben werden. Weil der Diesel in den letzten Monaten so teuer geworden ist, mussten die Bauern sie abschalten. Jetzt haben sie nur noch eine statt zwei Ernten im Jahr. Hungern muss deshalb noch keiner, aber zum Verkaufen haben sie nun auch nichts mehr. Hoffentlich müssen sie nicht ihre Schule schließen. Und ein trockener Winter darf jetzt auch nicht mehr kommen.«

Jetzt verzog auch ich das Gesicht. So deutlich und in so wenigen Sätzen hatte mir bislang noch niemand die Globalisierung erklärt.

Abends waren wir zurück in Pakse. Da wir morgen nach China fliegen sollten, gönnten wir uns zuvor noch eine Thaimassage. Gleich gegenüber vom Hotel befand sich ein Salon. Dort ging es nicht um Sex, sondern um Behandlung durch geschulte Masseurinnen. Im Eingangsbereich duftete es nach Blüten und Räucherstäbchen. Wir studierten das Angebot, das auf Listen aufgeführt war, die wie Speisekarten aussahen. Kollege Heuer war schon mehrfach in diesem Teil der Welt gewesen und hatte Erfahrung mit den seriösen Massagen. Deshalb traute ich seiner Empfehlung: Das volle Programm, neunzig Minuten Ganzkörpermassage mit heißen Kräuterbeuteln. Für umgerechnet acht Euro. Beiläufig fiel mir ein, dass es in Berlin-Charlottenburg zwei Ecken von meiner Wohnung entfernt einen ähnlichen Salon gab. Auf einer Stelltafel waren die Preise aufgelistet. Eine Stunde Ganzkörpermassage kostete sechzig Euro. Als ich das Frank erzählte, musste er lachen.

»Sechzig Euro? In München zahle ich achzig. Mindestens!«

Interessant. Und wieder ein Beweis dafür, dass ein Nord-Süd-Gefälle nicht nur auf dem Globus, sondern auch auf der Deutschlandkarte existierte. Dort allerdings umgekehrt.

Nachdem uns die Masseurinnen vorgestellt und uns die Füße gewaschen worden waren, führte man uns in den ersten Stock. Nach einem ganzen Tag auf dem Mekong waren auch diese paar Stufen für mich ein echtes Hindernis. Vor allem wenn kein Schuh meinen rechten Fuß stützte. Die Frau, der ich vorgestellt worden war, hielt sich unauffällig neben mir. Dass sich eine rund 150 Zentimeter große und knapp einen Zentner schwere Frau bereit machte, meinen Sturz abzufangen, war mir peinlich. Besonders bei einer Rechnung von acht Euro, von der nur ein Bruchteil ihre Geldbörse erreichen würde. Immerhin schien ich hier in guten Händen zu sein.

Eigentlich hatte ich im ersten Stock abgeteilte Einzelkabinen erwartet. Doch schon beim Betreten des Raums zog Frank sich zwanglos das Shirt vom Leib. Hier legte man sich in Unterhose nebeneinander auf Bodenmatten. Anfänglich war ich etwas befangen, als die Masseurinnen uns zu behandeln begannen. Immer wieder schaute ich diskret zu meinem Kollegen, über dessen Körperbehaarung ich seit zwei Minuten deutlich mehr wusste, als ich je wissen wollte. Dem schien es nichts auszumachen, heiße Beutel auf die Muskulatur gedrückt zu bekommen. Oder eine kleine fremde Frau auf seinem Rücken knien zu haben. Und da hier synchron gearbeitet wurde, passierte auf meinem Rücken wahrscheinlich das Gleiche. Immerhin ging ich hinterher wie auf Federn.

»Lunch!« Ein Ruf holte mich aus meinen Erinnerungen zurück auf den Mekong und in unser Schnellboot. Die beiden Angestellten, die mich am Betreten des Achterdecks gehindert hatten, trugen je einen Stapel Tabletts in der Hand. Wie auf einer Flugreise klappten wir die kleinen Tische an unseren Sitzen aus. Vor jeden wurde eine Portion gestellt. Die Tabletts mit den drei Vertiefungen waren aus Plastik. Über den Inhalt der Vertiefungen konnte ich keine genauen Aussagen machen. Auch dann nicht, als sich Teile davon bereits in meinem Magen befanden. Auf jeden Fall war es genug, um mich wenige Minuten später wieder in meinen Dämmerschlaf finden zu lassen und mich weiter an die Stationen zu erinnern, die wir auf dieser Reise bereits absolviert hatten.

Als wir in Kunming landeten, hatten wir fast drei Stunden Verspätung. Kunming war eine jener chinesischen Millionenstädte, von denen in Europa noch nie jemand gehört hat. Sie stand nur auf dem Reiseplan, weil die staatliche Tourismusbehörde einen halbtägigen Zwischenstopp auf dem Weg zum Mekong gewünscht hatte. Schreiben wollte ich nicht darüber. Auch Frank hatte nur seine Kleinbildkamera ins Handgepäck genommen und den Rest seiner Ausrüstung nach Guanlei durchgebucht. Wir überlegten, ob wir nicht einfach die paar Stunden in einem Flughafenrestaurant totschlagen sollten. Doch direkt hinter der Kontrolle stand Shinji. Unsere Führerin für die nächsten fünf Stunden.

»Gebrochen?«, war ihr erstes Wort an uns auf Deutsch, verbunden mit einer stechenden Fingerbewegung in Richtung meines Beins.

»Nein. Multiple Sklerose«, antwortete ich ihr.

»Aha.« Sie hob ihr Handy ans Ohr. Sprach ein, zwei knappe Sätze hinein. Dann gab sie uns die Hand. Shinji hatte die Manieren eines Grenadiers. Eines ziemlich schönen Grenadiers immerhin. Schlank war sie und für eine Chinesin ungewöhnlich groß, bestimmt einen Meter fünfundsiebzig. Dass sie große Augen hinter einer modischen Brille hatte und ihr Haar bis tief auf den Rücken fiel, störte mich auch nicht.

»Da lang«, kommandierte sie.

Vor dem Ausgang stand schon ihr Auto. Offenbar in einer Sperrzone, denn der Fahrer debattierte gerade mit einem Soldaten. Im Vorübergehen zeigte Shinji dem Mann einen Ausweis, und er deutete eine Verbeugung an.

»Willkommen in China«, begrüßte sie uns offiziell, nachdem wir die Straße erreicht hatten. Sie sprach in derselben Art wie viele asiatische Touristenführer: Perfekt in Vokabular und Grammatik in Deutsch oder Englisch, aber völlig ohne Sprachmelodie. In den nächsten Wochen würde ich häufiger darüber nachdenken, wo wohl die Fabrik stand, in der diese Guides produziert wurden.

»Wir werden essen und dann den Bambus-Tempel besuchen. Der Besuch auf dem Markt wird wegen der fortgeschrittenen Zeit kürzer ausfallen.«

Wer wollte da protestieren? Beflissen kramte ich meinen Schreibblock heraus und schrieb einige Worte hinein, die ich später nicht mehr lesen konnte.

Während des Essens erzählte Shinji einige Dinge über das Restaurant und die Stadt, die ich alle umgehend wieder vergaß. Zuweilen tippte ich Frank unter dem Tisch ans Knie, damit er überhaupt mal ein Foto machte.

»Der Markt«, erwähnte unsere Führerin kurz, als wir wieder im Wagen saßen. »Größter in Kunming.«

Tatsächlich erstreckte sich vor uns ein respektables Gewimmel eng stehender Verkaufsbuden und Tausender Menschen. Der Fahrer nickte kurz, hupte ein paarmal, dann fuhr er mitten hinein.

Dass in der nächsten halben Stunde kein Mensch zu Schaden kam, wird mir für immer unerklärlich bleiben. Der Fahrer hielt einfach drauf. In gemäßigtem Tempo zwar, aber ohne Rücksicht auf Hindernisse. Ob alte Menschen an Stöcken, mit Körben beladene Händler, ob Frauen mit Säuglingen auf dem Arm oder Kinder auf Fahrrädern – jeder musste sein Leben selbst retten. Der Fahrer tat es jedenfalls nicht.

»Normalerweise steigen wir aus. Heute nicht. Wegen Zeitmangel und dem Bein«, erklärte Shinji immerhin, als sie über den Rückspiegel die schreckensstarren Gesichter von Frank und mir auf der Rückbank sah.

Irgendwann wurde das Gewimmel dünner, ohne dass wir wegen meiner Krankheit zu Mördern geworden waren. Der Markt lag scheinbar am Stadtrand, denn nicht nur die Stände, sondern auch die Häuser wichen neben unserem Wagen zurück. Über ein paar Serpentinen fuhr uns der Fahrer auf einen Hügel, von dem aus wir die ganze Stadt überblicken konnten. Sie war hässlich und wirkte wie aus dem Boden gestampft. Sogar unsere Führerin fand keine Worte, sie zu loben.

»Rollstuhl?«, fragte sie, als wir auf einem Parkplatz hielten.

»Wie bitte?«

»Hinter der nächsten Kurve ist der Bambus-Tempel. Den besichtigen wir jetzt.«

Das Asphaltband machte eine Kurve entlang einer steilen bewaldeten Böschung, auf der man einige alte Steinmauern mehr ahnen als sehen konnte.

»Wie weit?« Allmählich übernahm ich ihren militärischen Tonfall.

»Zweihundert Meter.«

Zweihundert Meter traute ich mir zu, auch wenn sie bergauf gingen. Also verließ ich, statt eine Antwort zu geben, den Wagen.

Nach einer Viertelstunde war ich oben. Bei einer Tempelanlage, gold und rot, reich verziert, mit Drachen auf den Dächern, mit einem großzügigen Tor, Seitengebäuden und einer liebevoll gepflegten Gartenanlage mit Kanälen und kleinen Springbrunnen in der Mitte. Im Garten stand die für mich größte Kostbarkeit der Tempelanlage. Eine Steinbank, auf die ich mich fallen lassen konnte.

Wenn ich mich durch die Gegend kämpfte wie gerade eben, dann sagte mir meine Freundin oft, dass ich wirkte, als ob ich in Stalingrad wäre. Völlig isoliert und ohne meine Umgebung auch nur aus dem Augenwinkel wahrzunehmen. Wenn ich in Stalingrad war, käme es ihr so vor, als ob ich nicht aus Liebe Hand in Hand mit ihr ging, sondern sie als Krücke benutzte. Wahrscheinlich hatte sie recht. In solchen Dingen hatte sie meistens recht.

Aber nun saß ich inmitten der Tempelanlage und konnte mich umschauen, ohne bei jedem Schritt leise vor mich hin zu fluchen. Schön war es hier. An den Gebäuden schräg hinter mir gab es Simse, die vollgestellt waren mit tönernen Figuren. Vor mir führte eine Brücke über einen schmalen Kanal. Dahinter erreichte man einen großen Tempel. Rot und golden war auch er. Zur Mitte der Anlage geöffnet und voller lebensgroßer Figuren, die durch Holzgitter abgesichert waren. Wahrscheinlich Heilige oder Götter. Zu ihren Füßen standen Schalen mit Opfergaben. Rechts neben dem Gitter erregte eine seltsame Szene meine Aufmerksamkeit. Mehrere Stücke eines geflochtenen Seils waren mit Nägeln an die Außenwand geschlagen worden. Und gerade näherte sich ein junges Paar. Auch die beiden hatten ein Stück Seil und einen Opferkorb dabei. Er trug außerdem Hammer und Nagel. Vor der Holzwand sahen sie sich lange in die Augen.

Rechts neben mir tat sich auch etwas. Shinji setzte sich auf die Bank.

»Im Haus dahinten sind lebensgroße Figuren aus den letzten Jahrhunderten. Schon gesehen?«

»Fotografiert Frank?«

»Ja.«

»Bist d… ich meine: sind S…« Duzten oder Siezten wir uns eigentlich? »Was ich sagen will: Mache ich mich unmöglich, wenn ich hier sitzen bleibe und mir nachher die Fotos von Frank ansehe?«

Sie schüttelte den Kopf und schaute auch auf das Paar an der Holzwand. Dort setzte der junge Mann mittlerweile den Hammer an.

»Was machen die da?«, wollte ich wissen.

»Wenn du deine große Liebe gefunden hast …«, begann sie. Immerhin wusste ich jetzt, dass wir uns duzten.

»Und wenn du willst, dass deine Liebe in euer nächstes Leben reicht, dann nagelt ihr zusammen ein Seil an diese Wand. Das Seil soll euch ins nächste Leben führen, und wenn die Götter es wollen, seht ihr euch dort wieder. Du weißt nicht, in welcher Gestalt, und du wirst den anderen nicht wiedererkennen. Aber die Liebe ist noch dieselbe.«

»Aha.« War diese Idee eigentlich genial oder bekloppt?

»Hast du jemanden, mit dem du ein Seil anbringen würdest?«, fragte sie.

»Ja«, sagte ich. Durch meine Brust floss plötzlich ein Gefühl wie schwerer warmer Likör.

»Ja, ich habe jemanden.« Die Frau, mit der ich durch Stalingrad spazierte, wäre mir noch ein Leben wert. Immerhin hatte ich die ersten 28 Jahre ohne sie verplempert. Und dann noch mal zwei, bis wir ein Paar wurden. Doch, das war wünschenswert. Auch als zwei Pygmäen. Oder zwei Spatzen? Notfalls auch als zwei Hagebutten an einem Strauch.

Sie nahm die Brille ab und sah mich an. Ein bisschen wehmütig. Ohne das Glas sahen ihre Augen noch spektakulärer aus. Mein Herz verzichtete auf ein oder zwei Schläge. Trotz der Hagebutte darin. Aber ich sah auch, wie jung der Grenadier noch war. 26, höchstens 28 Jahre.

»Dann halt sie fest«, sagte sie. Um ein Haar hätte sie dabei sogar ihre Stimme gehoben. Oder gesenkt. »Ich habe keinen.«

Unser Mekong-Schiff musste eine kurze schnelle Wendung machen. Hinten auf dem Achterdeck jauchzten ein paar Leute auf. Waren da auch unterdrückte Angstschreie darunter? Scheinbar war der Kapitän einem der vielen Felsen nahe gekommen, über die jeder redete, der draußen gewesen war. Ich öffnete das linke Auge und war für einen Moment froh, nicht mit meinem Stock hinten auf dem rutschigen Deck gestanden zu haben. Durch die kurze Unterbrechung blieb meine Träumerei schön chronologisch. Allzu tief schlief ich also nicht.

Das Telefon brüllte neben mir. Es dauerte ein halbes Dutzend Klingeltöne, bis ich mich aus dem Schlaf gewühlt hatte. Ziemlich wütend griff ich nach dem Hörer. 23 Uhr Ortszeit im Hotel in Guanlei. Zum ersten Mal auf dieser Reise war ich also zu einer normalen Zeit eingeschlafen.

»Ja!«, bellte ich entsprechend böse in den Hörer.

»Massaker?«, sagte eine Frauenstimme auf der anderen Seite.

»What?!«

»Massaker? In your room?«

Ohne Antwort zu geben, legte ich auf. Hier in China schienen sie nicht nur Hunde zu frittieren, sondern auch andere Vorstellungen von Telefonscherzen zu haben. Kaum war ich in mein Kissen zurückgesunken, klingelte das Telefon wieder.

»Massaker tri?«, fragte dieselbe Frauenstimme. Ohne ein Wort knallte ich den Hörer wieder auf die Gabel. Es dauerte ein wenig, bis ich einschlafen konnte. Weshalb wollte eine mir unbekannte Frau in meinem Zimmer ein Blutbad anrichten? Und was hieß »tri«? Sollte das »three« bedeuten, drei also? Bevor ich diesen Gedanken vertiefen konnte, hatte mich der Schlaf wieder in sein Hoheitsgebiet gezogen.

Am nächsten Morgen fragte ich den Mann an der Rezeption, ob er sich einen Reim auf diesen seltsamen Anruf machen konnte. Erstaunlicherweise lief er knallrot an und verbeugte sich so tief, dass seine Stirn fast auf dem Tresen aufschlug.

»Ich muss mich entschuldigen, Herr. Es ist illegal. Sehr illegal. Aber manchmal rufen Prostituierte in den Zimmern von Männern an und wollen ihre Dienste verkaufen.«

»Auch zu zweit?«

»Wie bitte?« Fragend hielt er in seiner nächsten Verbeugung inne und schaute die Tresenfläche entlang in meine Richtung. »Ja, auch zu zweit, mein Herr.«

In der nächsten Nacht stöpselte ich mein Zimmertelefon aus.

Kein Dösen dauert ewig. Ungefähr auf halber Strecke der Schiffsfahrt wachte ich endgültig auf. Die restlichen Stunden verbrachte ich mit Langeweile, unterbrochen von kurzen Phasen, in denen ich mich verloren fühlte. Es war kein eigentliches Heimweh, dazu habe ich nie geneigt. Es war eher das Gefühl, auf der ganzen Welt fremd zu sein. Vielleicht war das ein Grund, warum ich mich immer wieder auf solche Reisen einlasse. Die fremden Länder geben der inneren Fremdheit wenigstens ein Gesicht.

Manchmal wollte ich aber auch ganz einfach nur alle meine Mitreisenden inklusive der Angestellten erschlagen, weil sie mich nervten. Respektive von hinten durch die Sitze mit einer vergifteten Nadel erstechen. Da ich mich seit Jahren häufig auf langen Reisen befand, hatte ich eine erstaunliche Anzahl von Mordanschlägen auf Mitmenschen in meinem Fantasieschrank.

Beim Ausbooten war ich um ein Haar gezwungen, den Matrosen zu schlagen, der elf Stunden zuvor mein Ticket kontrolliert hatte. Ich war gerade dabei, zu überlegen, wie ich am besten den ungefähr einen halben Meter breiten Spalt zwischen Boot und Kai überwinden sollte. Mein erster Versuch, wie alle anderen mit einem großen Schritt auf die Gangway zu kommen, war gescheitert. Nun suchte ich nach einer Kiste oder einem vergleichbaren Gegenstand, der mir als Treppenstufe dienen konnte. Da stand er plötzlich mit drei Kollegen neben mir. Ehe ich wusste, was mit mir geschah, waren zwei von ihnen an Land gesprungen und griffen nach meinen Armen. Der Mann mit den Tickets und der vierte gingen in die Knie und umklammerten meine Beine. Offenbar wollten sie mich wie ein schweres Gepäckstück auf die andere Seite hieven. Da sie sich aber nicht abgesprochen hatten, riss jeder in eine andere Richtung. Wenn ich nicht zerteilt werden wollte, musste ich mich also wehren. Ich riss mich von dem Mann los, der den Arm mit dem Stock festhielt. Rief etwas, was sie nicht verstanden. Aber ich verstand sie ja auch nicht, also waren wir quitt. Als ich noch dazu mit dem Stock in die Luft stach, wichen sie instinktiv ein bisschen zurück. Einerseits war ich behindert, aber andererseits auch dreißig Zentimeter größer und dreißig Kilo schwerer als jeder Einzelne von ihnen. Und ich hatte einen Stock in der Hand. Wir einigten uns also: Einer hob meinen linken Fuß auf eine Kiste, ich stützte mich mit Hilfe meines Stocks ganz hinauf und stützte mich dann auf die Schultern der anderen, um ans Ufer zu kommen. Immerhin in einem Stück. Wie viele Leute wohl schon zu Schaden gekommen waren auf der Welt, weil hilfsbereite Menschen ohne vorherige Absprache an ihnen herumgerissen hatten wie an einem schweren Möbelstück?

Am Hafen von Chiang Saen nahm uns Norbert in Empfang und verlud uns in zwei Minibusse. Der blonde 32-Jährige war gebürtiger Ostberliner und lebte seit einigen Jahren in Myanmar. Er führte uns zum Kreuzfahrtschiff »Mekong Sun«, das zwei Fahrtminuten von der Anlegestelle des Schnellboots entfernt ankerte.

Der Veranstalter hatte sich wirklich einen beeindruckend schönen Platz ausgesucht. Die Mekong Sun mit ihren vierzehn Kabinen war am Ende einer vierzigstufigen zerbröselnden Treppe vertäut, die gerade durch ihre schadhaften Stellen wirkte, als stammte sie direkt aus einem »Indiana Jones«-Film.

Dunkles Holz, ein von Sonnensegeln geschütztes Oberdeck, dazu eine kleine Bibliothek – es würde uns gut gehen während der nächsten Woche. Das ahnte ich, als mir ein lachender Matrose meine Tasche abnahm und sie in meine Kajüte trug. Sicher war ich, nachdem ich, auf meinem Bett liegend, die kleinen Begrüßungsgeschenke ausgepackt hatte und wenig später am Tisch auf dem Oberdeck Platz nahm, wo ein fünfgängiges Menü auf mich wartete.

Am nächsten Tag sahen wir uns die Stadt Chiang Saen an. In allen Straßen kamen wir an Prozessionen vorbei. Die Gruppen waren stets einheitlich gekleidet, meist in rote, blaue oder gelbe Gewänder, und führten Lampen oder bunte Puppen mit sich.

»Morgen beginnt die dreimonatige Fastenzeit«, erklärte unser Führer. In dieser Zeit trafen sich die Mönche um elf Uhr vormittags zur letzten Mahlzeit des Tages, um sich dann in ihre Zellen zurückzuziehen und zu beten oder zu studieren. Viele Gläubige nutzten diesen Tag, um den Mönchen eine größere Spende zu geben.

Wie das genau geschah, sahen wir am Wat Chedi Luang, dem ältesten Tempel der Region. Schwarz und verwittert steckten die jahrhundertealten pyramidenförmigen Gebäude in einer grellgrünen feuchten Wiese. In der Mitte stand ein vielleicht hundert Jahre alter Neubau. In ihm befanden sich die Buddhafiguren und ein riesiger Gong, der zum Gebet rief. Mönche waren allerdings noch keine zu sehen. Nur ein paar magere Hühner und ein paar dicke Touristen stolzierten herum.

Plötzlich betrat eine Gruppe Schüler den Tempel. Lautlos, wie aus dem Nichts. In ihrer Mitte trugen sie einen Medizinkasten und ein großes Bündel Opferkerzen. Sie knieten nieder. Von der Seite kam ein Mönch in den Tempel und setzte sich auf einen Stuhl. Die ganze Zeit über wedelte ein Hund um seine Beine. Doch als der Mönch die Schüler grüßte, setzte sich auch der Hund brav hin.

»Das ist der Vorsteher des Klosters«, flüsterte der Führer mir zu. »Er nimmt die Spenden entgegen. Und der Hund neben ihm ist eine Reinkarnation. Vielleicht von einem früheren Vorsteher.«

Meine Mundwinkel zogen sich nach oben. Ich wollte lachen. Doch dann sah ich das ernste Gesicht des Mannes neben mir. Und beschloss, dass es nicht Zeit zum Lachen war. Sondern Zeit, etwas nicht zu verstehen und dennoch zu respektieren.

Am nächsten Morgen, als die Mekong Sun gerade ablegte, kam der Regen. Es war die erste Regenzeit, die ich miterlebte. Jeden Morgen war der Himmel grau. Manchmal regnete es schon dann. Gegen Mittag kämpfte sich meist für zwei oder drei Stunden die Sonne durch und stach mit über dreißig Grad um sich. Am Nachmittag kam dann wieder der Regen.

Jeden Tag und mindestens vier Stunden lang. In einer Stärke, wie man ihn in Mitteleuropa höchstens mal für einige Augenblicke während eines Wolkenbruchs erlebt. Einmal regnete es dreißig Stunden lang. Bis zum Ende unserer Reise wurden weder ich noch Frank richtig trocken. Entweder wir klebten vor Schweiß, oder wir tropften vor Regenwasser. In der feuchten Hitze gelang mir kein einziger Schritt mehr, der nicht wacklig aussah. Schon am ersten Tag suchte Norbert einen Matrosen aus, der bei jedem Landgang diskret neben mir an der Gangway und der Böschung stand, damit ich das Schiff überhaupt verlassen konnte.

Am dritten Tag unserer Reise ankerte der Kapitän an einer Sandbank. Scheinbar mitten im Nichts. Nur eine kleine Bucht, möglicherweise auch einen bachgroßen Zufluss in den Mekong, hatten wir einige Minuten zuvor passiert.

»Hier ist ja kaum was zu sehen.« Norbert war enttäuscht. »Normalerweise ist die Sandbank so groß, da kann man fast Fußball drauf spielen. Naja, zu viel Regen in den letzten Tagen.«

Dann streifte mich sein Blick.

»Ist für dich natürlich gut, dass du nicht über nassen Sand hochklettern musst.«

Ein starres Grinsen erschien auf meinen Lippen. Am liebsten hätte ich ihn gebissen. Obwohl er natürlich recht hatte. Womöglich hätte auch er mich gern gebissen oder in den Hintern getreten. Weil ich hier war und dauernd zusätzliche Mühe machte. Vielleicht ja auch nicht. Ich versuchte jedenfalls so freundlich wie möglich zu bleiben.

Die Matrosen waren bereits ans Ufer gesprungen und verwandelten die Sandbank binnen einer Stunde in einen Festplatz mit Grill, Palmwedeln und Lagerfeuer.

Kaum lag das erste Fleisch auf dem Rost, wurden wir Passagiere an unsere Ehrenplätze gebeten. Acht Stühle standen in einem angedeuteten Halbkreis. Hinter jedem war ein Palmzweig in den Boden gesteckt, so dass das Blatt als Sonnenschirm über den Stuhl wachte, obwohl die Sonne vor einiger Zeit untergegangen war.

Als wir zum ersten Mal unsere Teller gefüllt hatten, raschelte es im Unterholz. Hatte ich dort hinten ein Gesicht zwischen den Bäumen gesehen? Und warum starrte Frank so intensiv aufs Wasser?

Dann wurden wir von einer seltsamen Invasion heimgesucht. Innerhalb einer Minute standen dreißig weitere Menschen vor uns auf der Sandbank. Männer, Frauen, Kinder. Keiner von ihnen kam näher als einige Meter an unsere Stühle heran. Sie schauten neugierig und lächelten vage.

Der Maître du service klärte uns auf: »Das sind Freunde, die uns jedes Mal besuchen.«

Einwohner eines Dorfes, das an dem kleinen Mekong-Zulauf lag, den wir kurz vor dem Anlanden passiert hatten.

»Wenn ihr deutsche Lieder singt, singen sie ihre Lieder«, erklärte der Maître weiter. »Wenn ihr eure Witze erzählt, dann erzählen sie ihre Witze.«

Der Maître sah uns auffordernd an. Dreißig Laoten sahen uns an. Zehn Besatzungsmitglieder sahen uns an. Wie auf Kommando erstarrten die Gesichtszüge aller Passagiere gleichzeitig. Es war, als säße man in der ersten Reihe einer Comedy-Show und der Künstler auf der Bühne würde einen zu sich hochbitten, um an einem besonders dämlichen Gag mitzuwirken.

Horst, der einzige Alleinreisende in unserer Gruppe, schaute peinlich berührt zum Himmel. Da stand der Mond, der gerade aufgegangen war. Horst begann in einem wirklich fiesen Falsett »Der Mond ist aufgegangen« zu singen. Zwei, drei Passagiere fielen zögernd ein. Plötzlich fiel mir die zweite Stimme dieses Liedes ein, die ich vor ungefähr 35 Jahren gelernt hatte. Es klang furchtbar. Dennoch versuchten die Laoten mitzuklatschen, was die Sache bei einem so getragenen Lied nicht besser machte. Nach anderthalb Strophen versickerte der Gesang, weil keiner mehr den weiteren Text wusste. Dennoch applaudierten unsere Gäste lautstark. Das ließ sich allein mit asiatischer Freundlichkeit nicht mehr erklären. Vermutlich würden sie am Ende des Abends ein Trinkgeld von der Reederei erhalten.

Angefeuert durch diesen Scheinerfolg, wagten wir uns noch an »Hoch auf dem gelben Wagen«. Scheiterten aber schon nach etwa sechs Zeilen.

»Mir ist da ein Witz eingefallen«, versuchte Frank die Schmach zu überspielen. »Da kommt ein Mann zum Arzt. Der sagt: Sie müssen aufhören zu onanieren. Warum, will der Mann wissen? Sagt der Arzt: Weil ich Sie sonst nicht untersuchen kann!«

Der Tiefpunkt des Abends war erreicht. Die Laoten spürten eher als wir, was die Pointe gewesen sein sollte. Nachdem Frank zehn Sekunden lang nichts mehr gesagt hatte, begannen sie zu lachen und zu klatschen. Das Trinkgeld musste wirklich ansehnlich sein.

Dann übernahmen die Dorfbewohner die Gestaltung des Abends. Plötzlich hatten sie Instrumente in der Hand. Der Maître und ein schüchterner Kellner begannen ein Duett zu schmettern, wie man es auf keiner Berliner Kleinkunstbühne schriller und schwuler zu hören bekam. Sie warfen einige trockene Holzscheite ins Lagerfeuer, das sofort heller und höher aufloderte. Einer nach dem anderen begann um das Feuer herumzutanzen. Scheinbar imitierten sie mit ihren Bewegungen Tiere. Ab und an wechselte die Melodie und die Bewegungen ebenfalls. Als etwas dargeboten wurde, was entweder an eine Ente, ein Huhn oder einen ernsthaft betrunkenen

Bergaffen erinnerte, schwärmten die Dörfler in unsere Richtung aus. Mit sanfter Gewalt zogen sie einen nach dem anderen ans Feuer. Horst sprang sogar freiwillig vor und gab einen Affen, der dringend eine Entgiftung benötigt hätte. Auch vor mir stand plötzlich ein Mädchen. Sie war ungefähr vierzehn Jahre alt und streckte mir mit schüchternem Lächeln die Hand entgegen. Entschuldigend hob ich den Stock. Schüttelte den Kopf. Als sie enttäuscht die Schultern hob, wurde mir die Situation unangenehm. Vor allem weil ich mir nicht sicher war, ob ich mich nicht gerade hinter meiner Krankheit versteckte? Es war so viel leichter, den Stock wie einen Schild zu heben, als zu sagen, dass ich keine Lust hatte, ums Feuer zu humpeln und dabei zu grunzen, wie es die anderen mittlerweile taten.

Um den Zweifel zu überspielen, wies ich einladend auf meinen vollen Teller und auf den Grill, der gleich neben mir stand. Das Mädchen schüttelte hektisch den Kopf und sprang zurück ans Feuer. Eine andere junge Frau, die zu mir kommen wollte, hielt sie am Ärmel zurück und flüsterte ihr etwas ins Ohr. Scheinbar hatte ich gegen eine Regel verstoßen. Die Laoten sollten uns beklatschen, für uns musizieren und mit uns tanzen. Uns das Fleisch wegzuessen war offenbar nicht Teil des Plans.

Die anderen Passagiere hatten diesen kleinen Zwischenfall nicht mitbekommen. Außer mir hüpften mittlerweile alle ums Feuer. Ihre Armbewegungen wiesen entweder auf einen Vogel hin oder auf eine Vogelscheuche, die der Sturm mit sich gerissen hatte. Oder auf einen Verkehrspolizisten, der dringend die Droge wechseln sollte.

Auf dieser malerischen Sandbank, unter diesem wie gemalt am Himmel wachenden Mond kamen mir meine Mitreisenden plötzlich vor wie Kolonialherren, die sich heute zur Freude der armen Eingeborenen angetrunken ein bisschen zum Narren machten. Das hob die Stimmung, und wer nachher putzen würde, war ohnehin klar.

Der Abend schien auf jeden Fall zum vollen Erfolg zu werden. Der erste Passagier brach erst gegen Mitternacht auf, um sich in die Kabine zurückzuziehen. Es war natürlich ich, der Spielverderber.

Am nächsten Mittag saß ich mit einem Roman unter dem Sonnendeck und schaute in den Regen. Während ich vier oder fünf Tassen Kaffee trank, redete ich mir ein, erstens fröhlich zu sein und zweitens einen wohlverdienten freien Tag zu genießen. Beides war gelogen.

Die Mekong Sun ankerte an einer Böschung, die noch steiler und glitschiger war als gestern. Vor rund drei Stunden hatten meine Reisegefährten sich hinaus ins Sauwetter begeben, um eine Schnapsbrennerei zu besuchen, die sich im Wald am Ufer befinden sollte. Einen Arbeitselefanten, der die Reiskörbe von den Feldern zur Brennerei schleppte, sollten sie da auch haben.

Mich diese fiese kleine Böschung hochzuschleppen, die ausschließlich aus Schlamm und Strünken einer schilfähnlichen Uferpflanze zu bestehen schien, wollte ich dem Matrosen nicht zumuten. Redete ich mir ein. Also hatte ich mich in den vergangenen drei Stunden in mein Buch vergraben und tunlichst jeden Trompetenstoß des Arbeitselefanten überhört, der von Zeit zu Zeit aus dem Dschungel zu mir drang. Warum war dieser Scheißelefant eigentlich so gut gelaunt? Musste der nicht arbeiten?!

Zum sechsten Mal an diesem Vormittag winkte ich dem Besatzungsmitglied, das gerade Decksdienst hatte. Nickend machte der Mann sich auf, um die sechste Tasse Kaffee zu holen. Am Ufer tat sich etwas. Ich hörte schmatzende Geräusche. Auf dem matschigen Weg am Waldrand erschien eine Gruppe Frauen. Ein halbes Dutzend ungefähr. Nicht mehr jung und, wie es von hier oben schien, auch nicht mehr ganz nüchtern. Jedenfalls schwenkten sie Flaschen mit einer glasklaren Flüssigkeit und sangen lautstark Lieder. Die Anführerin der Gruppe trug mit triumphierendem Gesichtsausdruck eine Mischung aus Blumenstrauß und Pokal für eine mir völlig unbekannte Sportart in ihren Händen. Dass sie an Bord wollten, machten sie dem Matrosen am Steg dadurch klar, dass sie ihn lachend beiseiteschoben. Da der Mann mitlachte, schien es sich um keinen Fall von Piraterie zu halten.

»Maybe you'll get some company«, sagte der Kellner, als er das Kaffeetablett vor mich hinstellte.

Tatsächlich rumpelte es auf dem unteren Deck ganz gehörig. Wenige Momente danach johlten die Frauen die Treppe hinauf. Bevor ich auch nur etwas sagen oder gar aufstehen konnte, war ich von ihnen umringt. Unter lautem Gelächter und zahllosen kleinen Verbeugungen sangen sie mir ein Lied, während die Anführerin die Blumen auf den Tisch stellte. Tatsächlich war es eine Art Pokal. Er sah aus, als hätte man eine Etagere liebevoll mit Blüten und Gräsern umwirkt. Zwei andere Frauen zückten ihre Schnapsflaschen und hielten mir den scharf riechenden Reisbrand auffordernd unter die Nase. Hilflos sah ich in Richtung des Diensthabenden, der sich lachend und mit ausgebreiteten Armen zwischen mich und die Horde drängte.

»Your friends told them you are sick«, sagte er, nachdem sie aufgeregt auf ihn eingeplappert hatten. »Deswegen sind sie hier, um dich zu besuchen und dir alles Gute zu wünschen. Der Pokal ist für dich.«

»Danke schön …«, stotterte ich. Die zwei Frauen mit den Flaschen wanden sich um meinen Leibwächter. Wieder hielten sie mir den Schnaps unter die Nase. Diesmal schüttelten sie ihn auffordernd.

Der Diensthabende wusste, dass ich keinen Alkohol trank.

Mit einer dramatischen Geste zeigte er auf mich. Mein rechtes Bein. Dann hob er die Hände über den Kopf. Die Worte, die er halb über die Köpfe der Angreiferinnen sprach, fast rief, klangen traurig und beschwörend.

»Oooh …!« Die Frauen antworteten universell verständlich und schlugen bedauernd die Hände zusammen.

»Ich habe ihnen gesagt, dass du wegen deines Beins keinen Alkohol trinken darfst«, grinste der Diensthabende, als er sich zu mir drehte. Dann schoben sie auch ihn beiseite.

Zwei der Frauen fielen vor mir auf die Knie. Eine dritte trat hinter mich und streichelte mir den Kopf. Die beiden zu meinen Füßen streichelten mir mein Bein vom Knie bis kurz unter die Leiste. Die drei anderen stimmten einen lauten Gesang an. Keine von ihnen vergaß dabei, regelmäßig die Flaschen kreisen zu lassen. Der Kellner hob die Achseln.

»Sie singen für dich und bitten die Götter, dass dein Bein wieder gesund wird.«

Auf einmal war ich mitten in diesem seltsamen Inferno gerührt. Selbst dann noch, als eine der beiden Knienden beim Aufstehen fast den Halt verlor und mir herzhaft ins Gesicht rülpste.

Dann waren sie verschwunden. Meine schlechte Laune war weg. Vor mir standen ein Blumenpokal und ein lauwarm gewordener Kaffee.

Einmal noch hielt die Mekong Sun, bevor sie Luang Prabang erreichte. Dreißig Kilometer vor der Stadt, an der Mündung des Ou-Flusses, lagen die Pak-Ou-Höhlen. Wörtlich übersetzt, bildeten sie den »Mund des Ou«. Der Eingang zur unteren der beiden Höhlen sah aus wie ein riesiger, weit offener Mund.

Um in die Höhle zu gelangen, musste man über einen äußerst schmalen Hügelpfad gehen. Die Alternative bestand in einer glitschigen Treppe, die vom Bootsanleger hinaufführte. Dafür entschied ich mich. Den Stock rammte ich in jede Fuge in der Treppe, die ich erreichen konnte.

Der Innenraum der Höhle war selbst bei hellem Tageslicht kaum mehr als dämmrig. Vor etwa 450 Jahren begannen die ersten Gläubigen, am laotischen Neujahrsfest hier Buddhafiguren zu spenden. Mittlerweile waren es tausende geworden. Es könnten auch mehr sein, aber im Gegensatz zu den Einheimischen betrachteten die meisten Touristen Pak Ou nicht als spirituellen Ort, sondern als Möglichkeit, ohne große Gefahr eine Statue zu stehlen.

Nachdem wir eine halbe Stunde lang die Figuren bestaunt hatten, wollten wir gehen. »Ich habe noch nicht genug Bilder.« Mein Fotograf zuckte zusammen. Auch er hatte hier die Zeit vergessen.

Dafür begann er nun mit dem Kapitän eines Slowboats zu verhandeln, das ebenfalls gerade anlegte. Slowboats sind Holzboote mit Außenbordmotor, deren Deck mit einem Stück Stoff oder einer Plane gegen die Sonne geschützt ist. Sie sind die Busse des Mekong und wurden vor allem von Einheimischen benutzt. Manchmal auch von Rucksacktouristen. Die letzte Flussstunde auf der Mekong Sun war ich damit beschäftigt, sorgenvoll von der Reling aufs Wasser zu blicken. Hatte ich einen Fehler begangen, Frank ohne seine Brieftasche ziehen zu lassen? Immerhin befand sich sein Pass darin! War mir eigentlich etwas über entführte Touristen in Laos bekannt? Und wo hatte ich die Visitenkarte mit seiner Adresse hingesteckt, falls ich seine Familie informieren musste?

Die Sorge war umsonst. Als wir in Luang Prabang anlegten, stand der Kollege sicher am Ufer und winkte. Irgendwo musste das Slowboat uns überholt haben. Ich hatte wohl auf die falsche Seite geschaut.

Der nächste Morgen begann schon kurz nach fünf. Draußen wurde es gerade hell. Überall aus den zahlreichen Tempeln und Klöstern der Stadt klang der monotone Gesang der Mönche. Immer mehr Menschen kamen mit Reistöpfen oder Keksen aus ihren Häusern und hockten sich auf das Trottoir. Wenige Minuten vor sechs endete das Chanting. In der Stadt wurde es totenstill; auch die Autos und Tuk Tuk schienen zu spüren, dass sie jetzt keinen Lärm machen durften.

Die Mönche kamen zur Reisspende aus ihren Tempeln. Im Gänsemarsch, in ihren safrangelben Gewändern, ohne ein Wort miteinander zu reden. Jeder von ihnen trug eine Schale in der Hand und hielt sie den Gläubigen hin. Die nahmen einen Brocken vom Reis und warfen ihn in die jeweilige Schüssel. Eine halbe Stunde lang dauerte dieses stille Spektakel, dann waren alle Mönchsschlangen vorbeigezogen. Sofort begannen die Autos wieder zu hupen. Die Mönche in ihren Tempeln verbrachten den Rest des Vormittags damit, aus ihren Spenden eine Reissuppe zu kochen.

Unsere Mitreisenden verabschiedeten sich von der Mekong Sun. Ihre nächste Station würde Bangkok sein, wo sie noch zwei Tage blieben, bevor sie nach Deutschland zurückflogen. Frank und ich mochten auch nicht mehr. Es graute uns davor, den ganzen Nachmittag durch den Regen zu stapfen, um morgen mit einem Koffer voller durchnässter Wäsche den nächsten Flug anzutreten. In solchen Fällen war ein Internetcafé immer eine gute Anlaufstelle.

Während Frank seine E-Mails checkte, wartete ich vor dem Eingang. Eine junge Frau blieb neben mir stehen und betrachtete mich. So lange, dass ich ihr freundlich zunickte. Sie zeigte auf meinen Stock.

»Does the government take care of you?«, will sie wissen.

»Nein«, schüttelte ich den Kopf. »Ich arbeite.«

Sie hieß Wan. Nach einer Minute wusste ich auch, warum

sie sich nach meiner Einkommenssituation erkundigt hatte. Ihr flott vorgebrachtes Angebot, mit in ihr Zimmer gleich um die Ecke zu kommen, lehnte ich mit Hinweis auf die Dame meines Herzens ab.

»Verheiratet?«, fragte sie.

»So was Ähnliches«, sagte ich. Wan wollte wissen, wie viele Kinder ich habe. Keine, antwortete ich wahrheitsgemäß. Ungläubig begann sie zu lachen.

»Und was machst du, wenn du alt und krank bist?«

Sie selbst ging anschaffen, um ihre alte Mutter durchzubringen und ihre drei Kinder. Früher war sie Kellnerin gewesen, aber davon konnte sie kaum leben. Je länger sie redete, desto unsicherer wurde ich. Wan hatte also einen bürgerlichen Beruf aufgegeben und war Prostituierte geworden, um die bürgerlichste aller Rollen übernehmen zu können: Die der Familienernährerin.

Ich war froh, als Frank wieder aus dem Café kam und ich seinen Computerplatz übernehmen konnte.

»Is that MS, my dear?«

Eine Engländerin mittleren Alters und mittleren Übergewichts sprach mich an, während ich am nächsten Tag vom Hauptgebäude auf die Startbahn des Flughafens von Luang Prabang wackelte. Über uns zog sich gerade der Himmel zu, um die heutige Portion Regen abzuliefern.

»Yes«, nickte ich.

»Meine Mutter hat das auch gehabt, bis sie gestorben ist.«

Schönen Dank auch. Natürlich machte ich mir Gedanken über den Tod. Auch und gerade jetzt, wo ich auf dem Weg zu einer mittelgroßen, nicht mehr ganz neu wirkenden Maschine war, die mich durch den Starkregen von Laos nach Kambodscha bringen sollte. Da hätte es dieser Zusatzinformation gar nicht bedurft. Dennoch befahl ich meinem Mund ein Lächeln.

»Und, wie alt ist sie geworden?«

»72. Sie hatte ein erfülltes Leben. Mach dir keine Sorgen, my dear!«

Eine halbe Stunde später machte ich mir doch Sorgen. Das Flugzeug kämpfte sich durch eine Front von Monsunwolken, die gar nicht enden wollten. Die Maschine ruckelte wie ein elektrischer Rodeobulle, vor dem Fenster zuckten Blitze in allen Farben vorbei. Zweimal mussten die Stewardessen die Essenausgabe abbrechen. Beim zweiten Mal landete ein Tetrapack Saft auf der Anzughose eines Geschäftsmanns. Komisch nur, dass keiner der Einheimischen irgendwelche Anzeichen von Unruhe zeigte. Die Geschäftsleute lasen ihre Zeitungen. Die Stewardessen, die ja nun Zeit hatten, plauderten miteinander. Bleich wurden nur die Touristen. Dennoch kam ich mir wie ein Held vor, als die Maschine in Phnom Penh aufsetzte. Der Engländerin mit der toten Mutter schenkte ich ein Zwinkern. Ob sie wohl zu Hause ebenso schamlos übertrieb wie ich, wenn sie von der Gefährlichkeit dieses Fluges erzählte?

»Neuntausend«, sagte der kleine Mann, der uns hierher geführt hatte. »Das sind neuntausend Schädel, die alle aus den Massengräbern der Umgebung stammen.«

Frank und ich standen am nächsten Tag vor dem Mahnmal auf den »Killing Fields«, den Grabstätten am Rande der kambodschanischen Hauptstadt Phnom Penh, und rangen um Fassung. Eine zwanzig Meter hohe Pyramide hinter Glas, aufgeschichtet aus den Schädeln der Opfer. Um das Mahnmal herum sahen wir zahlreiche Gruben und Senken, die mit kleinen Holzzäunen umgeben und von Gras überwuchert waren.

»Da hinten waren ungefähr 350 Menschen verscharrt«, sagte der kleine Mann mit unbarmherziger Sachlichkeit in der

Stimme und zeigte dabei auf ein Areal in der Größe eines Altbauwohnzimmers.

»Viele Kinder waren dabei. Die brauchen nicht so viel Platz.«

Zwischen 1975 und 1979, direkt nach dem Ende des Indochinakrieges, starben unter der Terrorherrschaft von Pol Pot und seinen Roten Khmer mindestens eine Million unschuldiger Menschen. Zehn Prozent der damaligen kambodschanischen Bevölkerung, nach vorsichtiger Schätzung. Es gibt auch Experten, die von zwei Millionen Toten reden. Im Januar 1979 marschierten die Vietnamesen ein, mit denen die Roten Khmer schon seit Jahren Grenzstreitigkeiten hatten. Pol Pots Männer zogen sich in den Norden des Landes zurück. Ein Guerillakrieg begann, der sich bis 1991 hinzog. Dann schlossen die Kriegsparteien in Paris einen Friedensvertrag. Die ersten Wahlen gab es zwei Jahre später.

»Seht ihr die Risse in den Schädeln?«, fragte unser Führer weiter. »Die kommen daher, dass die meisten Menschen hier mit Bambusstöcken erschlagen wurden. Die Roten Khmer sparten Munition. Wir waren ihnen nicht einmal die Kugeln wert.«

Bei einer Reise durch Südostasien stößt man immer wieder auf Spuren jahrzehntelanger Kriege und Bürgerkriege. Vor wenigen Tagen hatten wir in Laos erfahren, dass die US-Airforce im Vietnamkrieg fast vier Millionen Tonnen Bomben auf das kleine Land geworfen hatte. Mehr als eine Tonne pro Kopf der damals drei Millionen Einwohner. Mehr als auf Deutschland und Japan im kompletten Zweiten Weltkrieg. Jeder, der die Bilder vom zerstörten Dresden oder Berlin gesehen hat, kann sich vorstellen, was das heißt. Sie warfen die Bomben auf der Jagd nach Vietcongsoldaten, die sich ins westliche Nachbarland zurückgezogen hatten. Überall haben wir Menschen an Krücken mit abgerissenen Gliedmaßen gesehen – Opfer der ungezählten Blindgänger. Bis heute muss man in Laos und Kambodscha als Erstes ein Minenräumkommando anfordern, wenn man ein neues Feld bestellen, ein neues Haus bauen will. Aber die Totenfelder in Kambodscha waren der grausige Höhepunkt dieser Geschichtslektion. Ich fragte mich beschämt, warum ich nie an so etwas gedacht hatte, als ich mich auf diese Reise vorbereitete.

Frank machte eine seiner Kameras arbeitsbereit und stellte die Tasche mit dem restlichen Equipment neben mich. Wie so oft.

»Ich sehe mich ein bisschen um. Ihr könnt ja so lange weiterreden.«

Heute hätte ich gern auf die zusätzlichen Geschichten verzichtet, die ich so oft hörte, wenn die Fotografen auf Motivsuche gingen. Bereits auf der Fahrt zu den Killing Fields hatte der Mann neben mir angedeutet, dass er ein Überlebender jener Massaker war, die von den Roten Khmer angerichtet worden waren.

Die Massenmorde lagen nicht einmal dreißig Jahre zurück. Der Mann, der mir von ihnen erzählen würde, stand in seinem fünften Lebensjahrzehnt. Wie ich. Die Leichenberge waren seine Geschichte, sie stammten aus seiner Epoche. Er musste sich täglich mit diesen Erinnerungen herumschlagen. Ich fürchtete mich vor der Gegenwart seiner Geschichte. Ich war doch hier nur auf Reisen!

Auf jeden Fall hieß der Mann neben mir Sam. So sagte er es zumindest. Eigentlich war Sam Beamter im staatlichen Tourismusbüro von Phnom Penh. Doch da der Lohn nicht reichte, fand man ihn höchstens zweimal pro Woche an seinem Schreibtisch.

»Die Vorgesetzten wissen, dass wir nebenbei arbeiten. Aber was wollen sie tun? Sie selbst machen das ja auch!«

Wer nicht korrupt werden wollte, der hungerte. Sam verdiente 55 Dollar pro Monat. Dafür konnte er einen Zentner Reis kaufen oder zehn Kilo Huhn oder sechzig Liter Benzin. Ein Bauarbeiter verdiente nur 30 Dollar im Monat.

Die meiste Zeit führte Sam also auf eigene Faust Touristen zu Plätzen wie diesen. Nicht nur deshalb, weil er sich ein Huhn pro Monat extra kaufen wollte. Für Beamte gab es in einem Land wie Kambodscha ertragreichere Möglichkeiten der Korruption. Sam hatte eine andere Motivation. Er konnte es nicht fassen, dass alte Kämpfer und Nachfahren der Roten Khmer heute schon wieder in Kambodscha mitregierten.

Als die Roten Khmer an die Macht kamen und systematisch begannen, die Stadtbevölkerung in Internierungslager zu stecken, war Sam sechzehn Jahre alt. Sein Glück bestand darin, dass die Roten Khmer nicht nur brutale Mörder, sondern auch penible Bürokraten waren. Sam befand sich gerade im Haus seines Vaters, eines Arztes. Das lag wenige Kilometer von der Stadtgrenze entfernt. Damit zählte Sam zu den Landbewohnern und nicht zu den von den Roten Khmer gehassten Städtern. Also kam er mit drei Monaten Gefängnis davon. 49 Familienangehörige von ihm und seiner Frau hatten nicht den Zufall auf ihrer Seite. Sie wurden umgebracht.

Journalisten aus Korea hatten mal über Sam und seine Meinungen berichtet. Als der Artikel erschien, standen Tage später ein paar Männer vor seinem Büro, die er noch nie gesehen hatte. Machten ihm klar, dass er sich und seine Familie gefährden würde. Zum Schweigen hatte ihn das nicht gebracht. Aber seitdem hieß er Sam.

Mittlerweile war auch Frank wieder zu uns gekommen. Ein Ort wie die Killing Fields ist schwer abzubilden. Entweder man wählte die grausige Sensation. Oder man suchte ein Alternative. Dann fand man nur einige eingeebnete Massengräber, die längst von kleinen Bäumen überwuchert waren und an deren Geschichte nur noch einige Gedenktafeln erinnerten. Frank versuchte beides. Schaute sich die Ergebnisse auf dem kleinen Bildschirm seiner Kamera an. Richtig zufrieden wirkte er nicht. Allerdings: Ein zufriedenes Lächeln inmitten einer solchen Umgebung hätte mich auch sehr irritiert.

Sam fragte, ob er uns zum Abschluss der heutigen Führung noch etwas Hübsches, Versöhnliches in Phnom Penh zeigen sollte? Den Königspalast mit der weltbekannten silbernen Pagode? Oder einen Kunstgewerbemarkt? Frank und ich sahen uns nicht einmal an, bevor wir unisono abwinkten. Also setzte Sam uns vor dem Hotel ab, und ich machte mich auf einen kurzen Spaziergang.

Es dauerte nicht lange, bis mich jemand ansprach. »Wanna Smoke? Wanna Lady? Blonde Lady? Young Lady?«, leierte der Fahrer eines Tuk Tuk, wie man die zweitaktigen Mofa-Rikschas wegen ihres Motorengeräuschs hier nennt, sein Angebot herunter. Nicht schon wieder! Schon am Anfang der Reise war mir aufgefallen, dass europäische und amerikanische Männer, die allein durch die Straßen gingen, automatisch als potentielle Freier angesehen wurden. Ich winkte genervt ab. Konspirativ kam der Fahrer ein Stück näher. »Really young Lady?«

Natürlich wusste ich, was er meinte. Wenige Tage zuvor hatte die Reiseleitung uns im Hotel zur Warnung einen Film gezeigt. Über »Really young ladies«. Unvorstellbare Bilder von Kinderprostitution, aufgenommen mit versteckter Kamera. Wir sahen sechs- bis neunjährige Mädchen, die, eingepfercht in dunkle Holzverschläge, auf ihre Peiniger warten – Sextouristen, die für die Entjungferung eines Kindes bis zu 1500 Dollar zahlen. Wenn das Mädchen überlebt, kostet der nächste Sex nur noch 50 bis 100 Dollar. Unvorstellbar, dass Eltern ihre Töchter für so etwas hergaben. Leider doch vorstellbar, weil immer genug, zumeist westliche Reisende in Thailand oder Laos, Kambodscha oder Vietnam unterwegs sind, die hier bereitwillig zum Kinderschänder werden. Männer, die wahrscheinlich so ähnlich aussehen wie ich.

Angeekelt ließ ich den Zuhälter stehen und wackelte ein Stück das Mekong-Ufer entlang. Hier lag die Touristenmeile der Stadt. Vor einem Café führte gerade ein Einheimischer seinen gesattelten Reitelefanten vorbei. Das Tier schien häufiger hier zu sein, denn plötzlich blieb es stehen, warf den Rüssel links und rechts über die Schulter und schnaubte erfreut, als ein Kellner herauskam und ihm einige Bananen ins Maul stopfte.

Angesichts dieser heiteren Szene konnte ich zum ersten Mal am heutigen Tag lachen. Erst am nächsten Tag erfuhr ich von Sam, dass ich der Speisung eines Arbeitslosen beigewohnt hatte. Immer wieder sah man in den Metropolen Südostasiens Elefanten wie diesen. Es waren Tiere, die nicht mehr am Stadtrand oder im Dschungel auf Baustellen arbeiteten. Entweder weil die Bauarbeiten beendet waren oder weil die Tiere zu alt wurden, um die schweren Baumstämme zu schleppen. Die Treiber gingen mit ihnen in die Städte, wo sie ein armseliges Leben fristen mussten. Auf den Sattel, den der Besitzer seinem Elefanten auf den Rücken wirft, fallen nur unerfahrene Touristen herein. Die Tiere sind es nicht gewohnt, Fremde zu tragen, und bocken bei allen, die ihren Rücken zu besteigen versuchen. Das macht den Ritt zu einem höchst zweifelhaften Vergnügen und hat meist nur wenig Erfolg. Irgendwann verkaufen die Treiber den Sattel wieder, oder sie tauschen ihn gegen etwas zu essen ein. In der Nacht führten sie ihre Tiere auf eine Uferwiese oder eine Brache, um für sie Futter zu finden. Sie selbst lebten davon, dass sie auf den Boulevards bettelten oder gegen ein Almosen Fotos mit ihrem Tier anboten.

Das alles wusste ich aber noch nicht, als ich erleichtert den Stock abstellte und mich setzte, um einen Saft zu trinken.

Im hinteren Teil des Cafés saßen zwei Männer. Ungefähr in meinem Alter und offensichtlich gut gelaunt. Die Hemden offen bis zum Solarplexus, das Lachen erregt, aber leise und diskret. Drei Kinder saßen um sie herum, keines von ihnen zehn Jahre alt. Das älteste nestelte am Hosenreißverschluss eines der Männer herum. Ich erstarrte. Das hier war noch schlimmer als die verwackelten Bilder des Dokumentarfilms. Es war ekelhaft.

Was sollte ich tun? Die Polizei holen? Ohne ein einziges Wort der Landessprache zu können und ohne irgendeinen Beweis für eine Straftat zu haben? Was, wenn die Männer behaupteten, den armen Kindern nur etwas zu trinken zu spendieren? Oder sollte ich vielleicht laut schreien? Aber nach wem? Von Organisationen wie »Child Watch« hatte ich gehört und auch schon einige Mitarbeiter in ihren auffälligen, himmelblauen Hemden gesehen. Aber wo waren die jetzt? Am liebsten hätte ich den Männern meinen Stock in die Fresse geschlagen. Aber sie waren zu zweit und ich zu feige. Um irgendwas zu machen, zog ich meinen privaten Fotoapparat hervor. Nickte den beiden böse zu und zielte in ihre Richtung.

»Nimm die Scheißkamera weg!«, schrie einer der Männer. Ein Landsmann also. Die Kinder verbargen ihre Gesichter hinter den Händen. »Und jetzt hau endlich ab!«, rief der zweite.

Unentschlossen blieb ich noch ein paar Sekunden sitzen. »Ich hab euer Bild, Freunde!«

Dann ging ich und fühlte mich richtig mies. Weil solche Arschlöcher wie die beiden gleich ungestraft etwas tun würden, wofür sie in Deutschland mehrere Jahre im Gefängnis verschwänden. Weil ich so mutlos war. Und weil ich dieses wertlose unscharfe Foto nachher löschen würde. Dem nächsten bettelnden Kind warf ich einen Dollar in den Teller. Den Tageslohn eines Bauarbeiters. Seinen Altersgenossen in dem Café half das nicht.

Gegen Abend ließ ich mich von Frank überreden, das Hotel doch noch einmal zu verlassen. So landeten wir zum letzten Mal während dieser Reise am Mekong.

Während wir am Ufer in einem der neuen stylishen Restaurants mit regionaler Küche saßen, schauten wir auf die gelblichen Wassermassen des Stroms, der uns die letzten drei Wochen geführt hatte. Auf unseren Tellern lag köstliches, trocken gegrilltes Rindfleisch mit Zwiebeln. Ich stocherte nur darin herum. Die Ereignisse von heute Nachmittag lagen mir schwer im Magen. Zehn Meter von uns entfernt wurde in einer Garküche auf dem Bürgersteig die Suppe direkt in durchsichtige Plastiktüten abgefüllt. Auf der gegenüberliegenden Straßenseite schärfte ein gelangweilter, sehr reich aussehender Junge am Steuer eines Sportwagens sein sehr illegal aussehendes Messer. Neben dem Auto hockte ein Minenopfer mit nur einem Bein an einem Zaun und verkaufte literweise Benzin aus alten Limonadenflaschen. All das konnte ich nur betrachten, aber kaum verstehen. Doch so sah es aus, das Leben entlang des Mekong mit all seinen Extremen.

Zu Hause

Ich stand in meinem Arbeitszimmer und sah mich um. Hier hatte sich nicht viel geändert, während ich immer wieder auf fremden Kontinenten unterwegs war. Gut, die Möbel waren sechs Jahre älter geworden. Ich war sechs Jahre älter geworden, seit ich die Diagnose bekommen hatte. Da ich nicht zu den bedauernswerten fünf Prozent Schwerstkranken gehörte, die binnen weniger Monate nach der Diagnose starben oder, wie Hiromi, ihr Bett nicht mehr verlassen konnten, hatte ich mir mehr Zeit lassen können, als zu Beginn meiner Reisen geplant. Weil ich viele Stopps gemacht und viel gesehen hatte, waren die Nadeln mit den roten Köpfen, die Susann mir geschenkt hatte, fast aufgebraucht und steckten dicht an dicht in der Weltkarte an meiner Wand.

Ein wenig hatte sich in den letzten Monaten auch bei meinem Umgang mit der MS geändert. Irgendwann im letzten Frühjahr hatte ich genug davon, dass die Tees meiner Zehlendorfer TCM-Ärztin mir ständig Magengrimmen verursachten.

»Das will ich nicht mehr! Lieber humpeln als immer Magenschmerzen!«, hatte ein pubertärer Teil von mir getrotzt. Die letzte Packung Tee hatte ich noch brav aufgebraucht und dann die Behandlung beendet.

Stattdessen nahm ich nun Schüßlersalze. Die sollten meinem Körper helfen, neues Nervengewebe aufzubauen, an Stellen, wo es durch die ständigen Attacken durch die Krankheit abgestorben oder zurückgegangen war. Das hatte mir meine neue Körpertherapeutin empfohlen. Sie hieß Jutta und war mit einem guten Freund von mir bekannt. Auf dessen Partys hatten wir uns über die Jahre mehrfach gesehen, aber nie miteinander geredet. Bis sie mich auf einer dieser Partys ansprach.

»Du hattest immer so strahlende Augen. Und heute sehen sie ganz stumpf und müde aus. Was ist mit dir los?«

Tatsächlich ging es mir an diesem Abend furchtbar. Keine Ahnung, warum. Jedenfalls unterhielten Jutta und ich uns die nächsten zwei Stunden über meine Krankheit. Und über ihre Möglichkeiten, mir helfen zu können. Jutta war Heilpraktikerin und Reiki-Meisterin, die die sogenannte Cranio-Sacral-Therapie anwendete. Von da an fuhr ich alle drei bis vier Wochen in ihre Praxis nach Kreuzberg. Dort legte ich mich auf eine Liege, und sie stimulierte mit leichten Berührungen das Fluktuationssystem von Hirn- und Rückenmarkskanälen. Außerdem berührte sie am ganzen Körper Punkte, wo unter der Haut Nervenbahnen und -knoten lagen. Jedes Mal, wenn sie mir zu erklären versuchte, was sie da eigentlich tat, vergaß ich es nach wenigen Minuten wieder. Ebenso ging es mir, wenn ich Artikel über diese Art der Behandlung las. Das war mir egal. Wichtiger war, dass ich jedes Mal nach wenigen Minuten Behandlung in einen Halbschlaf fiel und dass ich diese Entspannung noch tagelang spüren konnte.

Cranio-Sacral war in vielerlei Hinsicht das genaue Gegenteil von den anstrengenden, oft auch schmerzhaften Übungen, die Eberhard mir vorschlug. Sie schienen sich aber gut zu ergänzen.

Ziemlich genau sechs Jahre nach der Diagnose bekam ich die Chance, den letzten Schritt von links oben nach rechts unten auf der Weltkarte zu machen. Thomas und ich erhielten einen Auftrag, der uns für zwei Wochen nach Neuseeland führte.

Neuseeland

Vor dem Hotel hupte es. Zwischen Bett und Fenster blieb ich mehrfach stehen, weil mir schwindlig wurde. Während der letzten anderthalb Tage hatte ich im Flugzeug gewohnt. Berlin–Frankfurt, das war der Start gewesen. Irgendwo in Asien war ich den langen Transfergang zu einem anderen Flugzeug gerollt worden, ohne mich mit solchen Dingen wie Einreise abzulenken. Dann nach Auckland, von da aus mit einer kleinen Propellermaschine nach Rotorua, einer Stadt auf der Nordinsel Neuseelands. Für meinen Körper stand die Uhr elf Stunden von dem entfernt, was mir die Wanduhr weismachen wollte. Die halbe Nacht lang hatte ich schlaflos am Zimmerfenster gestanden und mir eine kleine Kirmes angeschaut, die auf der anderen Seite der Straße stattfand. Gerade eben hatte ich meinen Fotografen beim Frühstück gesehen und konnte mich vor lauter Müdigkeit nur mit Mühe an seinen Namen erinnern. Zurück im Zimmer, fiel ich trotz zweier großer Tassen Kaffee in eine Art Kurzkoma. Und nun hupte es.

Ein bulliger 60-jähriger Maori stand vor dem Hotel neben einem Jeep und winkte. Kurz darauf war ich auf dem Weg zum Whirinaki Rainforest. Und wusste, dass der bullige Mann am Steuer Hoani hieß und am Rand dieses Waldes geboren worden war.

Wenn ich in Europa das Wort »Regenwald« hörte, dachte ich an die Tropen, an Schlangen, Affen und im Unterholz lauernde Raubkatzen. Doch der Wald, in den unser Führer auf immer engeren Straßen fuhr, sah vollkommen anders aus.

Schon vor 85 Millionen Jahren hat sich Neuseeland vom

Urkontinent abgespalten, viel früher als die anderen Erdteile. Seitdem entwickelte sich die Fauna und Flora unabhängig von den anderen Kontinenten. Die Äste der moosbewachsenen tropfnassen Bäume links und rechts der Straße ragten so weit über den Weg, dass sie ins Auto griffen, wenn wir die Fenster offen ließen. Auf den ersten Blick sah das aus wie ein nasser europäischer Mischwald. Bis man merkte, dass man keinen einzigen dieser Bäume jemals gesehen hat.

Dafür sprangen dazwischen keine gefährlichen Tiere herum: Als das Land sich selbständig machte, gab es noch gar keine Säugetiere oder Schlangen. »Neuseeland zu erforschen ist, wie einen anderen Planeten zu erforschen«, sagte mal ein Biologe. Nach dieser Reise waren wir derselben Meinung.

Hoani hielt an einer kleinen Lichtung. Bevor er den Wald betrat, sprach er ein Gebet. Dann nahm er jeden von uns an den Schultern. Führte uns vor sein Gesicht und drückte seine Stirn an unsere. Das Zeichen, dass wir hier willkommen und für die nächsten Stunden seine Gefährten waren.

»Mein Stamm hat diesen Wald gekauft«, sagte er. »Wir haben gesehen, wie die Stämme an der Küste Schaden an ihrer Seele nahmen, weil sie in die Städte zogen und sich zu sehr unter die Weißen mischten. Damit uns nicht dasselbe passiert, haben wir uns diese Insel geschaffen.«

Maori wie Hoani betrachteten den Wald als Heimat und gleichzeitig als beseeltes Wesen. Wir strauchelten hinter ihm ins Gehölz.

»Das ist Pikopiko«, sagte er und zeigte auf einen Farntrieb. »Unsere Nationalpflanze. Ziert das Landeswappen. Schmeckt aber auch ganz gut mit Essig und Öl.«

Das unscheinbare Blatt daneben sollten wir dagegen lieber nicht probieren.

»Wenn man das auskocht und eine Pfeilspitze darin eintaucht, stirbt ein getroffener Gegner innerhalb von vier Sekunden.«

Vor einem der nächsten Bäume blieb er wieder stehen.

»Frühstückszeit«, sagte er. »Ihr esst doch Maden?«

Routinemäßig wanderte mein Blick zu Thomas. Natürlich war mir schon vorher klar, was sein Kopfschütteln signalisieren würde: Dass er lieber stürbe, als lebende Maden zu essen. Diesmal hielt auch ich einen kurzen Moment die Luft an. Aber unsere Abmachung galt immer noch: Er übernahm die sportlichen Herausforderungen, die kulinarischen oblagen mir. Bei unseren gemeinsamen Reisen hatte ich auf vier Kontinenten beim Thema Essen immer wieder übernommen: Mir Hund und Quallensalat und gekochte Rinderkniesehne in den Mund gestopft, ohne zu wanken. Nur etwas Lebendes hatte ich noch nicht mit den eigenen Zähnen töten müssen. Nun war es also so weit.

Hoani entschuldigte sich bei dem Baum, dass er ihm Schmerzen zufügen musste, damit er selbst seinen Hunger stillen konnte. Dann zupfte er mit geschickten Fingern ein Stück Rinde ab. Dahinter war nichts zu sehen. Irritiert sah Hoani unter die Ränder der Rinde, die am Stamm geblieben war. Auch dort entdeckte er nichts.

»Keine Maden heute. Gut, dann fällt das Frühstück aus. Aber eines müsst ihr mir glauben: Ich führe seit acht Jahren Reisende durch diesen Wald. Und dass hier keine Maden waren, ist noch nie vorgekommen.«

Er befestigte die Rinde wieder. Bat den Baum noch einmal um Verzeihung, dass er ihn verletzt hatte.

»Du brauchst für uns keinem anderen Wesen mehr Schmerzen zuzufügen«, hörte ich meine Stimme. Sie klang ein bisschen heuchlerisch. Diesmal schielte ich nicht in die Richtung meines Kollegen.

Zehn Minuten später, an einem Wasserfall im Wald, hielt

Hoani inne. Zwischen Felsen, die hinter den stürzenden Wassermassen lagen, begruben die Maori seit Menschengedenken ihre Häuptlinge. Hoani senkte den Kopf. Wieder sprach er ein Gebet. Dann schaute er uns an.

»Im Zweiten Weltkrieg hat mein Vater gegen Rommel gekämpft. Bei einer Patrouille fand er einen verletzten Deutschen. Er brachte ihn ins Lazarett. Mein Vater und der Deutsche schlossen einen Bund: Sie versprachen, ihre Erstgeborenen zu verheiraten, damit nie wieder Krieg zwischen ihren Familien sein würde. 1947 wurde ich geboren, das erste Kind meiner Eltern. Zwei Jahre später bekam auch der Deutsche in München Nachwuchs, eine Tochter. Wir haben uns getroffen und verliebt. Meine Frau und ich sind seit 37 Jahren verheiratet. Wir haben Wort gehalten.«

Dieses Erbe hatte Hoani nicht davon abgehalten, selbst ein Kämpfer zu werden. 1964 trat er im olympischen Boxturnier an und gewann in seiner Gewichtsklasse Bronze. Wenige Jahre später war er in Vietnam. Als Offizier einer Spezialeinheit drang er in die geheimen Bunkeranlagen der Vietnamesen ein. Als er von diesem Einsatz zurückkam, zog sich Hoani fünf Wochen lang in den Wald zurück, bevor er zu seiner Familie heimging. »Meine Seele hat die Zeit gebraucht. Ich habe niemals mit jemandem über Vietnam geredet.«

Warum kämpfen Maori so viel, zudem noch in Konflikten, die sie gar nichts angehen?, wollte ich von ihm wissen.

»Wir sind Krieger«, sagte er. »Wir kämpfen überall, meistens auf Seiten der Amerikaner. Im Irak waren Verwandte von mir, und Söhne von Freunden sind gerade in Afghanistan. Kleine Verbände für besondere Aufgaben, über die nicht viel zu erfahren ist.«

Dabei lächelte er, und plötzlich war ich froh, diesen kleinen älteren Mann zum Führer und nicht zum Feind zu haben.

Hoani brachte uns nach Rotorua zurück, wo wir eine Verabredung am kleinen Hubschrauber-Landeplatz hatten. Eine der hier startenden Touren führte zum Mount Tarawera. Eigentlich hätte ich mich lieber ins Hotel zurückgezogen und bei einem Espresso an der Bar über die vergangenen Stunden nachgedacht, doch das ließ unser enger Zeitplan nicht zu. Mit uns im Hubschrauber saß ein junges Paar aus Frankreich. Selbst mit meinen rudimentären Französischkenntnissen konnte ich hören, dass diese Tage in Rotorua die Erfüllung eines Jahre gehegten Wunsches darstellten. Und dass diese Stunden – die laut Prospekt stolze 450 neuseeländische Dollar pro Person kosteten – den Höhepunkt dieses Traums darstellten. Also bemühte ich mich um ein freundliches Gesicht. Und ließ mich von der Euphorie meiner Mitreisenden anstecken. Tat sogar so, als würde ich verstehen, was sie mir durch den Lärm des Hubschraubers in ihrer Landessprache zubrüllten. Aber meistens saßen sie sowieso mit offenem Mund und händchenhaltend am Fenster.

Als wir wieder gelandet waren, sahen wir in hundert Meter Entfernung den gewaltigen Krater des Tarawera-Vulkans. Er war im Juni 1886 ausgebrochen. Die kilometerlange Eruptionsspalte war mit roter und grauer Asche gefüllt. Ich warf einen Blick auf den halsbrecherischen Abhang und einen Blick auf den Führer, um klarzumachen: Was mich anging, endete der Ausflug genau hier. Fotograf Linkel dagegen stiefelte mit den anderen Reisenden auf den steilen Abhang zu und die Böschung hinunter. Binnen Minuten war er verschwunden. Ich setzte mich an den Kraterrand. Betrachtete die roten, schwarzen und grauen Gesteinsschichten, die sich entlang der Spalte so scharf voneinander abhoben, als wären sie mit Farbe aufgemalt worden.

Nach kurzer Zeit kam einer der Parkwächter auf einem Quad angefahren.

»Hallo, ich bin Joe. Geht es dir gut?«, stellte er sich vor.

Der 24-Jährige war vom selben Maoristamm wie Hoani. Sogar über drei Ecken verwandt mit ihm.

Unser Pilot hatte über Funk die Parkranger informiert, dass sie mich hier zurückgelassen hatten, und Joe war mein Unterhaltungsprogramm. Ich bot ihm einen Platz auf dem Stein neben mir an, und Joe begann zu plaudern:

»Wenige Tage bevor der Vulkan ausbrach, kam eine weiße Führerin mit ihrer Reisegruppe zum Mount Tarawera. Auf dem See am Fuß des Bergs sah sie ein Kriegskanu der Maori. Aber etwas war merkwürdig: die Männer an den Rudern hatten Hundeköpfe. Als die Tour beendet war, erzählte die Führerin einem Maorihäuptling davon. Der sagte: ›Das ist ein Zeichen. Bald wird ein großes Unglück geschehen.‹ Drei Tage später brach der Vulkan aus. Über 150 Menschen starben.«

Schweigend saßen wir danach zusammen. Irgendwann kraxelten die anderen wieder über der Kraterkante hervor. Zusammen stiegen wir für den Rückflug in den Hubschrauber.

Dysfunktionales Dunedin

»We're running out of gas«, hatte Kate gesagt, und eine Tankstelle nahe Dunedin angesteuert. Wahrscheinlich war es die einzige Tankstelle in der Nähe von Dunedin. Deshalb äußerten wir keinen Protest. Vor einigen Stunden waren Thomas und ich mal wieder aus einem Flugzeug gestiegen. Diesmal hatte es uns nach Dunedin gebracht, neben Christchurch die einzige nennenswerte Stadt auf der Südinsel Neuseelands. Seitdem fuhren wir an der Ostküste entlang, von einem wilden, von Seelöwen bewohnten und Albatrossen umkreisten Küstenabschnitt zum nächsten. Persönlich hatte ich noch eine ganz andere Sehenswürdigkeit entdeckt: Kate hatte nahezu die gleichen Augen wie meine erste große Schülerliebe am Gymnasium von Cuxhaven anno 1984. Es war erstaunlich: Immer wieder schaute ich hinein und konnte einfach keinen Unterschied finden. Konnten Augen eigentlich Doppelgänger haben? Kate hingegen schien man in ihrer Ausbildung eingeschärft zu haben, den Blicken der zu betreuenden Journalisten nicht auszuweichen. Wann immer wir anhielten und miteinander sprachen, sahen wir uns also minutenlang an. Wie jetzt zum Beispiel. Definitiv stoben bei mir keine Funken. Das aber konnte Thomas nicht wissen. Er nutzte die Chance, sich zu verdrücken.

»Ich bleib draußen. Die Küstenlinie dahinten sieht aus wie eine Doppelseite.«

Also gingen Kate und ich ohne ihn in die Tankstelle. Hinter dem Tresen saß eine blonde Frau Mitte zwanzig. Auch sie hatte sehenswerte Augen. Sie sahen aus, als hätte man die

Farbe »himmelblau« auf dem Tuschkasten mit ein bisschen zu viel Wasser gemischt. Doch allein daran, mit welch duldsamer Abscheu sie das Frauenmagazin durchblätterte, das sie vor sich auf den Tresen gelegt hatte, und mit welcher gelangweilten Brutalität sie einen Kaugummi in ihrem Mund zermalmte, konnte man sehen: Der Job in dieser Tankstelle war vielleicht schon ihre Endstation.

»Hi, Tracy!«, grüßte Kate.

»Ah«, antwortete Tracy. Die beiden Frauen umarmten sich. Scheinbar kannte man sich schon ein bisschen länger.

Kate verschwand an die Zapfsäule. Tracy schob ihr Magazin beiseite. Schaute mich an. Bis ungefähr eine Sekunde vor dem Zeitpunkt, an dem ich nervös zu zappeln begonnen hätte.

»Wha is ya name?«, fragte sie dann in einem Dialekt, den ich außerhalb Neuseelands noch nie gehört hatte und bis vor wenigen Tagen auch nicht hätte verstehen können.

»Knud«, antwortete ich wahrheitsgemäß.

»Ah.« Das Gespräch drohte an Intensität zu verlieren. Jetzt war Improvisationstalent gefragt.

»Tracy, what's the best chocolate bar you offer?«

»Snickers.«

»No. From this area.«

Sie benötigte fünfzehn Sekunden, um den Kopf zum Süßigkeitenständer zu drehen.

»Pinkie«, entschied sie.

Also kaufte ich einen Pinkie. Der war großartig. Vollmilchschokolade, gefüllt mit lila Marshmallowmasse. Sogar mir wären mehrere EU-Lebensmittelgesetze eingefallen, gegen die er verstieß. Doch kein Pinkie hält ewig. Als das Schweigen in der Tankstelle immer drückender wurde und ich nervös durch das Fenster nach Kate oder Thomas Ausschau hielt, hob Tracy ihren Kopf ungefähr drei Zentimeter.

»Why ya walking like dat?«

Ich sagte es ihr.

»Ah.«

Sollte ich noch einen Pinkie kaufen? Oder einen Snickers zum Vergleich? Tracy hob ihre rechte Hand und deutete damit auf meinen Schritt.

»All fine with Asterix?«

»Sorry?«

»Asterix. Doin well?«

»Asterix? That french comic character?«

»It's not Asterix. It's Easterix.« Kate war von der Zapfsäule zurück. »Der arme Mann kann deinen Kiwi-Slang nicht verstehen.«

Easterix. Eastereggs? Eier?

»Reden wir hier über Ostereier?«, meldete ich mich vorsichtig zu Wort.

»Ah«, bestätigte Tracy.

Beide sahen mich fragend an. Plötzlich fühlte ich mich sehr, sehr einsam.

»Gott sei Dank ja, danke der Nachfrage«, hätte ich wahrheitsgemäß antworten können. Aber es kam mir surreal vor, an einer der abgelegensten Tankstellen, die ich jemals erreichen würde, über meine Geschlechtsteile zu sprechen. Um Zeit zu gewinnen, nahm ich mir noch einen Pinkie aus dem Süßigkeitenständer. Dann sah ich den beiden abwechselnd in die Augen

»Nun. Wenn in ein paar Wochen Pfingsten ist. Dann feiere ich durchaus mal Ostern.« In diesem Moment kam Thomas herein. Mein erleichtertes Ausatmen hörte sich an, als hätte man das Ventil eines straff aufgepumpten Autoreifens geöffnet.

Am Abend führte Kate uns durch ihre Stadt. Sie war schön. Architektonisch bemerkenswert, mit Cafés, in denen man sicherlich die halbe Nacht hätte hängen bleiben können. Leider bekam sie keine Chance von mir. Schon seit einiger Zeit bildete sich in meinem Hirn ein Gedanke, den ich erst heute Abend fassen konnte: Dunedin trug die ungünstigste Startnummer, die vergeben werden kann: Die Stadt war die vorletzte Station auf dem Weg zu einem Ziel, von dem ich nicht wusste, wie es danach weitergehen sollte.

»Hey, Kollege, du guckst so komisch«, raunte Thomas, als Kate sich kurz das Näschen puderte. »Soll ich mich verpfeifen? Ich will euch nicht stören.«

Ich legte ihm die Hand auf die Schulter.

»Quatsch. Überleg dir lieber mal, was ab nächster Woche aus mir wird.«

Hurricane Johnny ist ein bemerkenswerter Name für einen Mann von 74 Jahren.

Er stand am Kai von Oban, dem Hafen von Steward Island. Ein kleiner Mann in wetterfesten blauen Kleidern und Gummistiefeln. Eigentlich hieß er Johnny Leask. Hinter ihm lag die »Rawhiti«, sein Schiff, das 1908 von seinem Großonkel gebaut wurde und seitdem in Familienbesitz war.

Als wir an Deck gingen, fragte ich ihn nach seinem Spitznamen.

»Oh«, lachte Leask, während er wie nebenbei die Leinen löste. »When I was young, I didn't care about the weather too much!«

Über uns schien kräftig die Sonne. Doch schon wenige Meter vom Hafenbecken entfernt griff der Wind nach dem Wasser. Während Thomas und ich uns irgendwo festklammerten, lachte Leask bei jeder Welle, die sein Schiff erklomm. Bei jeder Bö, die über Deck fegte. Wie ein Mann eben, den sie nach einer Starkwetterlage nannten. Damit mir nicht schlecht wurde, fragte ich ihn ununterbrochen aus. Leask fuhr seit seiner Kindheit auf dieses Meer hinaus. Bis 1988 als Fischer, danach mit Touristen. Wie lange er noch weitermachen wolle?

»'til the end.«

Da hörte ich auf, ihn mit Fragen zu löchern. Bis zum Ende. Kein schlechtes Motto. Wahrscheinlich besser, als sich bei jedem Schritt Gedanken zu machen, wie lange das alles noch gut gehen sollte.

»Mummy Islands.« Leask zeigte auf zwei Inseln am Horizont. Tatsächlich sahen sie aus wie zwei Sarkophage, die eine Gottheit mit seltsamem Humor aufs Wasser gelegt hatte, damit sie ewig dort trieben. Doch diese beiden Inseln waren nicht unser Ziel. Die beste Bucht zum Fischen gab es vor Ulva Island, kaum zwei Kilometer von Stewart Island entfernt.

Im Windschatten von Ulva Island warf Leask die Angelschnüre aus. Jetzt zählten nur noch die Fische. Binnen Minuten füllte sich das Deck mit ihnen. Hurricane Johnny bat das Meer nicht um Entschuldigung für die Tiere, die er ihm stahl, wie Hoani es getan hätte. Er entschuldigte sich auch nicht bei den Tieren für die Schmerzen, die er ihnen zufügte. Aber er schenkte jedem einzelnen Fisch ein Lachen, einen kleinen Begeisterungslaut oder ein Schnalzen als letzten Gruß. Und manche Beute warf er einfach zurück ins Wasser. Darunter auch einen kleinen Hai.

»Muss noch wachsen.«

Als Johnny genug für eine Mahlzeit zusammenhatte, holte er sein Netz ein. Schnitt Filets zurecht und warf den Gaskocher in der Kabine an. Dazu brauchte er beide Hände. Mit einer Kopfbewegung schickte er mich ans Ruder.

»Fahr uns Richtung Hafen.«

Ich umfasste das Ruder mit klammen Händen. Immerhin war das Schiff eine Antiquität, Familienerbstück noch dazu! Auf den ersten Metern schaute ich mich immer wieder zu Leask um. Komischerweise sank das Schiff nicht und fuhr sogar in die Richtung, die ich wollte. Genau wie das Auto auf Island. Genau wie das Schneemobil in Minnesota. Ich war eben ein Talent für jede Art von Steuer. Fast wünschte ich mir das Wasserflugzeug von Matti Mantari aus Kanada.

Euphorisch umrundete ich Ulva Island. Der Hafen tauchte vor mir auf. Ich war der Schrecken der sieben Meere! Der König der Welt! Plötzlich griff mir eine Hand ins Ruder.

»Jetzt lass mich mal wieder«, sagt Hurricane Johnny. »Nicht, dass du mir noch das Schiff kaputt machst.«

Wenn man von Berlin aus durch den Globus sticht

Von hier bis zur Antarktis lebte kein Mensch mehr. Ich stand am Ende der Welt, so viel war sicher. Am Südstrand von Stewart Island, einer Insel, die dem südlichen Teil von Neuseeland vorgelagert ist.

Die Eilande, die ich am Horizont sehen konnte, waren unbewohnt. Das wusste ich von Furhana. Die Führerin, die auf uns gewartet hatte, als Thomas und ich in einer kleinen Propellermaschine hierher geflogen kamen. Gestern war das gewesen, ein paar hundert Meter von hier entfernt, und ich war mir vorgekommen wie James Bond.

Die tief stehende Sonne glitzerte im Wasser. Fliegende Fische sprangen umher und wurden von hungrigen Möwen beäugt. Weiter entfernt tummelte sich eine Kolonie Kegelrobben am Strand und brachte ihren Jungen das Schwimmen bei. Ich setzte mich enttäuscht in den Sand.

Ich hatte mich verlaufen. Furhana und Thomas mussten in dem Wald sein, der gleich hinter dem Dünengürtel begann. Mindestens einen Kilometer entfernt. Um nicht ständig auf mich warten zu müssen, waren sie eine Stunde vor mir aufgebrochen. Sie wollten sich in der Dämmerung auf die Suche nach ein paar Kiwis machen, die hier im Unterholz ihre Nester bauten. Furhana hatte sich wirklich Mühe gegeben, mir den Weg zum Treffpunkt zu erklären, wo wir nachher zusammen picknicken wollten. Sogar eine Zeichnung hatte sie in den Boden vor unserer Hütte gekritzelt. Eigentlich wäre die gar nicht nötig gewesen. Von der Hütte bis zur Lichtung am Ziel gab es genau eine Weggabelung. Doch an der musste ich die falsche Richtung eingeschlagen haben. Aus dem Wald heraus statt in ihn hinein.

Fluchend erhob ich mich und folgte meinen Fußspuren in umgekehrter Richtung. Die Sonne stand nur noch wenige Grade über dem Horizont. Ich stand im Strandhafer des Dünengürtels und drehte mich noch einmal um. Dann musste ich plötzlich lachen und konnte nicht mehr aufhören. Das Ufer, das ich gerade hinter mir zurückließ, hatte ich schon einmal gesehen. Oder zumindest ein sehr ähnliches.

Ein endloser Strand im Sonnenuntergang. Ein bisschen Strandhafer, der auf einer Düne wuchs. Davor spielten zwei Robben, und auf dem Meer sah man zahllose Inseln.

So hatte das Bild ausgesehen, das ein wohlmeinender Pfleger in die MRT-Röhre geklebt hatte, in der vor Jahren meine MS-Diagnostik begonnen hatte. Ich ließ mich in den Sand fallen. Jetzt hatte ich wohl mein Ziel erreicht. Trotz der Krankheit war ich noch einmal um die Welt gekommen. Von Kanada bis nach Neuseland. Wenn man von hier aus eine Nadel durch einen Globus stach, dann kam die Spitze ziemlich genau in Berlin wieder zum Vorschein. Oder zumindest nahe der Uckermark. Und diesen ganzen Weg hatte ich gemacht, um das Bild aus der MRT-Röhre wiederzusehen?

Natürlich war der Gedanke Blödsinn. Wenn ich das Bild hätte wiedersehen wollen, dann wäre ich einfach dem Rat meines Neurologen gefolgt, der mich zwei- bis viermal pro Jahr in so ein Ding legen wollte. Was ich in den letzten Jahren erlebt und gesehen hatte, das blieb für die meisten anderen Menschen ihr Leben lang nur ein Traum. Doch dieser seltsame Gedanke wich einfach nicht aus meinem Kopf. Die Röhre wollte mich einholen am anderen Ende der Welt. Also lachte ich immer weiter. Bis ich husten musste. Bis ich eigentlich gar nicht mehr fröhlich war. Bis ich ahnte, warum ich immer weiterlachte. Das Ziel, das ich mir am Beginn meiner Reise gesetzt hatte, war erreicht. Weiter konnte ich mich nicht von meinem Ausgangspunkt entfernen. Auf allen Kontinenten hatte ich unterwegs Station gemacht. Mein Traum war wahr geworden. Was kam jetzt?

Natürlich könnte ich immer weitermachen. Südamerika und die Antarktis zu den Kontinenten Nummer sechs und sieben ernennen. Dann würde sich das Erreichen meiner Ziele ein Stück nach hinten verschieben. Doch was dann? Ich könnte natürlich immer weitersuchen. Nach dem nächsthöheren Berg, nach der nächsttrockeneren Wüste, nach dem nächstnasseren Meer. Doch auch das, wusste ich in diesem Moment, wäre nur ein Aufschub. Was wollte ich der Krankheit und mir damit beweisen? Irgendwann würde ich auf meinen Reisen Rollschuhe tragen müssen, um die Herausforderung noch zu steigern.

An diesem Strand, am Ende der Welt, endete die Aufgabe, die ich mir gestellt hatte. Am besten, so schlug ich mir selbst vor, wäre es, in den verbleibenden drei Tagen bis zum Heimflug so viel Spaß wie möglich zu haben. Denn zu Hause würde ich mir ein neues Ziel suchen müssen. Eine Frage, die ich mir seit sechs Jahren nicht zu stellen brauchte, kroch mir unbarmherzig wieder in die Seele. Was will ich noch von meinem Leben haben? Was muss ich tun, um glücklich zu sein? Ich hörte auf zu lachen. Hustete noch ein paar Augenblicke.

Dann stand Thomas vor mir.

»Was machst du denn hier?«

»Hab mich ein bisschen verlaufen, schätze ich.«

»Sieht so aus. Jetzt komm mal mit. Wird bald dunkel.«

Wir stapften zur Hütte zurück. Als wir ankamen, sahen wir das Licht aus der Hütte schon durch die Bäume schimmern. Furhana hatte den Ofen geheizt und wärmte ein paar

Konservendosen auf. Wir waren kaum aus den Stiefeln, als draußen das Wetter umschlug. Hagel begann auf das Dach zu prasseln.

»So, Jungs. Bocuse ist es nicht gerade, aber mit Liebe aufgewärmt«, sagte Furhana, als sie jedem eine Gabel gab.

Nach dem Essen begannen wir uns gegenseitig aus unserem Leben zu erzählen.

Wegen ihrer dunklen Haut und der schwarzen Haare hielten viele Furhana für eine Maori. Aber ihr Vater stammte aus Indien, ihre Mutter von den Seychellen. Aufgewachsen war sie in London, und nach einem Wirtschaftsstudium hatte sie eine ziemlich steile Karriere im Bankgewerbe gemacht. Nach der Arbeit trieb sie sich in den Clubs herum, datete Männer, fuhr am Wochenende an die See. Doch irgendwas fehlte immer. Was genau das war, spürte sie, als sie 1994 zum ersten Mal nach Stewart Island kam. Die unberührte Natur überwältigte sie.

»Ich wusste sofort, dass ich hierbleiben wollte.« 1999 gründete sie ihr eigenes kleines Tourismusunternehmen. Und

Auf Stewart Island, Neuseeland

lebte seitdem in einer kleinen Hütte von neun Quadratmetern auf der anderen Seite der Insel.

Wie immer, wenn man sich nachts um ein Feuer versammelt, wurden die Geschichten und die Fragen mit der Zeit indiskreter. Wo wir unsere Freundinnen kennengelernt haben, wollte Furhana wissen. Und ob wir sie jemals betrogen haben.

Als ich das nächste Mal ein Scheit in den Ofen warf, zog Thomas sich eine Decke über den Bauch. Schob seinen Sitz gegen die Hüttenwand und begann leise zu schnarchen. Furhana und ich setzten uns näher zusammen. Damit wir Thomas nicht störten, begannen wir zu flüstern.

»Wohin gehst du morgen, wenn wir zurückgeflogen sind?«, fragte ich. »Hast du ein Haus hier auf der Insel? Und eine Familie?«

»Nein«, sie schüttelte den Kopf. Nur eine Hütte in der Nähe von Oban. Neun Quadratmeter. Reicht aber für mich allein.«

»Klar«, sagte ich.

»Ich gehe selten ins Dorf. Die Frauen mögen mich nicht. Wenn einer der Männer mich wegen einer geschäftlichen Sache besucht, lasse ich sie vor der Hütte die Stiefel ausziehen, damit es nicht dreckig wird. Die Stiefel ausziehen heißt in Neuseeland aber auch: ›Sex haben‹. Deswegen erzählen die Männer immer mit einem Grinsen, dass sie bei mir die Stiefel ausgezogen haben. Und alle halten mich für eine Schlampe.«

»Ach«, sagte ich. Was anderes fiel mir nicht ein.

»Obwohl«, sie streckte sich ein wenig. »Liebe fehlt mir manchmal schon. Und Sex auch.«

Dann wurde es still in der Hütte. Nach einer halben Minute räusperte ich mich.

»Welcher von den beiden Schlafräumen ist eigentlich deiner? Und in welchen gehen Thomas und ich?«

Sie zeigte auf eine der Türen, und ich verschwand mit meinem Schlafsack.

»Ich weiß, dass wir uns wiedersehen«, sagte sie am nächsten Tag zum Abschied, als wir am Strand ins Flugzeug stiegen. Das hatte ich in den letzten Jahren bei einigen Leuten gedacht. Aber heute glaubte ich es fast.

Stockmann reist weiter

Seit einigen Monaten war ich wieder zu Hause. Ich hatte mit dem Schreiben dieses Buchs begonnen. Meine Freundin drückte sich immer schweigsamer durch unsere gemeinsame Wohnung. Manchmal bedachte sie mich dabei mit Blicken, die ziemlich genau auf halbem Weg zwischen »traurig« und »mürrisch« lagen.

»Was ist eigentlich los mit dir?«, fragte ich irgendwann.

Aber sie wusste es wohl selbst noch nicht. Ein paar Tage später sagte sie endlich zu mir:

»Die ganze Zeit schreibst du von deinen Reisen. Hockst immer vor dem Computer und gehst nur noch raus, um im Café gegenüber was zu trinken. Von irgendeiner neuen Reise höre ich gar nichts mehr. Und einen Urlaub mit dir wage ich mir kaum noch vorzustellen. Nicht mal mehr um die Kirche gehst du noch zu Fuß.«

Sie hatte recht. Ich hatte es mir in den letzten Monaten einfach gemacht. Dass ich mich durchbeißen konnte, hatte ich mir bewiesen. Auf fünf Kontinenten. Ich sah keine Not, es auch im Supermarkt oder auf langweiligen Ausflügen in die Drogerie an der Ecke zu beweisen.

»Manchmal habe ich Angst«, fuhr sie fort, »dass du einfach so weitermachst, wenn du mit dem Buch fertig bist. Dass du dich nun einfach damit abfindest, dass es das war mit dem Laufen und dem normalen Leben. Dass ich mit einem MS-Kranken zusammen bin, der die Wohnung nur noch im Notfall verlässt.«

Mittlerweile hatte sie Tränen in den Augen. »Und ich muss

allein oder mit anderen los, wenn ich was erleben will. Das hab ich nicht bestellt, und das habe ich einfach nicht verdient.«

Dann schwieg sie. Ich lehnte mich ein bisschen zurück. Tatsächlich hatte ich mir ähnliche Gedanken auch schon gemacht. Immerhin war meine Krankheit in den letzten sechs Jahren von Reise zu Reise ein wenig fortgeschritten. Kam ich überhaupt noch fünfhundert Meter weit? Versucht hatte ich es jedenfalls schon seit Wochen nicht mehr. Stattdessen ließ ich mir Nahrungsmittel wie seit vergangenem Sommer per Bringdienst in die Wohnung liefern und kaufte nur noch Kleinigkeiten selbst ein. Wenn Paketpost abzuholen war, übernahm das ein netter Freund, dem ich eine Vollmacht ausgestellt hatte. Kein Wunder, dass Susann Angst davor bekam, mit mir ein Leben auf der Ofenbank verbringen zu müssen. Auch ich hatte Angst. Ob unsere Liebe so ein Leben aushalten würde.

»Wir gehen erst mal essen«, entschied ich.

»Können wir vorher einen Spaziergang machen?«, fragte sie. »Muss auch kein langer sein. Nur einmal rund um die Kirche.«

Schweigend löste ich mich aus der Umarmung. In mir stieg das ungute Gefühl auf, dass es bei diesem Spaziergang um mehr ging, als einmal rund um die Kirche vor unserer Wohnung zu schlendern. Das sagte ich auch meinen Beinen, als ich in meine Schuhe stieg.

»Bitte reißt euch zusammen. Ich kann jetzt keine Stürze oder sonstigen Murks gebrauchen. Das ist eine ernste Sache.«

Die Schnürsenkel zog ich so fest, dass selbst meine bequemsten Schuhe oben am Spann drückten. Ich packte Clark am Griff, als ob ich ihn erwürgen wollte. Ging durchs Treppenhaus, während Susann noch einmal kurz im Badezimmer verschwand. Stellte mich vor die Briefkästen. Jetzt bloß nichts falsch machen. Dieser Gedanke füllte meinen ganzen Kopf.

Ich hatte Glück. Vor unserer Haustür warteten Temperaturen um den Gefrierpunkt, und ein scharfer Novemberwind trieb Graupel um die Ecken. Wir kamen kaum hundert Meter weit, dann blieb Susann stehen.

»Du bezahlst.«

Eine halbe Stunde später, als der Wirt im Café gegenüber zwei Teller Nudeln vor uns gestellt hatte, schlug sie vor: »Lass uns einfach mal ein paar Tage aus Berlin wegfahren. Irgendwohin.«

»Unbedingt.«

Wir schwiegen bis zum Espresso.

»Ich mag aber nicht die ganze Zeit das Gefühl haben, deine Krankenschwester zu sein. Den Stress am Flughafen will ich nicht, und wir müssen uns irgendwie fortbewegen können.«

»Ist doch kein Problem«, behauptete ich. In dieser Nacht lag ich bis drei Uhr wach. Aber dann erinnerte ich mich tatsächlich an eine Reise, die ich immer schon mal machen wollte. Als Susann am nächsten Morgen zum Frühstück kam, hatte ich im Internet schon ein wenig recherchiert.

»Wie wäre es mit einer Kreuzfahrt?«, ich wies auf den Bildschirm.

»Zeig her!«

Vor einigen Jahren hatte ich einer Zeitung einen Bericht über neuartige Kreuzfahrten entdeckt. Einige Reedereien, deren Schiffe als Fähren oder Transporter über Nord- und Ostsee pendelten, begannen angesichts der um sich greifenden Wirtschaftskrise Teile ihrer Flotte mit Passagierdecks auszustatten. Wo früher Autos oder Stückgut standen, wurden nun einige Schiffsetagen mit Panoramabars, Saunen oder Bühnen für Alleinunterhalter eingerichtet. Eine Hin- und Rückfahrt, unterbrochen durch einen Tag für die Ladearbeiten am Zielhafen, boten sie als »Kurzkreuzfahrt« an, die drei bis höchstens fünf Tage dauerte. Je nachdem, welche Häfen die Schiffe anliefen. Je nachdem, wie viel Ladearbeiten es gab. Dieses Konzept war mir auf sympathische Art ebenso bescheuert wie größenwahnsinnig vorgekommen. Als ob jemand einen Mercedesstern an einen Bollerwagen kleben, zwei Kissen hineinwerfen und das Ganze als Stretchlimousine anbieten würde.

»Guck dir das an!«

Susann hatte bereits einen Film im Internet gefunden. Achteinhalb Minuten, aufgenommen von einem Touristenpaar, das eine Reise von Rostock nach Helsinki und zurück im vergangenen Januar dokumentierte. Achteinhalb Minuten grauer Himmel, Niesel, unruhige See. Leere Decks. Ein einsamer Italiener, der mit elektrischer Gitarre und knarzendem Mikrofon vor nicht vorhandenem Publikum »Volare« sang.

»So etwas schlägst du mir vor? Das ist ja wohl völlig behämmert!« Ihr linker Mundwinkel hob sich bereits.

»Das Schlimmste, was wir seit langem gemacht haben«, bestätigte ich.

Eine halbe Stunde später war alles gebucht. Im November bot die Reederei Luxuskabinen zum halben Preis an. Dafür gab es keinen Alleinunterhalter an Bord. Ein weiterer Grund, uns wenige Wochen später in Rostock einzufinden. Wir erreichten den Hafen gegen 21 Uhr. Was wir nicht wussten, war, dass das Boarding erst um Mitternacht beginnen würde. Als wir gegen ein Uhr endlich in unserer Kabine ankamen, waren wir zu müde, um uns noch umzusehen.

Nach anderthalb Tagen langweiliger Fahrt auf unruhiger See empfing uns Helsinki mit Temperaturen um den Gefrierpunkt und nassem Schneetreiben. Unser Shuttlebus fuhr uns durch einen hässlichen Außenhafen bis zu einer Bushaltestelle, von der aus uns ein weiterer Bus bis zur Endhaltestelle der U-Bahn brachte.

In der U-Bahn Richtung Hauptbahnhof setzte sich ein junger Mann auf die Bank neben uns. Vielleicht ein Meter siebzig groß, ungefähr 22 Jahre alt. Was man so einen »Jungen« nennt, wenn man die vierzig überschritten hat. Er war über und über bepackt mit einem Rucksack, einer altersschwachen Reisetasche und einigen prall gefüllten Plastiktüten, deren Henkel sich bedenklich dehnten. Auf den ersten Blick hätte man ihn für einen frisch geduschten Obdachlosen halten können. Da wir ihn schon auf der Fähre gesehen hatten, wussten wir es besser.

Als ihm zwei Taschen umkippten und wir beim Einsammeln seines Gepäcks halfen, kamen wir ins Gespräch. Der Junge hieß Dirk und kam aus Hamburg. Seine Reise war noch lange nicht zu Ende.

»Ich werde zusehen, dass ich schnell einen Zug nach Inari bekomme. Dann gehts weiter mit dem Bus an die russische Grenze.«

Dirk hatte vor wenigen Wochen eine Ausbildung abgeschlossen, die ihm nicht behagte. Also würde er im neuen Jahr gleich die nächste beginnen und die Zeit dazwischen in der Einöde verbringen.

»Heute Nacht schlafe ich irgendwo im Hotel. Morgen suche ich mir eine Holzhütte. Nicht so eine mit Heizung und fließendem Wasser für Touristen. Kann ich mir nicht leisten. Nur ein Dach über dem Kopf im Wald, möglichst weit weg, wo man sich um alles andere selbst kümmern muss.«

Dirk begann mir zu imponieren.

»Und was machst du da so?«

»Überleben. Holz hacken. Ein Dorf finden, wo ich Konserven einkaufen kann. Aufpassen, dass Wölfe und Bären mich nicht fressen.« Er lachte. »Leider habe ich meine Uhr vergessen.«

Ich griff in die linke Tasche meiner Jacke und zog etwas hervor, was man mit Müh und Not als »Uhr« bezeichnen konnte. Vor ungefähr sechs Jahren hatte ich mir in einem Billigmarkt ein »Multifunktionsgerät« gekauft. Uhr, Wecker, Notizbuch, Taschenrechner in einem. Ein echtes Teufelsgerät eben und alles für neun Euro fünfundneunzig. Wie immer bei diesen Sonderangeboten war die Hälfte der Funktionen nie in Betrieb zu nehmen gewesen, und nach wenigen Monaten brach der Deckel ab. Aber immerhin: Es war mit mir um die Welt gefahren. Noch immer konnte man auf ihm die Zeit ablesen. Wenn man es schräg in den Halbschatten hielt und sieben Stunden vom angezeigten Wert abzog. Dieses Wunderwerk der Technik überreichte ich Dirk.

»Hier. Brauch ich nicht mehr. Unten rechts drücken, dann sieht man die Uhrzeit.«

»Danke!« Dirk drückte rechts unten und stutzte.

»Musst sieben Stunden abziehen«, gab ich zu und errötete ein bisschen. »Ist die Zeit von Laos. Man kann das Ding leider nicht mehr umstellen. Hat es aber mit mir um die Welt geschafft.« Ich wurde noch röter. »Beruflich, natürlich.« Das wurde ja immer schlimmer, was ich da schwafelte!

Dann erreichten wir den Hauptbahnhof von Helsinki. Jetzt kam ich mir wieder vor wie ein Etikettenschwindler, der vor einem mutigen Jungen den erfahrenen alten Krieger gespielt hatte. Einen Haudegen, an dessen Stock man sehen konnte, dass er sich in mindestens eine Schlacht zu viel geworfen hatte. Und der seine alte Uhr weitergegeben hatte wie ein Schwert. Der vor keiner Fünf-Sterne-Hotel-Lobby jemals gewichen war, und der immer einen Fahrer oder einen Führer an seiner Seite gehabt hatte. Irgendwas wollte ich Dirk noch nachrufen. Doch der hatte schon längst seine Sachen geschultert und verschwand auf der nächsten Rolltreppe Richtung Karelien.

Am Hauptbahnhof setzten wir uns in eine Straßenbahn, die im Reiseführer empfohlen wurde. Sie trug die Nummer 3 und führte seltsamerweise in zwei konzentrischen Kreisen durch Helsinki. Der Außenkreis führte durch gesichtslose Wohngebiete und war ziemlich hässlich. Dann wechselte die Straßenbahn in der Nähe des Bahnhofs plötzlich die Nummer. Hieß ab sofort »3B« und fuhr in weitaus kleinerem Kreis durch eine kleine Altstadt und vorbei an Einkaufsstraßen. Wir ließen uns mehr als eine Stunde von ihr kutschieren.

Dann stiegen wir aus. Drei Kaufhäuser lang begleitete ich Susann, bis mir das Herumgestolpere auf dem glitschigen Schnee zu anstrengend wurde und ich in der Cafeteria einer Shoppingmall sitzen blieb.

Wenige Tische entfernt saßen einige junge Frauen. 20, vielleicht 22 Jahre alt. Was man so »Mädchen« nennt, wenn man die vierzig überschritten hat. Anscheinend handelte es sich um eine Arbeitsgruppe, die zusammen Hausaufgaben machte. Oder an einer Proseminararbeit schrieb? Mit über vierzig wird da der Blick deutlich unschärfer. Eine Gruppe junger Männer stromerten um die Frauen herum, trauten sich aber nicht, sie anzusprechen. Ich musste lächeln.

Als Susann mich eine Stunde später von hinten antippte, stellte ich mich schwerfällig auf und nahm sie in den Arm.

»Manchmal ist es wirklich toll, nicht mehr 17 zu sein«, flüsterte ich ihr ins Ohr. Dass sie keine Ahnung hatte, wovon ich redete, war mir egal. Genauso wie die Tatsache, dass wir spannendere Tage auf Reisen gehabt hatten als diesen hier in Helsinki. Ich war wieder unterwegs. Wir waren wieder unterwegs. Das war die Hauptsache.

Zu Hause in Berlin-Charlottenburg sahen wir uns die Bilder an, die Susann mit ihrer Handy-Kamera gemacht hatte. Auf einem davon ist im Hintergrund ein großes Kaufhaus zu sehen. »Stockmann« heißt es. Die Leuchtbuchstaben des Namenszugs sind senkrecht an der Fassade angebracht und durchbrechen die beginnende Dunkelheit. Im Vordergrund dieses Fotos, durch eine viel befahrene Innenstadtstraße vom Kaufhaus getrennt, stehe ich. Auf Clark gestützt, mit beiden Füßen im Schneematsch, schaue ich unfroh unter dem Rand meiner Wollmütze hervor und sehe selbst irgendwie aus wie ein …

»Stockmann«, sagte sie. »Gern würde ich behaupten, dass ich das mit Absicht gemacht habe. Stimmt aber nicht. Ist mir gerade erst aufgefallen.«

Dann lachte sie. Sekunden später lachte ich mit.

Stockmann.

Vielleicht fahre ich einfach noch einmal um die Welt. Eigentlich habe ich ja schon begonnen.

Eine Sache musste ich allerdings noch erledigen. In dieser Nacht wartete ich, bis Susann neben mir schlief. Dann stand ich auf und ging ins Badezimmer. Die MS saß schon auf dem Badewannenrand und wartete. Neben ihr war noch Platz. Einige Minuten lang saßen wir nebeneinander und schwiegen. Wenn sie eine Schulter gehabt hätte, dann hätte ich ihr die Hand auf die Schulter gelegt. Weil da keine war, hob ich die rechte Hand und ließ sie auf mein Knie fallen.

»Da sind noch so viele Länder, die ich gern sehen möchte«, begann ich. »Jetzt hör doch mal auf, solche Zicken zu machen. Du kommst doch sowieso mit, da können wir doch gemeinsam auch ein bisschen Spaß haben?«

Keine Antwort. Natürlich. Aber das Schweigen im Badezimmer drückte nicht mehr.

»Seit Jahren hängen wir zusammen ab. Gibt gar nicht viele, mit denen ich länger zusammen bin. Meine Familie. Susann. Ein paar Freunde. Und es gibt eine Menge Dinge, die nur

Stockmann in Helsinki

wir beide voneinander wissen. Worauf ich hinaus will: Beste Freunde werden wir bestimmt nicht mehr. Aber wo wir schon in einem Körper hausen: Wollen wir nicht versuchen, uns wenigstens nicht gegenseitig dauernd von hinten in die Beine zu treten?«

Wieder Schweigen. Klar. Aber um mich herum war mal wieder eine Nacht, in der alles möglich schien. Also blieb ich still sitzen. Vielleicht dachte meine MS ja über ein paar Dinge nach, die außer uns beiden niemand anders wissen konnte.

Zum Beispiel damals am Rande des Death Valley in Nevada. Die beiden anderen hatten das Auto verlassen, um die Umgebung zu erkunden. Ich saß allein im Wagen. Auf dem Rücksitz, wie fast immer. Plötzlich war ein Gedanke da: Auf meinem Konto befanden sich ausnahmsweise einmal ein paar tausend Euro. Was, wenn ich mich einfach ans Steuer setzte? Gas gab und losfuhr? Den anderen würde nichts geschehen. Immerhin hatten sie ihre Brieftaschen mit den Kreditkarten und den Tickets dabei. Dass dieser Gedanke irrsinnig war, wusste ich. Ebenso, dass ich dadurch Susann und einen Freund gleichzeitig verlieren und schon nach einer Stunde nicht mehr wissen würde, was ich da eigentlich tat. Aber für einen Moment war mir das als beste, als einzige Lösung erschienen. Für was auch immer. Einfach weg von hier. Weg aus meinem Leben. Als ich gerade die Autotür öffnen wollte, wurden meine Beine unendlich schwer. Der Weg bis hinter das Steuer schien unüberwindbar.

Oder dieses Gefühl im Aussichtsstockwerk des Taipeh 101 Tower. Im damals höchsten Gebäude der Welt hatte mich eine hüfthohe Wand von einem Dutzende Meter tiefen Lichthof getrennt. Auf der anderen Seite befand sich unter mir ein tonnenschweres Gewicht, das die Erdstöße auspendelte, denen der Tower jeden Tag ausgesetzt war. Warum nicht runterspringen, hatte es in meinem Kopf gepocht? Warum nicht einmal ein paar Meter fliegen, statt immer nur zu humpeln und zu straucheln?

Doch je brennender dieser Gedanke geworden war, desto schwerer wurden meine Beine. Alle anderen hatten einen Mann gesehen, der sich mit verkrampftem Gesicht an der Mauer festhielt. Die MS wusste, wie es wirklich war.

»Gerne hören wirst du es nicht«, brach ich das Schweigen. »Du bringst mich immer wieder in Situationen, die richtig scheiße sind. Du machst Bürgersteige zu Felswänden. Manchmal lässt du mich mitten auf der Straße festfrieren, so dass ich keinen Schritt mehr machen kann und Autos meinetwegen anhalten müssen. Und manchmal ist es, als würde ich gegen eine Wand laufen, wenn ich meine Wohnung verlasse. Aber wenn es wirklich ernst wird, wenn ich wirklich Blödsinn machen will, dann bist du auf meiner Seite.« Und wieder wollte ich sie fragen: »Was willst du eigentlich?«

Zwei, drei Minuten blieb ich noch auf dem Badewannenrand sitzen. Die Krankheit gab keine Antwort. Etwas anderes hätte mich auch gewundert. Dann stand ich auf.

»Komm mit. Wir gehen jetzt ins Büro, ohne dass ich mich an einer Wand oder an einem Türrahmen abstütze. Du weißt, was ich vorhabe. Wenn du das nicht willst, dann lass mich auf dem Weg dahin stolpern. Lässt du mich bis dahin kommen, dann wird das getan, was ich möchte.«

Schritt für Schritt gingen wir beide. Über die Schwelle zwischen Badezimmer und Flur. Den Flur entlang. Dann nach rechts über die nächste Schwelle in mein Arbeitszimmer. Es lag im Halbdunkel. In den Häusern auf der anderen Straßenseite waren noch ein paar Fenster erleuchtet. An der Wand neben der Ottomane hing meine Weltkarte. Überall, wo ich schon gewesen war, hatte ich eine rote Nadel in die Karte gesteckt. Ungefähr drei Dutzend Länder waren gekennzeichnet. Der Nadelbehälter lag auf der Fensterbank. Kein Problem, ihn bei diesen Lichtverhältnissen zu finden. Eine Nadel kramte ich heraus. Dann ging ich ein paar Schritte zurück ins Zimmer.

»Gut«, sagte ich. »Du hast mich nicht umfallen lassen. Jetzt ist die letzte Chance. Ich schließe die Augen, und dann gehe ich mit der Nadel auf die Karte zu. Entweder, du lässt mich jetzt noch fallen. Oder ich komme bis dahin und drücke sie in die Karte. Dann ist das unser nächstes Ziel. Du hast es dir ausgesucht.«

Die MS ließ mich nicht stürzen. Als ich spürte, dass ich kurz vor der Weltkarte angekommen war, fuchtelte ich noch ein bisschen mit dem Arm in der Luft herum. Dann drückte ich die Nadel in die Karte. Merkte mir die Stelle. Schaltete das Licht an. Und begann im nächsten Moment schallend zu lachen.

»Dahin willst du?! Du bist ja völlig bescheuert! Aber du hast es so ausgesucht. Ich guck mal, ob ich einen Auftrag dafür bekommen kann.«

Ich musste immer noch leise kichern, als ich zu Susann zurück ins Bett schlüpfte.

Naja.

Immerhin würde ich nicht nass werden.

Paket für mich

Lieber Knud,
der Kranich ist ein Glücksbringer in Japan. Ich habe mit japanischem Papier ein paar Kraniche gefaltet. Mit dem Paket schicke ich Dir auch japanische Reiskekse. Hoffentlich schmecken sie Dir.

Du hast mir Deine Bücher geschickt. Darüber habe ich mich riesig gefreut.

Sie sind jetzt im Fotokopiergeschäft. Weil das Sehfeld meines rechten Auges von der Krankheit eingeschränkt ist, kann ich Bücher nicht mehr so gut lesen. Ein Buch vor den Augen halten kann ich wegen der Schmerzen in den Händen auch nicht. Daher lasse ich die Seiten, die ich lesen möchte, vergrößern.

Ich habe das Geschäft im März 2007 im Telefonbuch gefunden. Am Telefon habe ich dem Besitzer etwas von mir erzählt und gefragt, ob ich ihm Bücher schicken und er sie mir zusammen mit den auf Din A3 vergrößerten fotokopierten Seiten zurückschicken kann. Er war einverstanden. Das Geschäft liegt nahe der Universität Kansai in Osaka und ist ein Familienbetrieb.

Als ich zum ersten Mal zwei Bücher schickte, hat der Besitzer mich nach einigen Tagen angerufen und gesagt, dass die Fotokopien fertig sind und er sie mir liefert. Nach etwa zwanzig Minuten hat es bei mir geklingelt. Ein Mann im elektrischen Rollstuhl kam in mein Zimmer.

Ich war sehr gerührt. Er sagte mir, dass er seit seiner Geburt behindert sei. Seitdem liefert mir mal er, mal seine Frau die Fotokopien bei mir ab. Ich bin ihm und seiner Familie sehr, sehr dankbar.

Gestern war unser Nationalfeiertag. Viele Leute haben drei Tage nacheinander frei und waren unterwegs. Das Wetter war wunderschön.

An vielen Orten in Osaka blühen Kirschbäume. In der Gegend, in der ich wohne, noch nicht, denn es ist hier kühler als anderswo in Osaka. Ich sehe oft aus dem Fenster. Wenn Leute auf dem Fahrrad vorbeikommen, denke ich immer, dass sie vom Zirkus sind. So lange ist es schon her, dass ich selbst fahren konnte. Ich weiß nicht mehr, wie sich das angefühlt hat.

Lieber Knud, in Deiner letzten Mail hast Du gefragt, ob meine Ehe den ganzen Ärger mit der Krankheit überstanden hat. Ja, da habe ich genauso viel Glück wie Du.

Mein Mann heißt Tokuhiro. Er ist drei Jahre älter als ich. Ich habe ihn in der Firma kennengelernt. Das war im April 1984.

Im September 1987 habe ich die Firma verlassen, und im November haben wir geheiratet. Damals war es noch üblich, dass die Frauen mit der Arbeit aufhören, wenn sie einen Mann bei derselben Firma heiraten. Das ist mittlerweile nicht mehr so.

Viele Leute sagen: Denk immer positiv. Aber leicht gesagt, schwer getan.

Eine Helferin hat mir einmal gesagt: »Vielleicht beneiden Sie mich. Weil ich gesund bin. Aber heute beneide ich Sie, denn Sie können im Bett bleiben, und ich muss arbeiten.« An einem anderen Tag hat eine Haushaltshelferin mir das Gleiche gesagt. Und ein Freund sagte mir, dass das Schicksal mir durch die Krankheit die Möglichkeit geben will, meine Seele reifen zu lassen. So dass sie hinterher nicht mehr krank sein muss.

Ich war schockiert, dass sie mir so was gesagt haben. Wie

sehr ich unter freiem Himmel laufen will! Wie sehr ich gehen will, wohin ich möchte, um meine Freunde zu treffen oder nur in die Buchhandlung zu gehen!

Ich versuche, mich dafür zu bedanken, dass ich nicht alle Fähigkeiten verloren habe und kleine Fortschritte mache. Aber ehrlich gesagt, ist es nicht einfach, immer diese Einstellung zu haben. Es ist so furchtbar viel, was ich nicht mehr kann, und die Schmerzen quälen mich.

Wenn ich irgendwann einmal nach Deutschland fliege und Dich besuchen komme, wünsche ich mir, dass Du mir Bratkartoffeln machst. Die habe ich in Deutschland immer gern gegessen.

Ich gebe nicht auf! Wir geben nicht auf. Wir! Geben! Nicht! Auf!

Von ganzem Herzen wünsche ich Dir alles, alles Gute!

Hiromi

Als der Postbote klingelte und mir ein Paket gab, wusste ich schon, dass Hiromi es geschickt hatte. Das Papier ähnelte dem Umschlag ihres ersten Briefes. Drinnen hatte es geheimnisvoll geknistert. So als ob etwas Zerbrochenes drin wäre. Vorsichtig legte ich es deshalb auf den Küchentisch. Als ich das Paket mit der Schere aufschnitt, fielen mir zwei durchsichtige Tüten mit zerbröselten Salzkeksen entgegen. »Soja« stand in Hiromis Handschrift auf einem Kleber, der an der einen Tüte pappte. »Krabben« auf dem zweiten.

Außerdem kam eine Pappschachtel zum Vorschein. Darin befanden sich aus Origamipapier gefaltete Kraniche. Gelbe, grüne, rosafarbene, mit Blumenmustern und ohne – insgesamt zehn Stück. Ich stellte sie vor mir auf der Tischplatte nebeneinander auf. Griff mechanisch nach den Kekstüten und riss sie auf. Die Tiere sahen alle aus, als wären sie ein bisschen steif und unbeholfen. Das Reisgebäck war gewöhnungsbedürftig. Es schmeckte viel stärker als das, was man in deutschen Supermärkten kaufen konnte.

Natürlich war mir bekannt, warum die Tiere ungelenk aussahen. Das Gebäck krachte zwischen meinen Zähnen, dass es bis hoch in die Schläfen zu spüren war. Hiromi hatte neuntausend Kilometer von hier im Bett gelegen. Es war ein guter Tag gewesen, ein Tag, an dem sie beide Hände bewegen konnte. So gut, dass sie Kraniche falten konnte.

Dann musste ich weinen. Leise, ohne Zittern oder Würgen im Hals. Die Augen liefen einfach über.

Weiterführende Informationen über MS

www.dmsg.de
Webauftritt der »Deutschen Multiple Sklerose Gesellschaft«. Umfangreiche Informationen über Krankheit, Diagnostik, Forschung, Therapie, Rechte von Kranken und etliche weitere Bereiche. Sehr schulmedizinisch ausgerichtet.

www.multiplesklerose.ch
www.msges.at
Webpräsenzen der schweizerischen und Wiener MS-Gesellschaften, von der Ausrichtung ähnlich wie die DMSG.

www.kompetenznetz-multiplesklerose.de
Informationen über MS für Wissenschaftler, Ärzte und Patienten. Redaktionell betreut von der TU München. Auch hier fast ausschließlich Informationen über Schulmedizin.

www.msif.org
Homepage der »MS international Federation«, einem Zusammenschluss von 43 MS-Gesellschaften weltweit. Seite in deutscher Sprache.

www.tcm.edu
Informationen über Traditionelle Chinesische Medizin. Geschichte der TCM, Diagnostik, Therapie, Kostenfragen. Mit Arzt-Suchfunktion für Deutschland, Österreich, Schweiz, Norwegen und Italien.

www.welt-der-homoeopathie.de
Zentralverband homöopathisch therapierender Ärzte Deutschlands.

www.ms-webring.de
Die Seite vereinigt Links zu über hundert MS-Seiten, von Selbsthilfe-Ortsgruppen bis zu Webauftritten von Privatpersonen. Manchmal professionell, manchmal krude, immer besuchenswert.

www.ms-life.de
Leicht zu benutzendes Portal der Springer-Medizinverlage.

Bildnachweis

Susann Sitzler, S. 102, 295
Thomas Linkel S. 175, 196, 284
Nancy McReady S. 193
Frank Heuer S. 235